세시풍속의 지속과 변용

세시풍속의 지속과 변용

단국대학교 동양학연구원 편

旧 歲 末
(고개)

？ 끄흔만 도개고 리이웨

陽正月

生活

채륜
CHAE RYUN

　단국대학교 동양학연구원은 지금까지 다양한 시각에서 한국 문화 전통의 여러 국면을 조명하고 연구를 수행하여 왔다. 1971년부터 한국의 역사와 문화에 관한 희귀한 자료를 발굴하여 간행한 '동양학총서'는 그동안 국어학 자료에서부터 독립운동사 자료, 한중일 관계 자료집, 개화기 대외 민간교류 자료, 개화기에서 일제강점기까지 한국문화자료총서에 이르기까지 총 46집 88책으로 발간되어 한국문화를 기축으로 한 동양 문화 연구에 일익을 담당해 왔다.

　본 연구원은 2005년부터 한국연구재단의 지원 아래 '개화기에서 일제강점기까지 한국 문화 전통의 지속과 변용'이라는 주제로 중점연구소 연구 과제를 수행하고 있다. 본 사업은 제1세부과제 '한국 민속 문화전통의 지속과 변용', 제2세부과제 '일상생활과 문화적 표상'으로 구성되어 있는 바, 이는 민속학적 연구와 문화사회학적 연구를 통해 한국 문화 전통의 지속과 변용의 양상을 통합적이고도 중층적으로 구명한 것이다. 그동안 본 과제는 1단계(2005~2008)와 2단계(2008~2011)의 연구 수행 과정을 통해 지금까지 다양한 연구 성과물을 학계에 발표하였다. 또한 3단계(2011~2014)는 개화기에서 일제강점기까지 문화 변용과 일상 문화의 재편에 관한 연구를 보다 심도 있게 전개하고자 기존의 제1세부과제와 제2세부과제에 대한 구분을 없애고

'근대 주체와 일생의례', '근대 주체와 세시풍속'이라는 과제를 선정하여 공동으로 연구를 진행하고 있다.

한국 문화 전통의 다양한 갈래 중에서도 민속 문화는 한 민족의 문화적 원형을 고스란히 담고 있는, 민족 문화의 가장 기층적인 모습일 뿐 아니라 오랜 역사와 전통에 의해 적층되어 온 생활 문화라 할 수 있다. 더욱이 개화기와 일제강점기는 우리의 문화 전통이 가장 격렬한 변화와 굴곡을 강요당했던 시기로 수많은 민속 문화 전통이 해체되고 변용되면서 전승의 단절과 왜곡을 초래하였다. 따라서 이 시기에 배출된 민속 문화 자료를 파악하고 연구하는 일은 우리 문화 전통의 원형을 살펴보는 데 있어 가장 핵심이 되는 과제라고 할 수 있다.

본 연구원은 그동안 '동양학총서'를 간행하여 한국학 연구자들과 동양학 연구자들의 연구에 실질적인 자료를 제공하여 왔다. 이번에 간행하는 『세시풍속의 지속과 변용』 역시 이러한 작업의 일환으로 이루어진 것이다. 본 연구서의 발간에 즈음하여 〈개화기에서 일제강점기까지 한국 문화전통의 지속과 변용〉의 공동연구원으로 과제를 이끌어 주신 최인학, 송재용, 신종한 교수에게 연구원을 대표하여 감사의 말씀을 전한다. 또한 연구 과제의 수행을 위해 열성을 다해 준 서종원, 이영수, 염원희, 김영순, 차선일, 임선

숙 연구교수와 김민지, 김태환, 심민기, 이영주, 이미현, 강홍구 연구원에게
도 감사의 마음을 전한다. 아울러 본 연구원의 연구 과제와 도서의 발간 취
지에 공감하고 옥고를 건네주신 필자 여러분께 진심으로 감사의 말씀을 전
한다.

끝으로 한국 인문학 중흥을 위해 지원을 아끼지 않는 한국연구재단 관계
자 여러분과 많은 어려움 속에서도 의연하게 학술총서를 출간하고 있는 채
륜 서채윤 사장과 관계자 여러분께도 본 연구원을 대표하여 감사의 말씀을
드린다.

2014년 11월
단국대학교 동양학연구원장 한시준

| 차 례 |

'세시풍속의 지속과 변용'의 의의와 제언

한시준_단국대학교 교수

1.

  세시풍속은 한 해를 단위로 일정한 시기에 관습적·전승적·반복적·의례적으로 거행되는 행동 양식 또는 생활행위[1] 내지 음력 정월부터 섣달까지 같은 시기에 반복되는 주기전승의례[2], 또는 집단적으로 매년 동일한 역순曆順에 따라 동일 양식의 관습적 의례가 되풀이 되는 전승행사로 정의한다.[3] 일반적으로 세시풍속은 일상생활과 구별하여 매년 일정한 시기에 행해지는 특별한 생활을 지칭한 용어로 사용되고 있는 듯하다.[4] 민속학의 입문서에 나타난 세시풍속에 대한 정의를 살펴보면, 개인이 아닌 집단에 초점이 맞춰져 있으며 주기성과 함께 역사성, 그리고 전통성을 특징으로 하고 있음을 알 수 있다.

  그런데 일정한 시기에 동일한 양식의 관습적 의례가 행해지는 세시풍속은 고정불변의 것이 아니다. 시대가 변하여 사회적 관행과 관습이 달라지면 그에 따라 문화적 요소가 변화하게 된다. 변화를 거치는 동안에 여러 요소들이 기존의 문화에 영향을 미쳐 그 기능이 축소되어 전승하거나 아니면 의미를 상실하여 소멸해버리기도 한다. 그리고 새로운 형태의 문화가 생성되어 기존의 문화가 차지했던 역할을 수행하며 인간생활에 영향을 미치기도 하는 것이다. 이것은 세시풍속의 경우도 마찬가지이다.

  1890년대 전후에 쓰여진 것으로 보이는 『조선인정풍속』에서는 "50~60년 이후로 중후하고 순박하며 예스러운 풍속이 날로 쇠퇴하고, 경박하며 부화浮華 무실한 세태가 점차 성하여 옛날의 풍속이 남아있지 않다. 아직도 오랫동안 전해져 내려온 풍속이 남아있어 말할 수는 있지만 행할 수는 없"다

---

1 민속학회, 『한국민속학의 이해』, 문학아카데미, 1994, p.108.

2 최운식 외, 『한국 민속학 개론』, 민속원, 2004, p.55.

3 최인학, 『민속학의 이해』, 밀알, 1995, p.131.

4 김택규, 『한국농경세시의 연구』, 영남대학교출판부, 1991, p.4.

고 한다.[5] 그런데 이러한 현상은 일제강점기에 들어서면서 더욱 심화된 것으로 보인다. 1917년 6월 6일자 『매일신보』에서 단오대회를 개최하는 이유로 "아름다운 풍속과 션량ᄒ던 습관도 싸라서 졈졈 쇠미ᄒ야 수년릭로ᄂ 거의 그 형적도 모를 디경"에 이르렀다고 하면서 예전의 풍속 습관을 유지하기 위해 "룡산의 한강텰교로브터 마포신지ᄉᆞ이에서 락화대회洛火大會를 긔최ᄒ"게 되었음을 알린다. 그리고 여러 독자들과 하루 저녁을 유쾌히 즐기고자 하니 많이 참석해 줄 것을 당부하고 있다.[6] 개화기에서 일제강점기를 거치면서 기존의 세시풍속은 많은 변화를 수반하면 전승하게 되었던 것이다.

세시풍속에 대한 학문적 관심에서 학문적 인식이 싹트기 시작한 시기는 신문화가 들어온 이후, 특히 일제강점기 때 민족의 주체성 또는 민족정기의 재정립이라는 목표 아래 자료가 수집 연구되기 시작하면서부터이다.[7] 세시풍속에 관한 기존의 성과는 민속지인 세시기로부터 연구논문과 연구저서에 이르기까지 방대하다. 이들 연구 성과를 개괄하면, 1960년대까지는 초기단계의 민속지적인 연구의 성격을 띠었으며, 1970년대와 80년대를 거치면서 체계적인 연구방법의 모색과 구축, 그리고 다변화현상을 통해 자료를 정리하고 개설적인 논의를 편 기초연구와 함께 뛰어난 성과물이 나오기 시작한다. 1990년대에는 연구 폭의 확대와 함께 1990년대 후반과 2000년대에는 각 시도별로, 전국 단위별 세시풍속 자료집이 쏟아져 나온다. 이런 가운데 세시풍속 조사와 연구방법에 대한 원론적인 문제로부터 관광화와 현대화 등의 응용화문제가 중요한 화두로 대두되었다.[8]

---

5 이영수, 「일제강점기 한식(寒食)의 지속과 변화」, 『아시아문화연구』 32집, 가천대학교 아시아문화연구소, 2013, pp.249~250.

6 국립민속박물관 편, 『한국세시풍속자료집성-신문·잡지편(1876~1945)』, 민속원, 2003, p.278.

7 김명자, 「세시풍속의 연구」, 『한국민속사연구사』, 지식산업사, 1994, p.365.

8 김명자, 「세시풍속 연구 50년」, 『전통문화연구 50년』, 이화여대 한국문화연구원 편, 도서출판 혜안, 2007, pp.114~115.

현재 개화기에서 일제강점기까지를 연구 대상으로 삼은 세시풍속 연구는 그리 많은 편이 아니다. 국립민속박물관에서 정리해놓은 『한국 세시풍속 자료집성 신문·잡지편(1876~1945)』(2003)과 강정원의 「일제강점기 단오의 변화: 서울을 중심으로」(『한국민속학』 47집, 한국민속학회, 2008), 김명자의 「근대화에 따른 세시풍속의 변동과정」(『세시풍속의 역사와 변화』, 서해숙 엮음, 민속원, 2010), 안주영의 「일제강점기 경성의 이분화 된 설-양력설과 음력설을 둘러싼 갈등을 중심으로-」(『2010년 한국민속학회 동계학술대회발표 자료집』, 2010) 정도가 이 시기의 세시풍속을 다룬 대표적인 연구라 할 수 있다. 민속학에서 개화기에서 일제강점기까지 세시풍속만을 집중적으로 다룬 연구는 손에 꼽을 정도이다. 이런 상황에서 본 연구원의 중점과제팀에서 최근에 내놓은 이 시기 세시풍속에 관한 연구는 나름대로 의미가 있다고 하겠다.

『세시풍속의 지속과 변용』은 본 연구원의 한국연구재단 중점과제인 "'개화기에서 일제강점기까지' 한국 문화전통의 지속과 변용"의 일환으로 기획된 것이다. 본 연구원 중점과제의 3단계 2년차는 한국의 세시풍속을 종합적으로 정리하여 그 의미를 부여하고 평가하는 단계였다. 즉 이 시기 한국의 세시풍속이 보여주는 지속과 변용의 의미를 평가하고 이를 바탕으로 한국 민속 문화전통의 정체성 해명과 함께 그 형성 과정을 구명하고자 하였다.

본서는 2013년 5월 24일(금)에 개최되었던 학술대회 〈'개화기에서 일제강점기까지' 한국 문화 전통의 지속과 변용Ⅷ〉에서 발표한 것과 중점과제에 맞춰 새로 집필한 것, 그리고 본 연구원의 중점과제에 부합되는 기존의 발표 논문들을 취합한 것이다.

2.

우리의 민속 문화는 개화기에서 일제강점기를 거치면서 말살과 변형 및 왜색 문화의 이식이 상당부분 이루어지게 된다. 일제강점기 이후 우리 민속

문화에 대한 왜곡된 인식에 대해 논리적이고 객관적인 반론을 제시하기 위해서는 개화기에서 일제강점기까지에 대한 연구가 필수적이다. 즉, 이 시기에 일어났던 민속 문화전통의 지속과 변용의 실상을 파악하는 일은 우리 민속 문화 전통의 원형을 밝혀내고 나아가 민족 문화의 원리를 모색하는 일이 되는 것이다. 따라서 '개화기에서 일제강점기까지'를 연구 대상으로 삼는 것 자체가 그 나름대로 의미가 있는 작업이라고 하겠다.

본서에 수록된 세시풍속의 지속과 변용에 관한 글을 개략적으로 정리하면 다음과 같다.

이수자의 「조선 후기 세시풍속의 양상과 특징」[9]은 조선 후기 세시풍속의 제반 양상을 소개하는데 목적을 둔 글이다. 이를 위해 일차적으로는 문헌을 통해서, 그리고 이차적으로는 현재 남아 있는 세시행사 중 조선 후기에도 존재했었을 것으로 생각되는 것들을 추출하여 논의를 진행하였다.

조선후기 세시풍속은 다양하고 다채롭게 존재하면서 당시대 사람들의 삶을 풍요롭게 살찌웠다. 그러면서 한편으로는 우리 민족문화, 그 중에서도 특히 민속예능을 살찌우고 키워내는 모태가 되기도 하였다. 이런 점에서 오늘날 현존하는 민속 문화는 많은 경우 그 뿌리가 조선후기의 세시명절, 혹은 세시풍속 문화와 연결되어 있다. 조선후기 세시풍속은 조선말 개화기를 거치면서, 태음력이 태양력으로 바뀌면서 또한 일제강점기를 맞으면서, 그리고 광복 후 6·25와 같은 한국전쟁을 겪으면서, 그리고 나아가서는 오늘날과 같이 우리가 서구적 생활방식에 익숙해지면서 대다수는 그 뿌리를 잃게 되었다. 그러나 문헌을 통해 볼 때, 조선후기에 있어 중요한 세시일은 오늘날과 별반 다르지 않았다. 이것은 오늘날 우리의 삶이 아직도 조선후기의 그것과 맥이 닿아 있다는 뜻이다.

우리가 농경사회에서 산업화 사회를 거치고, 오늘날 정보사회로 진입한

---

9 이수자, 「조선 후기 세시풍속의 양상과 특징」, 『개화기에서 일제강점기까지 한국 문화전통의 지속과 변용Ⅷ(학술대회 발표집)』, 단국대학교 동양학연구원, 2013, pp.23~43.

이상, 조선후기 세시풍속 내용을 지금도 그대로 계승·지속해야 한다고 주장할 수는 없다. 하지만 그것이 오늘날 우리의 삶과 문화를 일궈낸 뿌리라는 것을 인식한다면 이것을 그대로 내버려야 한다고 말할 수는 없을 것이다. 이수자의 글은 국립민속박물관에서 번역한 조선세시기물과 한국세시풍속자료집성물, 그리고 한국세시풍속사전물 등을 개괄하면서 조선후기 세시풍속의 양상과 특징을 살핀 글이다. 조선후기의 세시풍속과 개화기 이전의 실상-예를 들어, 정조조 세시풍속의 변화 문제와 17~19세기에 변하지 않는 세시 절일 문제, 절식의 특징- 등을 잘 설명하고 있다는 점에서 의미를 지닌다고 하겠다.

서영수·장두식의 「서양인이 본 한국의 세시풍속」[10]은 개화기에서 일제강점기까지 서양인들의 여행기에 등장하는 한국의 세시풍속 이미지를 살펴본 글이다. 대다수 서양인들이 한국을 바라보는 시각 속에는 기본적으로 오리엔탈리즘이 담겨 있었다. 그런데 한국에서 활동하던 선교사들과 대다수 여행객들은 한국에 대해서 온정주의적인 시각을 가지고 있었다. 그리하여 그들의 한국에 대한 기록에는 우월의식은 담겨 있으나 제국주의적 오리엔탈리즘이 가지고 있는 차별의식은 그렇게 강하게 드러나지 않았다.

서양인들은 한국의 세시풍속을 일생의례나 민간신앙처럼 부정적으로 인식을 하지 않았고, 석전과 같은 호전적인 놀이조차 스포츠로 인식하기도 하였다. 또한 설날의 밀린 빚 갚기나 희생인형 버리기, 개성의 단옷날은 '신부의 날'로서 가부장적 제도 속에 속박 받고 있었던 여성들의 해방일 이었다는 기록은 지금은 계승이 끊긴 세시풍속에 대한 묘사이다. 이러한 기록들은 세시풍속의 전통을 복원하는데 중요한 사료가 될 수 있다. 서양인들은 세시풍속과 놀이를 통하여 정체와 은둔이라는 담론으로 이해해 왔던 한국인과 한국문화를 새롭게 인식하고 있었다고 한다. 서영수·장두식의 글은 대체로 비숍이나 헐버트, 알렌, 에비슨 등의 기록이 보여주는 소위 온정주의적 오

---

10 서영수·장두식, 「서양인이 본 한국의 세시풍속」, 『사학지』 46권, 단국사학회, 2013, pp.269~293.

리엔탈리즘 입장에서 드러나 있는 한국 세시풍속의 기이한 면과 특징적인 면을 분석한 것이다.

김영순·신종한의 「'조선총독부간행물'에서 볼 수 있는 세시풍속의 양상」[11]은 조선총독부에서 1920년대 중반에 간행된 『조선의 습속』과 41년에 간행된 『조선의 향토오락』에 기술된 세시풍속 관련 항목을 중심으로 그 상이점 및 공통점을 통해 일본인이 바라본 조선의 근대 세시풍속의 지속과 변용에 대해 살펴본 글이다.

전체적으로 보았을 때 두 책의 상이점은 『조선의 습속』이 한국의 풍속과 고유의 생활 모습을 소개하면서도 일본과의 다른 점을 언급하고 있는 것에 비해, 『조선의 향토오락』의 경우는 조선의 당대 모습의 조사 기록에 치중했다는 점일 것이다. 이는 비록 저자는 명기되어 있지는 않지만 『조선의 습속』이 조선에 대한 이해와 더불어 내지인(일본인)에게 조선을 알리고, 서로의 '교류'를 통해 '동질', '동화'정신을 고취시키고자 하는 의도가 눈의 띄고, 『조선의 향토오락』의 경우는 조선의 전래놀이 조사와 자료 보전에 보다 주안점을 두고 있는 것으로 볼 수 있다. 세시풍속 관련해서 공통적으로 말해지는 부분은 조선인들이 남녀노소, 성별, 도시 사람이건 시골 사람이건, 신분의 여하에 상관없이 세시 때마다 명절이나 절기에 따라 놀이와 풍류를 즐기는 모습에 대한 기술이라고 하겠다.

세시풍속 관련 항목과 관련해서 두 간행물인 『조선의 습속』과 『조선의 향토오락』을 살펴볼 때 1925년에 간행된 『조선의 습속』이 경성이라는 중앙 도시, 즉 하나의 특정 지역에 한정하여 도시에서의 풍속을 통해 조선 민족의 생활상을 기술하고 있다면, 『조선의 향토오락』의 경우 농어촌 산간 지역까지 포함되어 있어 농어민의 생활상 또한 기술되어 있는 점을 들 수 있다. 이는 1920년대에는 중심도시·수도에 시야가 맞추어졌다고 하면, 1930년

---

11 김영순·신종한, 「조선총독부간행물에서 볼 수 있는 세시풍속의 지속과 변화」, 『개화기에서 일제 강점기까지 한국 문화전통의 지속과 변용Ⅷ(학술대회 발표집)』, 단국대학교 동양학연구원, 2013, pp.91~108.

중후반을 넘어서부터는 지방에로까지 확산되었다고 말할 수 있겠다.

송재용의 「『임하필기』에 나타난 세시풍속과 민속놀이」[12]는 기존에 문학 분야에 치중된 『임하필기』 연구를 민속분야, 특히 세시풍속과 민속놀이에 초점을 맞추어 논의를 전개한 글이다. 이러한 논의는 민속학적으로 의미가 있다고 하겠다.

송재용의 글은 『임하필기』의 종합적 연구의 일환으로, 특히 민속 분야 그 중에서도 연구가 전무한 세시풍속과 민속놀이에 주목한 것이다. 이유원은 『임하필기』에 세시풍속과 민속놀이 관련 기록들을 많이 남긴 것으로 보아, 이에 대해 관심이 많았던 것으로 보인다. 세시풍속과 민속놀이는 「문헌지 장편」, 「화동옥삼편」, 「춘명일사」, 「순일편」 등에 주로 수록되어 있는데, 특히 「문헌지장편」과 「화동옥삼편」에 많이 실려 있다. 그런데 그 내용도 비교 적 간단할 뿐만 아니라, 19세기에 행했던 세시풍속과 민속놀이보다는 주로 조선 전기나 후기 문헌들에 수록된 세시풍속과 민속놀이를 참고 인용하여 기록으로 남기고 있어 다소 아쉽다. 그럼에도 불구하고 『임하필기』를 통해 당시의 세시풍속과 민속놀이의 지속과 변모를 파악할 수 있는바, 그 의의가 있다고 하겠다.

세시풍속의 경우, 원조元朝 때 행했던 청참의 유래와 변모, 상원上元 시 행 했던 곡식 이삭 늘어놓기 행사, 화조花朝 풍속 행사의 토착성, 상사일에 설 고雪糕를 만들어 먹는 풍속의 고유성, 제석 때 행했던 나례의식 등은 주목할 만하다. 민속놀이의 경우, 지연紙鳶을 전쟁 때 구제용으로 사용했다는 중국 의 고사, 이유원의 금천교에서의 다리밟기, 나례 의식 행사 중 새벽 근정문 밖에서 승지가 역귀 쫓는 계청서부터 끝나는 부분, 가면의 기원과 시초, 산 붕희山棚戲와 동환희橦紅戲의 재질과 많이 행하는 지역, 승관도陞官圖와 선선 도選仙圖의 중국(당·송)에서의 유래와 놀이 방식, 승관도를 만든 사람, 선화

---

12 송재용, 「『임하필기』에 나타난 세시풍속과 민속놀이」, 『동아시아고대학』 26, 동아시아고대학회, 2011, pp.301~329.

패宣和牌의 아牙·천·지·화패和牌의 점수와 의미, 엽자희葉子戲의 일화와 지패紙牌의 시초, 투자骰子를 만든 사람, 재질, 만드는 방법 및 일화 등은 참고가 되거나 자료적으로 가치가 있다. 『임하필기』에 나타난 세시풍속과 민속놀이는 민속학적으로 의미가 있다고 하겠다.

서종원·서영수의 「근대에 등장한 이중과세의 지속과 변용」[13]은 어떤 배경에서 근대에 이중과세가 생겨났으며, 어떤 과정을 거쳐 이중과세가 정착되었는지를 중점적으로 파악한 글이다. 이중과세는 일 년에 설을 두 번 쇠는 것을 말한다. 이 풍속은 근래까지도 영향을 주고 있지만 명확하게 어떤 연유로 이중과세가 등장했으며 어떤 과정을 거쳐 정착되었는지를 보여주는 연구는 전문한 실정이다. 특히 이중과세와 관련된 민속학 분야에서도 집중적으로 이 문제를 다룬 연구는 찾아보기 쉽지 않다. 이중과세에 대한 연구가 많지 않은 현실에서 연구자는 역사 자료와 함께 이 시기에 발간된 잡지와 신문 자료를 통해 당시 이중과세의 실상을 추적하고, 이를 토대로 등장 과정과 정착 배경을 살펴보았다. 그 과정에서 이중과세는 개화기에 등장하긴 했으나 정착된 시기는 일제강점기임을 피력하였다. 일제강점기에 이중과세가 정착될 수 있었던 데에는 일본이 적극적으로 양력설을 쇨 것을 강요하였으나 제대로 정착되지 못했기 때문이라는 것이다.

이영수의 「일제강점기 한식寒食의 지속과 변화」[14]는 일제강점기 신문잡지에 등장하는 한식 자료를 중심으로, 한식의 유래와 한식명절의 변모양상에 관하여 고찰한 글이다. 신문잡지에서 한식의 유래가 집중적으로 등장하는 시기는 1930년대이다. 여기서 언급한 한식의 유래는 크게 개자추설, 개화改火의례설, 화재예방설로 세분할 수 있는데, 이것은 세시기류를 비롯한 문헌에 기록된 내용을 거의 그대로 답습한 것이다 이 시기의 신문잡지에 수록된 자료를 분석한 결과, 한식의 핵심은 차례와 성묘였다. 이때 각 가정에

---

13 서종원·서영수, 「근대에 등장한 이중과세의 지속과 변용」, 『세시풍속의 지속과 변용』, 채륜, 2014, pp.159~181.

14 이영수, 앞의 논문, pp.249~280.

서는 송편을 준비하였다. 송편은 한식의 차례와 성묘에서 없어서는 안 될 중요한 제수용품이었다. 따라서 송편을 추석명절에 먹는 대표적인 시절음식으로 기술하는 것은 재고할 필요가 있다는 것이다. 일제강점기까지 성묘는 주로 한식과 추석에 이루어졌다. 이것은 『동국세시기』의 기록과도 일치한다. 한식을 맞아 공동묘지를 찾은 성묘객은 주로 소복차림이었으며, 고인을 그리워하며 절규하는 정경이 마치 초상을 치룰 때의 모습을 연상시켰던 것이다.

1920년대 신문에 실린 한식 기사는 주로 성묘와 차례에 주안점을 두고 이태원을 비롯한 서울 주변의 공동묘지를 찾은 성묘객의 근황을 소개하였다. 이에 비해 1930년대는 전체적으로 한식을 전후한 시기의 날씨와 기후를 소개하고 한식의 유래나 한식 관련 한시를 활용한 기사들이 늘어났다. 이처럼 1920년대와 1930년대 한식기사에 차이가 나는 것은 일제의 탄압으로 쇠퇴해 가던 조선의 문화를 되살리기 위한 노력의 일환이었다. 일제강점기에 오면 한식은 명절로서의 의미를 상당부분 상실하게 되었다. 이 글에서는 한식이 쇠퇴하게 되는 원인을 경제적인 측면과 정책적인 차원, 그리고 놀이적인 요소의 부재를 통해 살펴보았다. 경제적인 궁핍으로 한식명절을 챙기는 사람들이 점점 줄어들고, 국가제례의 위축과 공휴일의 제정이 한식이 쇠퇴하게 되는 요인의 하나였다. 그리고 설이나 단오처럼 명절에 따른 놀이가 존재하지 않는 것도 한식이 명절로서의 의미를 상실하게 되는데 일조하였다는 것이다. 이영수의 글은 일제강점기 신문에 등장하는 한식 자료를 중심으로 한식의 유래와 한식 명절의 변모양상을 다룬 것이다. 전통적으로 행해져오던 한식은 일제강점기에 오면서 많은 변화를 겪게 되는데, 특히 1920년대 한식은 명절로서의 의미를 상당부분 상실하게 되었음을 체계적으로 밝히고 있다는 점에서 의미가 있다.

임선숙의 「근대 매체에 나타난 계절 여가 연구」[15]는 개화기부터 일제 강점기까지 근대 여가 중 여름 놀이의 지속과 변용에 대해 고찰한 글이다. 당시의 인쇄매체인 『매일신보』와 『동아일보』에 소개된 여름 여가 기사를 기초 분석 자료로 활용하여, 근대 이전의 여름 놀이를 살펴보고 근대의 여름 놀이 유형을 나눈 후 그 의미를 알아보고자 하였다.

19세기 이후, 여름 여가와 놀이는 강이나 바다에 뛰어들어 물장구를 쳤던 이전과는 달리, 수영장과 해수욕장을 만들고 탈의실, 세면실, 간식을 파는 매점 등의 근대적 시설을 갖추기 시작하였다. 또 수영복과 해수욕복은 서구식 복장이 도입이 되었고 매년 신문지상에 해당년도에 유행하는 수영복의 사진을 수록하기도 하였다. 이런 변화는 물놀이뿐 아니라 산 등의 피서지에도 영향을 미쳤다. 경관이 좋은 곳에 캠핑장이 생기고 별장과 호텔들의 숙박 시설도 들어서게 되었다. 그리고 철로가 깔리면서 거주지 인근에서 즐기는 여가가 아닌, 원거리를 이동하는 여가문화가 발달하게 되었다.

이렇게 일과 여가의 분리를 통해 사람들에게 '놀이' 자체에 목적을 두는 '여가문화'가 발달하게 되었다. 그 중 여름 여가는 서구의 유행과 문화를 빠르게 흡수하면서 우리나라의 전형적인 여가 문화로 정착하게 되었다. 그리고 경제적으로 여유가 있었던 계층은 서구의 여가 문화를 모방하는 것이 근대화되는 것으로 인식하였다. 이렇게 여름 여가는 다른 계절여가에 비해 서구문화의 영향에 민감하게 반응하고 변용되면서 정착하게 되었다고 한다.

염원희의 「크리스마스의 도입과 세시풍속화 과정에 대한 연구」[16]는 현대 한국사회에서 새로운 풍속으로 자리 잡은 크리스마스에 관한 글이다. 이 논의를 위해 먼저 세시풍속의 기반이 과거와는 달리 변화되었음을 논의하였다. 그 다음으로 크리스마스가 한국에 도입된 배경과 이후 크리스마스가 정

---

15 임선숙, 「근대 매체에 나타난 계절 여가 연구」, 『세시풍속의 지속과 변용』, 채륜, 2014, pp.215~234.

16 염원희, 「크리스마스의 도입과 세시풍속화 과정에 대한 연구-개화기에서 일제강점기를 중심으로-」, 『국학연구』 22집, 한국국학진흥원, 2013, pp.299~330.

착하는 과정과 함께 크리스마스가 하나의 풍속으로서의 내용적 측면을 갖추고 있음을 살펴보았다.

개화기 태양력 도입이라는 역법체계의 변화는 이전과는 현격히 다른 시간체계였다. 시간체계의 변화는 곧 공간의 변화를 동반하여 세시풍속의 변화를 이루었고, 이를 보여주는 사례가 바로 크리스마스라는 절기의례였다는 것이다. 서양의 개신교 절기의례인 크리스마스는 일제강점기에 경성이라는 특수한 도시 공간에서 두드러지게 나타났다. 전통적 시·공간의 변화를 기반으로 세시풍속이 변화의 기로에 서 있을 시기, 한국에 들어온 크리스마스는 빠른 시간 안에 정착할 수 있었다. 또한 개신교의 종교적 틀에서 벗어나 동지를 대체하는 소비적 '연말문화年末文化'로 자리잡았다는 데서 한국적 특수성을 확인할 수 있다. 한 문화권 내에서 '전통'이라 인식하는 것도 사실은 한 시대의 변화에 의해 새롭게 재창조될 수 있다. 그런 의미에서 크리스마스는 외국에서 도입된 절기의례로서가 아니라 식민지기 도시 상업문화를 배경으로 정착된 우리의 세시풍속이라는 것이다. 염원희의 글은 개화기에 도입되어 세시풍속으로 자리 잡은 크리스마스를 대상으로 세시풍속의 변화를 고찰한 것이다. 크리스마스가 우리의 세시풍속의 하나로 자리매김하게 된 과정을 일목요연하게 정리하고 있다는 점에서 의미가 있다고 하겠다.

기마 준이치儀間 淳一의 「근대 오키나와의 농촌과 연중행사 하루스부」[17]는 오키나와가 일본에 병합된 후에도 하루스부가 어떠한 경위로 계승되어 실제 근대 이후도 근세와 변함없이 행해져 왔는지에 대해 검토한 글이다.

하루스부는 마기리間切 내의 각 마을의 논밭이나 농도農道 등 주변 환경의 관리상황, 농작물의 생육과 비료 배양 관리 등을 심사해 우열을 결정하여, 이긴 마을을 포상하고 진 마을에는 과태료를 부과하는 농사 장려법이다. 이

---

17 기마 준이치(儀間 淳一), 「近代沖繩の農村と原勝負」, 『세시풍속의 지속과 변용』, 채륜, 2014, pp.289~311.

런 하루스부가 시행된 것은 빨라도 1860년대의 일이다. 자야스페친座安親雲上과 같은 지방 관리, 겐자檢者, 게치야쿠下知役라는 슈리왕부首里王府의 관리 등에 의해 피폐해진 마기리 재건의 수단으로써 실시된 것이다. 1860년대 이후 각 마기리에서 매년 행해지며 연중행사로써 정착되어 갔다.

한편, 식민지에서 하루스부가 시행된 것을 근대의 큰 특징의 하나로 꼽았다. 오키나와현인은 이주국에서 독자적인 커뮤니티를 형성했는데 일본 본토나 하와이, 브라질에서 하루스부가 행해진 것은 아직 확인 할 수 없다. 남양군도는 재류 일본인의 대다수가 오키나와인이었던 점이 도입한 이유일 것이다. 근대는 아니지만 제2차 세계대전 이후에 남미 볼리비아로 많은 오키나와현인이 이주하여 '콜로니아오키나와'라고 불리는 커뮤니티를 형성하고 있다. 이러한 사회에서 하루스부와 같은 오키나와의 관행이 어느 정도 시행되었는가를 살피는 것이 앞으로의 과제라고 하였다.

3.

개화기에서 일제강점기까지의 세시풍속 연구 성과가 미비한 현실에서 앞으로의 연구 전망을 언급하는 것은 사실상 무리가 따른다. 그런 점에서 세시풍속이 어떠한 방향으로 흘러갈 것인가를 진단하는 일은 조심스러울 수밖에 없다. 다만, 기존의 연구 성과를 참고하여 추후 어떤 방향으로 연구가 진행되었으면 하는 몇 가지 내용에 대해 기술하고자 한다.[18]

첫째, 양력 보급에 관한 것이다. 이 시기 세시풍속을 이해하는 데 있어 중요한 부분이 시간에 대한 관념, 특히 전통의 시간관념인 음력과 새로운 시간체제인 양력이 대립하게 되었다는 사실이다. 전통의 시간력과 근대의 시

---

18 서종원, 「세시풍속과 민속놀이 연구 의의와 전망」, 『개화기에서 일제강점기까지 한국 문화전통의 지속과 변용IX(학술대회 발표집)』, 단국대 동양학연구원, 2014, pp.53~67 참조.

간력이 만나는 과정에서 이중과세라는 풍습이 생겼고, 이것이 오늘날까지도 우리 사회에 그대로 이어지고 있다는 점에서 중요한 연구 과제라 하겠다. 공식적인 문서상의 기록이 아닌 일상생활, 특히 세시풍속을 영위하는 일반 대중들의 삶에서 양력이 보편적으로 상용되기 시작한 시점을 명확히 밝힐 필요가 있다. 물론 이것은 쉽지 않은 작업일 것이다. 하지만 세시풍속 연구에 있어 가장 기본이 되는 부분인 만큼 명확하게 정리될 필요가 있다.

둘째, 이 시기는 문화적인 관점에서 볼 때 과거에는 볼 수 없었던 다양한 신식문물이 들어오는 때이다. 전기와 전화기를 비롯한 새로운 형태의 생활도구를 비롯하여 근대식 학교, 장난감, 빵, 양복 등이 우리나라에 소개된다. 이러한 것들이 소개되면서 자연스레 전통적으로 행해오던 우리의 생활방식이 다양한 형태로 바뀌게 된다. 이 과정에서 외래의 세시풍속이 우리나라에 유입하게 된다. 가령 이 시기에 등장한 크리스마스 등을 세시풍속의 범주에 포함시킬 것인가에 대한 논란이 끊이지 않고 있다. 세시풍속에 대한 개념을 보다 큰 틀에서 정립할 필요가 있다고 하겠다.

이와는 반대로 이 시기에 소멸된 세시풍속 또한 적지 않다. 세시풍속이 근대에 소멸된 이유는 다양하겠지만 각종 신식문물이 소개되는 과정에서 자연스레 전통의 생활방식이 새로운 방식으로 변화되었기 때문이다.

> 풍쟁삼은 농부와 농부가 각각 편을 지어 가지고하는 쌈이다. 그런데 풍쟁쌈은 의례히 일어나는 것이 아니요 소위 두레논이라는 것이 생긴 뒤에야 흔히 일어나는 쌈이다. 저-두레논이라는 것은 무엇을 들어서 말한 것인가? 옛날 우리 조선농촌에서는 논에다 모를 심으로 지심을 맬 때 한 동리 혹은 두 동리의 농부가 한데 모아서 여러 농가의 논을 차례로 모를 심기도 하고 또는 지심을 매기도 하니 그것을 일흔하 두레논이라 하였다. …(중략)… 대처 이 두레논의 풍속은 한 동리 혹은 두 동리가 일치협력하야 그 해의 농사를 짓는 것으로써 과연 공존공영 共存共榮의 뜻이 있는 만

큼 일종의 좋은 농촌풍속으로서 유지할 필요도 없지 아니하다. 그러나 이 풍쟁쌈만은 그 정신이 아무리 농촌의 예의 질서에 관계된 쌈이라 할지라도 지금 세상에서는 치안 유지라는 말로써 허락할 수 없을 것이다. 그리고저러고 간에 이 풍쟁쌈이라는 것도 없어진 풍속 중에 사라진지도 이미 오래이다.[19]

위의 인용문은 일제강점기에 없어진 '풍쟁쌈'이라는 풍속에 관한 글이다. "그 정신이 아무리 농촌의 예의 질서에 관계된 쌈이라 할지라도 지금 세상에서는 치안 유지라는 말로써 허락할 수 없을 것이다."고 한 것처럼 풍쟁쌈이 사라진 이면에는 일본의 강압적인 요인을 간과할 수 없다. 실제로 우리나라를 지배하고 있던 일제는 우선 조선의 것, 즉 전통문화는 없어져야 하는 대상으로 인식하여 우리의 것을 모조리 없애고 그들의 사상을 주입하는 일에 몰두하였다. 세시풍속은 지속되면서 변용의 과정을 거치게 된다. 이러한 양상은 시대의 흐름에 따른 자연스러운 현상이긴 하나 그 변화의 강도가 일제강점기에는 여느 시기보다 더 강하였던 것이다. 앞으로 이들 분야에 대한 연구가 활발하게 진행될 수 있기를 기대해 본다.

셋째, 세시풍속은 지역의 여러 가지 환경에 영향을 받으며 전승한다는 것이다. 그런 연유로 세시풍속은 각 지역마다 다르고, 심지어 같은 지역이라 하더라도 각 가정마다 조금씩 차이가 나게 된다. 이러한 영향 관계에 대해 여러 학자들이 다양한 요인을 언급하고 있는데, 그 중에서 임동권의 논의는 눈여겨볼 필요가 있다.

  1) 자연환경: 문화형성에 자연환경이 주는 영향은 거의 결정적이며, 세시풍속도 자연 환경의 영향을 크게 받았다.
  2) 생업: 생업인 생산양식은 생활양식을 결정하며 세시풍속에

---

19 白花郎, 「없어진 民俗 풍쟁쌈」『朝光』 2권 6호, 1936, pp.283~288(서종원, 위의 글, p.65에서 재인용).

영향을 준다.

3) 역사: 어느 민족이건 민족사의 기점으로 시조를 가지고 있다. 실제일 수도 있고 신화일 수도 있으나, 여하튼 시조에 의해서 민족사가 전개되고 나라가 건국되고 있다. 이러한 시조와 관련되는 기념일은 어느 민족에 있어서나 축일로 축하하고 쉬는 세시풍속으로 되어 있다.

4) 사회: 세시풍속은 개인이나 특수인에 한한 것이 아니라 만인의 것이요, 그 집단에 속하거나 지역에 거주하는 사람들에게는 보편적인 것이기에 사회성을 띠고 있다.[20]

인권환 역시 세시풍속의 형성 배경을 계절·생업에 따른 자연 및 생활적 측면과 역사·종교·사회적인 측면으로 나누어 설명하고 있다.[21]

임동권과 인권환이 세시풍속의 형성과 전승과정에서 중요하게 취급한 것 중의 하나가 바로 생업문제이다. 개화기에서 일제강점기 사이에 우리의 세시풍속이 변화를 겪게 되는데, 그 이유 중의 하나가 바로 이전과 다른 형태의 생업 환경에서 있음을 간과해서는 안 될 것이다. 실제로 이 시기 농업은 여러 가지 이유로 이전 시기와 다른 양상으로 변화하는데, 역사학과 인류학에서는 이 시기 농업의 변화 양상에 주목하여 다양한 연구 성과를 내놓고 있다. 보다 구체적인 자료를 검토할 필요가 있지만 분명한 사실은 개화기에서 일제강점기까지의 우리의 농업은 많은 변화가 있었으며, 재배 작물의 종류 또한 다양해졌다는 것이다. 추후 구체적인 통계자료를 활용하여 이러한 변화를 추적해 볼 필요가 있다.

넷째, 이 시기에 작성된 여러 형태의 일기에 대해서도 관심을 가질 필요가 있다. 단순히 일기 내용에만 관심을 가질 게 아니라 일기에 나타나는 농

---

20 임동권, 『한국세시풍속연구』, 집문당, 1984, pp.11~14.
21 인권환, 「세시풍속의 개념과 역사적 변화」, 『한국의 세시풍속』 I, 국립민속박물관, 1997.

업의 변화 혹은 당시의 풍속의 변화의 흔적을 분석해야 할 것이다. 일기와 관련된 몇 가지 자료를 소개하면 다음과 같다. 이들 자료를 토대로 이 시기 세시풍속이 어떻게 흘러왔는지를 분석한 연구도 추후 진행되었으면 한다.

1. 윤달영 일기(경기도 이천)
2. 정강일기

마지막으로 앞에서 소개한 이영수와 염원희 등의 연구처럼 개별 세시풍속의 지속과 변용, 혹은 이 시기에 새롭게 유입된 여러 형태의 풍속을 보다 면밀하게 분석해야 할 필요가 있다. 근대적 사고와 새로운 형태의 풍습(피크닉, 여가문화 활성 등)이 유입되는 과정에서 우리의 세시풍속은 많은 변화를 겪었다. 추후 진행하게 될 연구들은 당시의 시대적 배경을 고려한 종합적 성격의 연구가 진행되었으면 한다.

본서에 수록된 9편의 글은 개화기에서 일제강점기를 거치면서 우리의 문화전통이 어떻게 변모되면서 오늘날까지 지속·변용되었는가를 엿볼 수 있는 작업의 소산물이라 하겠다. 특히 넓은 의미에서 〈'개화기에서 일제강점기까지' 한국 문화전통의 지속과 변용〉 연구에 초석이 되는 귀중한 원고들이다. 아무쪼록 본서가 근대 시기 한국의 민속 문화를 전공하는 연구자들에게 널리 활용되어 관련 학문 분야에 기여할 수 있기를 기대한다.

| 참고문헌

국립민속박물관 편, 『한국세시풍속자료집성-신문·잡지편(1876~1945)』, 민속원, 2003.

기마 준이치(儀間 淳一), 「近代沖繩と農村と原勝負」, 『세시풍속의 지속과 변용』, 채륜, 2014.

김명자, 「세시풍속 연구 50년」, 『전통문화연구 50년』, 이화여대 한국문화연구원 편, 도서출판 혜안, 2007.

김명자, 「세시풍속의 연구」, 『한국민속사연구사』, 지식산업사, 1994.

김영순·신종한, 「조선총독부간행물에서 볼 수 있는 세시풍속의 지속과 변화」, 『개화기에서 일제강점기까지 한국 문화전통의 지속과 변용Ⅷ(학술대회 발표집)』, 단국대학교 동양학연구원, 2013.

김택규, 『한국농경세시의 연구』, 영남대학교출판부, 1991.

민속학회, 『한국민속학의 이해』, 문학아카데미, 1994.

서영수·장두식, 「서양인이 본 한국의 세시풍속」, 『사학지』 46권, 단국사학회, 2013.

서종원, 「세시풍속과 민속놀이 연구 의의와 전망」, 『개화기에서 일제강점기까지 한국 문화전통의 지속과 변용Ⅸ(학술대회 발표집)』, 단국대 동양학연구원, 2014.

서종원·서영수, 「근대에 등장한 이중과세(二重過歲)의 지속과 변용」, 『세시풍속의 지속과 변용』, 채륜, 2014.

송재용, 「『임하필기』에 나타난 세시풍속과 민속놀이」, 『동아시아고대학』 26, 동아시아고대학회, 2011.

염원희, 「크리스마스의 도입과 세시풍속화 과정에 대한 연구-개화기에서 일제강점기를 중심으로-」, 『국학연구』 22집, 한국국학진흥원, 2013.

이수자, 「조선 후기 세시풍속의 양상과 특징」, 『개화기에서 일제강점기까지 한국 문화전통의 지속과 변용Ⅷ(학술대회 발표집)』, 단국대학교 동양학연구원, 2013.

이영수, 「일제강점기 한식(寒食)의 지속과 변화」, 『아시아문화연구』 32집, 가천대학교 아시아문화연구소, 2013.

인권환, 「세시풍속의 개념과 역사적 변화」, 『한국의 세시풍속』Ⅰ, 국립민속박물관, 1997.

임동권, 『한국세시풍속연구』, 집문당, 1984.

임선숙, 「근대 계절 여가 연구」, 『세시풍속의 지속과 변용』, 채륜, 2014.

최운식 외, 『한국 민속학 개론』, 민속원, 2004.

최인학, 『민속학의 이해』, 밀알, 1995.

조선 후기 세시풍속의 양상과 특징

이수자_전 안성여자기능대학장·중앙대학교 민속학과 겸임교수

* 이 글은 2013년 5월 24일 단국대학교 동양학연구원 중점연구소 연구과제 학술대회에서 발표한 논문을 수정하여 재수록한 것임을 밝혀둔다.

1. 머리말

조선 후기 세시풍속의 양상, 특징, 변화 내용이나 그 의미를 한편의 글로 정리한다는 것은 매우 난감한 일이다. 시기적으로 볼 때 조선 후기라 하면 그 시간성이 최소한 200년 이상을 뛰어넘고 있어, 이 중에서도 어느 시기를 중심으로 그 특징을 말할 것인가 하는 것이 문제이기 때문이다. 그리고 세시풍속을 향유·집행하는 집단만 해도 궁궐을 중심으로 하는 왕족, 사대부가, 그리고 일반 백성들에 따라 세시풍속은 다를 수 있기 때문에 그 대상을 어떻게 잡아야 하는가 하는 것도 문제이다. 또한 지역만 해도 문제가 될 수 있는데, 세시풍속은 지역에 따라 그 풍속이 다소 다르기에 어느 지역을 중심으로 논할 것인가 하는 것도 문제가 된다. 결론적으로 말하면, 단편 논문으로 조선 후기 세시풍속의 앞서와 같은 여러 문제를 논한다는 것은 어떻게 보면 어불성설이라 할 수도 있다. 이것은 시간적으로, 계층적으로, 지역적으로 어느 한 기준을 잡아 논할 수 없기 때문이다. 또한 조선 후기 세시풍속의 특징이나 변화양상을 알고자 하면 당대 세시풍속의 현상이나 특징도 알아야 하지만 그 이전의 상황을 알아야 상호간의 비교를 통해 조선 후기 세시풍속의 변화양상이나 특징 등을 알 수 있는데, 현재의 상황으로는 조선 전기 또는 중기의 세시풍속만 전문적으로 소개되거나 연구된 것도 거의 없다고 할 수 있어, 상호비교를 할 수 없기에 조선 후기의 그것을 살필 수 없다.

앞서와 같은 여러 이유에서 조선 후기 세시풍속의 특징이나 변화, 또는 그 의미를 논한다는 것은 실로 무리가 아닐 수 없다. 까닭에 이 글에서는 일단 조선 후기 세시풍속의 제반 양상을 소개해 보는데 중점을 두기로 한다. 이것은 일차적으로는 당대의 문헌 기록에 남아 있는 자료들을 근거로 그 내용을 소개하고, 이차적으로는 이들 문헌 기록에는 없지만, 조선 후기에 존재했었을 것으로 추정되는 자료들을 소개해 보기로 하겠다. 현재 조사·채록·정리·발간된 세시풍속관련 자료들을 보면 앞서와 같은 문헌에는 소개되고 있지 않지만, 분명히 조선 후기에 행해졌을 가능성이 있는 세시풍속 내용이 많다. 이와 같은 사실은 조선 후기 문헌들에는 수많은 세시풍속 중 일부만 취사선택하여 기록되었을 뿐이고, 당대의 세시풍속 모두가 수용된 것은 아니라는 것을 암시한다. 이런 까닭에 조선 후기 세시풍속의 제반 양상을 고찰하고자 한다면 문헌에 기록되어 있진 않지만 과거 조선 후기에 존재하고 있었을 세시풍속들도 찾아볼 필요가 있다. 이들은 아마도 당시대의 사회사적 맥락과 연관이 있을 가능성이 있다.

본 글의 목적은 조선 후기 세시풍속의 제반 양상을 소개하는데 있다. 이것은 일차적으로는 문헌을 통해서, 그리고 이차적으로는 현재 남아 있는 세시행사 중 조선 후기에도 존재했었을 것으로 생각되는 것들을 추출하여 진행해 보기로 하겠다. 우리 민족의 세시풍속에 대해서는 많은 선학들에 의해 끊임없이 자료가 모아져 왔고, 그에 못지않게 연구도 활발하게 지속되어 왔다. 조선 후기 세시풍속에 관해서도 많은 자료와 연구업적이 있다. 여기에서는 상황상 이 많은 연구업적을 다 섭렵할 수 없어, 우선 『한국사』34 조선 후기의 사회에 실린 세시풍속 내용과[1] 비교적 최근에 나온 업적들인 『세시풍속의 역사와 변화』[2], 『조선후기 민속문화의 주체』[3] 등에 실린 연구업적을

---

1 국사편찬위원회, 『한국사 34』(조선 후기의 사회), 1995. 이 책의 'Ⅲ. 민속과 생활' 부분에는 '1. 촌락제의와 놀이' 속에 임동권 교수의 글로 1) 촌락제의, 2) 연희·놀이, 3)세시풍속에 관한 글이 있는데 이 글에서는 이들 내용을 모두 참조하였다.

2 서해숙 엮음, 『세시풍속의 역사와 변화』, 민속원, 2010. 이 책에는 이경엽의 「세시풍속의 기록과 역사」, 정승모의 「세시관련 기록들을 통해 본 조선시기 세시풍속의 변화」, 신장섭의 「세속기속시를 통한 조선 후기 세시풍속의 의미와 양상」, 이진경의 「조선의 '세시기'에서의 사회적 시간의식에 관하여」, 장장식의 「『동국세시기』의 기술태도와 특징」, 배영동의 「궁중 내농작과 농가 내농작의 의미와 기능, 농업생산형태 변화에 따른 초연의 소멸과 대체의례등장」, 김명자의 「근대화에 따른 세시풍속의 변동과정, 세시풍속의 기능과 변화」, 김만태의 「세시풍속의 기반 변화와 현대적 변용」, 서해숙의 「민속놀이의 전승과 현대적 활용, 호남세시풍속의 전승」 등의 논문이 실려 있다.

3 실천민속학회 편, 『조선 후기 민속문화의 주체』, 집문당, 2004. 이 책에는 임재해의 「민속문화의 전승주체와 민중의 문화창조력」, 한양명의 「조선시대 고을축제의 성격과 전승집단」, 손태도의 「조선후기 탈춤의 주체」, 김미경의 「19세기 연행록에 나타난 민속연희」, 이인숙의 「冊架畵·책거리의 제작층과 수용층」, 민정희의 「광해군대 무속의 한 연구-계축옥사를 중심으로」, 배영동의 「조선후기 두레로 본 농업생산의 주체」, 김대길의 「조선후기 장시의 발달과 장꾼」, 박선주의 「전통가옥과 목수집단」 등의 논문이 실려 있다.

참고하면서 논지를 전개하기로 한다.

글의 순서는 다음과 같다. 2장에서는 조선 후기 세시풍속을 알 수 있는 문헌자료들을 소개해 보기로 한다. 그리고 3장에서는 문헌자료를 중심으로 하여 여기에 나타난 세시풍속 내용을 소개해 보기로 하겠다. 마지막 4장에서는 세시풍속에 나타난 조선 후기의 변화양상을 살펴보기로 한다.

2. 조선 후기 세시풍속을 알 수 있는 자료들

조선 후기의 세시풍속을 알 수 있는 자료들이 다수 남아 있는 것은 매우 다행한 일이다. 이들 중 대표적인 것은 조선 후기에 창작된 다수의 '세시기'들이라 할 수 있고, 다음에는 개인 문집 속에 들어 있는 수많은 '풍속시' 들이라 할 수 있다. 이 외에 각종 지리지, 읍지 등을 포함하여 많은 자료가 있겠고, 현재 조사·채록·정리·발간된 자료들도 일부 조선 후기 세시풍속을 담고 있다고 볼 수 있어 참고가 된다.

1) 조선 후기 세시풍속을 알 수 있는 문헌들

조선후기에 창작된 대표적인 세시기는 『경도잡지京都雜志』,『열양세시기洌陽歲時記』,『동국세시기東國歲時記』 등이 있는데, 여기에 대해서는 이미 많이 알려져 있다.[4]

『경도잡지』는 내용으로 보아 정조 때 지어졌다고 추정되는 것으로, 유득공柳得恭이 지었는데 2권 1책으로 되어 있다. 제1권은 건복, 주식, 다연 … 등 당시의 여러 풍속과 문물제도를 19항목으로 나누어 약술하였고, 2권은 원일元日·해일亥日 …제석 등 당시의 한양漢陽의 세시를 19항목으로 분류하여

---

4 이들 세 책은 최남선에 의해 1911년 합편되어 발간(광문회, 光文會)된 바 있고, 이석호(李錫浩) 국역본으로 하여 1969년 을유문화사에서도 『동국세시기 외』라 하여 문고본으로 간행되었다.

약술하고 있다. 이 책은 그 내용이 주로 사대부의 생활문화에 국한되어 있고, 일반 백성의 생활상에 대한 기록이 없는 것과 우리 민속의 뿌리를 지나치게 중국에 결부시키려는 경향이 있는 것이 흠으로 평가되고 있는데, 2권의 내용은 홍석모가 지은 『동국세시기』의 모태가 되었을 것으로 추정되고 있다.

『열양세시기』는 김매순金邁淳이 1819년(순조 19) 한양漢陽의 연중행사를 기록한 책으로 1권으로 되어 있다. 이 책에는 서울의 세시풍속 80여 종을 월별로 구분, 해당절후 및 그에 따른 풍속이 함께 간략히 소개되어 있다.

『동국세시기』는 홍석모洪錫謨가 지은 것으로 1책으로 되어 있다. 책의 맨 앞에 있는 이자유의 서문이 1849년(현종 15) 9월 13일에 쓰여진 점으로 보아 이 책은 1849년에 완성된 것으로 추정되고 있는데, 이 때라면 홍석모가 사망하기 1년 전이다. 이 책은 1월부터 12월까지 1년간의 세시풍속들을 월별로 순서대로 기록하고 있는데, 단오·추석 등과 같이 날짜가 분명한 것들은 모두 항목을 별도로 설정하여 설명하였고, 날짜가 분명하지 않은 풍속들은 매월마다 월내月內라는 항목을 만들어 이 안에 기술하고 있다. 이 책은 『동국여지승람』에서 참고하여 각 지방의 풍속을 다수 소개하고 있으며, 당시 세시풍속 문헌자료들의 내용을 아울러 소개하고 있다. 본 글에서는 조선 후기의 세시풍속을 아는데 많은 도움이 된다고 보아, 이 책의 내용을 중심으로 조선 후기의 세시풍속 내용을 정리·소개해 보기로 하겠다.

이상의 세 책 이외에 조선 후기 세시풍속 자료를 알 수 있는 자료들은 다음과 같은 것들이 있다. 최근 국립민속박물관에 의해 조선 후기 다수의 지식인에 의해 쓰여진 '세시기'나 '풍속시' 등이 함께 모아져 원문과 함께 번역되어 책으로 출간되었다. 『조선대세시기 I 』[5]에는 추재 조수삼(1762~1849)이 1795년(정조 19) 월별로 세시풍속을 적어 놓은 〈세시기〉 자료, 면암 조운종(1783~1820)이 절기마다의 풍속을 적고 그 내용에 대해 7언시로 지은 〈세

---

5 국립민속박물관 편, 『조선대 세시기 I 』, 국립민속박물관 세시기번역총서①, 2003.

시기속〉 자료, 소유 권용정(1801~?)이 월별 세시풍속과 세시놀이를 적은 〈한양세시기〉 자료 및 월별 세시풍속을 25수의 7언시로 적은 〈세시잡영〉 자료, 소당 김형수가 1861년 정학유(1786~1855)의 농가월령가를 한역漢譯하면서 12달에 대한 절기, 농사일, 세시풍속 등을 7언시로 지은 〈농가십이월속시〉 자료, 최영년(1856~1935)이 1년의 세시풍속을 7언시로 지은 〈명절풍속〉 자료가 번역되어 소개되고 있다.

『조선대세시기 Ⅱ』에는 유만공(1793~1869)이 지은 7언절구 200수의 풍속시집인 〈세시풍요〉 자료(설날~섣달그믐날), 이덕무(1741~1793)가 지은 5언절구 22수의 풍속시인 〈세시잡영〉 자료(새해맞이), 이하곤(1677~1724)이 지은 7언절구 19수의 풍속시인 〈원조희작〉[설날(원조)~정월대보름(원석)] 자료, 이안중(생몰연대미상)이 지은 7언절구와 5언절구 15수 자료(비년사, 도도곡, 상원요 등), 마성린(생몰연대미상)이 지은 7언절구 14수인 〈농제속담〉 자료(섣달그믐~정월대보름), 김려(1766~1821)가 지은 7언절구 25시인 〈상원리곡 〉자료(정월대보름), 조수삼(1762~1849)이 지은 7언절구 15시의 풍속시 자료인 〈상원죽지사〉(서울, 정월대보름), 한말의 우국지사 매천 황현(1855~1910)이 지은 7언절구 10수의 풍속시인 〈상원잡영〉(남원, 정월대보름) 자료가 원문과 번역본이 함께 실려 있다.

또 한편 국립민속박물관에서는 세시풍속사전 편찬사업과 관련하여 사전 편찬의 내실을 기하고 세시풍속연구의 활성화를 위해, 고대에서 근대에 이르는 각종 문헌자료에서 세시풍속 관련 사료를 추출·번역하여 『한국세시풍속자료집성』 5권을 출간한 바 있는데, 이들의 내용은 1. 삼국·고려시대편, 2. 신문·잡지편(1876~1945), 3. 조선전기문집편, 4. 조선후기 문집편, 5 현대 남북한자료집성(1946~1970) 등이다. 이 중 4. 조선후기 문집편(2005년 출간)이 조선 후기 세시풍속을 이해하는데 도움을 주는데, 이 책은 민족문화추진회에서 발간한 『한국문집총간』 101~220권까지 실린 문집들을 대상으로 세시풍속 관련 자료를 추출하여 다시 월·세시별로 분류·번역한 것이다. 여기에는 산문 형식의 글도 있으나 대부분 오칠언 풍속시가 많은데, 이를 통해서는 조선 후기 세시풍속의 고유한 특징과 변화를 파악할 수 있다.

조선 후기에 편찬된 각종 '지리지'나 '읍지' 등도 각 지역의 세시풍속을 일부 담고 있어, 조선후기 세시풍속의 한 단면을 알 수 있을 것이다. 그런데 이 자료는 전국의 각 지역에 분포하고 있는 것이기에 소개를 생략하기로 한다.[6]

2) 현재 전승되고 있는 세시풍속을 알 수 있는 자료들

국립민속박물관에서는 2004년 『한국세시풍속사전』 5권을 발간했다. 그리고 국립문화재연구소에서는 2006년 전국 각 지역의 세시풍속을 조사하여 경기도·충청북도·충청남도·전라북도·전라남도·강원도·경상북도·경상남도·제주도·총괄편 세시풍속까지 총10여 권의 세시풍속자료집을 출간했다. 그 외로 각 지자체 단위로 출간한 민속지·향토지 등에 해당 지역의 세시풍속이 조사·기록되어 있고, 기타 개인이 조사하여 발간한 세시풍속자료집도 다수 있다.

이들은 비록 오늘날 채록·조사·발간된 것이기는 하지만, 우리나라 전역에 걸쳐 어떤 세시풍속이 어떻게 존재하고 있는가를 알 수 있게 한다는 점에서 중요한 의의를 갖고 있다. 그리고 현존하는 세시풍속 중 대다수는 조선 후기에도 존재하고 있었을 것이라는 점을 감안하면 이들 자료도 조선 후기의 세시풍속의 양상을 파악하는데 아주 소중한 자료라 할 수 있다.

---

6 정승모, 「세시관련 기록들을 통해 본 조선시기 세시풍속의 변화」, 『세시풍속의 역사와 변화』, 민속원, 이 글은 각 지역의 지리지 및 읍지를 통해 우리의 세시풍속이 어떻게 변모되었는지를 밝히고 있어 매우 의의가 있는데, 정승모 선생은 지병으로 2012년 별세하여 현재 이러한 일련의 작업이 중단되었다.

3. 문헌을 통해 본 조선 후기 세시풍속의 양상과 특징

1) 문헌을 통해 본 조선후기 세시풍속 양상

(1) 17~18세기 초 세시풍속의 대략적인 양상

국립민속박물관에서 간행한 『한국세시풍속자료집성』 4 조선후기문집 편에 있는 세시풍속 자료는 주로 개인의 문집에 흩어져 있던 세시풍속자료를 추출하여 번역하고, 이를 다시 월·세시별로 분류해 놓은 것이다.[7] 그런데 여기에 실린 문집의 주인공들은 그 생몰연대가 극히 일부를 제외하고는 대부분 17세기에서 18세기 초기에 걸쳐 살았던 인물들이고, 대개는 출사를 한 사람들이다. 때문에 이 자료집에 실려 있는 세시풍속 관련 내용들은 적어도 이들 계층과 관련하여 당대에 어떤 세시 절기 및 풍속이 존재하고 있었는가를 알게 해준다. 이들 자료는 주로 전箋, 장狀, 차箚, 잠箴 등의[8] 산문이나 한시들로 이루어져 있는데, 이를 종합하여 대강을 소개하면 다음과 같다.

---

7 이 자료집은 윤호진 경상대 한문학과 교수가 번역책임자로 되어 있으며, 책의 앞부분에는 그의 「조선후기(17~18세기) 세시풍속자료 개관」이라는 논고가 실려 있다.

8 ① 전(箋): 찌 전, 부전 전의 의미 / 글의 뜻을 해명하거나 자기의 의견 등을 적어서 그 책에 붙이는 작은 종이 쪽지. 전하여 주석.
② 장(狀): 문서, 서간의 의미
   장계(狀啓): 감사 또는 왕명을 받고 지방에 파견된 관원이 서면으로 임금에게 보고하는 계본
   장문(狀聞): 장계를 올리어 주달함
   장첩(狀牒): 지방 관리가 올린 보고서
③ 차(箚): 기록의 의미
   차기(箚記): 책을 읽어 얻은 것을 수시로 적어 모은 것. 수필. 수록.
   차자(箚子): 신하가 임금에게 올리는 문서의 한 체, 또는 상관이 하관에게 보내는 공문서
④ 잠(箴): 바늘, 혹은 경계의 의미 / 한문의 한 체로 경계하는 뜻을 서술한 글. 대개는 운문으로 되어 있음.
(이상은 감수, 『漢韓大字典』, 민중서림, 1994 내용 참조)

① 1월

〈설날〉 감귤하사, 기영회·기로회, 날씨점, 노인직, 도부, 떡국, 문배, 백수준, 사주찬, 설날 사면, 성묘, 세배, 세주(도소주), 세함, 세화, 수세, 영상시, 윷놀이, 은승·토우, 정조계잠, 정조차자, 정조하례, 제사, 종이연, 폭죽, 풍장.

〈인일, 7일〉 갈대술·양락주, 날씨점, 채반, 화승·은번

〈정월대보름〉 곡식걸기, 귀밝이술, 달맞이, 달점, 답교, 더위팔기, 수세, 썰매, 약밥, 제사, 종이연, 통금해제

〈입춘〉 도부, 보리뿌리점, 입춘부적, 입춘첩, 채반.

② 2월: [월내] 고기잡이, 종회, 감회

③ 3월

〈삼진날〉 계음, 답청, 진달래떡

〈청명〉 답청, 불씨하사, 성묘.

〈한식〉 성묘

④ 4월: 〈초파일〉 관등, 종계

⑤ 5월: 〈단오〉 단오선, 단오첩자, 단옷날의 비, 뱃놀이, 보리밥, 성묘, 씨름, 옷 하사, 창포띠, 추천, 후추하사

⑥ 6월

〈유두〉 계음, 뱃놀이, 수단, 시회, 여름과실, 유두음, 장마, 피서, 감회

〈삼복〉 개고기, 뱃놀이, 얼음물

⑦ 7월

〈칠석〉 결교, 농어회·순채국, 북악산제사, 시회, 얼음저장, 오작교, 칠석우, 포쇄, 호미씻이

〈백중〉 성묘, 우란분재

⑧ 8월: 〈추석〉 성묘, 묘제, 제사, 달맞이, 뱃놀이

⑨ 9월: 〈중양일〉 구일회, 중구 제사, 국화, 국화꽃 하사, 국화

주, 등고, 등고회, 뱃놀이, 수계회, 중양회

　⑩ 10월: [월내] 종회

　⑪ 11월: 〈동지〉 과거시험, 귤·유자 바치기, 동지사, 동지잠, 동지책력, 동지하례, 동지하전, 만두, 망궐례, 제사, 팥죽, 폐관.

　⑫ 12월

　〈제석〉 강촌의 제석, 나례, 도박, 도부, 도소주·백엽주·초백주, 성묘, 세배, 세제 잠, 수세, 수신제사, 윷놀이, 제사, 춘첩, 폭죽.

　[월내] 기우제, 농촌의 겨울, 묘제, 백엽주.

(2) 18세기 말(1795년)의 세시풍속 양상

추재 조수삼(1762~1849)은 34살이 되던 1795년(정조 19년) 7월에 〈세시기〉를 적었다. 이 내용을 보면, 당시의 세시풍속 양상을 알 수 있다. 이 자료는 시기를 정확히 알 수 있다는 점에서, 그리고 『동국세시기』보다 50여 년 앞서는 자료라는 점에서 선택했다. 여기에 나타나고 있는 세시 관련 내용은 다음과 같다.

　① 1월

　〈정월 원조〉 떡국, 설야멱(곳적), 설빔, 덕담축원, 문신門神, 해질 무렵 머리카락 태우기, 야유광

　〈초삼일, 3일〉 농사 짓는 집·장사하는 집·시장 등에서 증병, 맑은술, 돼지머리, 과일 등으로 재물신과 토신에게 제사하며 소원 빌기(＊ 정월에서 12월까지 동일)

　〈인일, 7일〉 과거 시행

　〈1월 14일〉 밤에 나후羅喉치기(제웅치기), 작종(부럼깨물기), 물을 담은 병을 우물 속에 넣기, 복토 훔치기, 강·계곡·우물 등에 밥 뿌리기

　〈1월 15일〉 오경에 귀밝이술, 세 사람에게 더위팔기, 약밥, 윷

점(개인), 직성물리기(오색비단으로 일월성신의 모양을 만들어 지붕에 꽂기), 줄 끊어 연날리기, 12다리 밟기, 화균不困(볏가릿대) 세우기 (*일 년 중 제일의 명절)

〈上卯日〉: 여자나 땔나무를 집안에 들이지 않기

② 2월

〈초하루〉볏가릿대 앞에 송편 놓고 제사 지낸 후 장대를 내려 풍년 축원, 집안청소

〈6일〉소성旄頭星(좀생이별) 보고 그 해의 풍흉 점치기,

〈한식〉〈청명〉묘소 가기

③ 3월

〈삼짇날〉과거시행, 제비맞이(민가에서 오색실을 둥글게 엮어 봉라 모양으로 만들어 문 위에 걸어두기), 답청

[월내] 상화[꽃구경, 화류: 필운대, 육각정, 도화동, 성북둔 등]

④ 4월

〈초파일〉욕불회, 등불 밝히기(초하루부터 7일까지 집집마다 높이 가 수십 장에 이르는 등간燈竿을 세우는데, 꼭대기에는 꿩털을 달고, 그 아래에는 비단깃발을 매달기)

⑤ 5월

〈단오〉부채 하사, 창포물에 목욕하기, 창포 비녀 꽂기, 단오빔 (비단옷), 창문 위에 애화艾花꽂기, 채승綵勝 묶기, 씨름(호미걸이, 빗 장걸이, 무릎치기, 배지기)

⑥ 6월

〈유두〉스님들 머리 감고 머리카락을 깎음, 척양滌暘(닭 잡고 개 를 삶아 시냇가에서 목욕하고, 술 마시고 노래하며 놀기)

〈삼복〉척양 하기

⑦ 7월

〈칠석〉과거시험, 걸교

〈백종百種〉 척양하기

⑧ 8월: 〈추석〉묘제, 저녁에 달구경

⑨ 9월: 〈중양절〉과거시험, 등고회, 국화주

⑩ 10월: 〈오일午日〉 무떡 만들어 먹기

⑪ 11월: 〈동지〉 새알심 넣은 팥죽 먹기(된 죽은 갈심磨心, 묽은 죽은 온심소心), 제주에서 감귤 바치기-과거시행(황감제)

⑫ 12월

〈납월〉 납월의 의미만 설명

〈제석〉 세찬준비: 소 잡기, 술 거르기. 수세(눈썹세기)

한편 정조 때 지어진 것으로 추정되는 『경도잡지』에는 원일元日·해일亥日·자일子日·사일巳日·인일人日·입춘·상원上元·2월 초일일·한식·중삼重三·4월 파일·단오·6월 15일·복伏·중원中元·중추中秋·중구重九·10월 오일午日·동지·납평臘平·제석除夕 등의 세시풍속이 소개되고 있다.

(3) 19세기 중엽(1849년)의 세시풍속 양상

홍석모의 『동국세시기』는 1849년 즈음에 지어진 것으로 추정되고 있어, 조수삼의 〈세시기〉보다는 50여 년 이후에 지어진 것으로 볼 수 있다. 여기에 실린 내용들은 이미 학계에 널리 알려져 있지만 여기에는 위의 내용과 비교해 본다는 차원에서 그 내용을 요약·정리하여 소개해 보기로 한다.

① 1월

〈정월 원일〉 대신들은 대궐에 가서 새해문안을 드리고 전문箋文과 거친 무명 바치기(8도에서도 위계 순으로 동일하게 함), 당하의 문관들 연상시 지어 올리기, 세함(명함 드리기), 사돈 사이-안주인이 문안비를 통해 문안드리기/세화: 도화서에서 수성·선녀·직일신장 등의 그림을 그려 임금에게 올리고, 이를 서로 선물함. 문배門

俳: 장군, 종규 그림 등을 대궐 양쪽 문에 붙이기, 닭·호랑이 그림 벽에 붙이기, 삼재 든 사람이 있으면 세 마리의 매를 그려 문설주에 붙이기/세장, 세배, 세찬(떡국), 세주, 증병(시루떡-신에게 빌 때 쓰는 떡), 덕담, 청참, 오행점으로 신수 보기, 머리카락 태우기, 야광신

* 서울: 사당제사[차례], 경기도 광주: 일월신에게 절하기, 제주: 화반(무격의 굿)

〈입춘〉 대궐: 춘첩자 붙이기, 부적 붙이기: 관상감에서 주사로써 올린 벽사문을 문설주에 붙이기(정조 때는 액막이로 은중경의 진언을 인쇄하여 문에 붙이게 함), 경사대부·민가·상점 등에서 춘련을 붙이고 송축(춘축)

* 경기도 산골의 6읍에서는 움파, 멧갓, 승검초(당귀싹) 진상

* 함경도: 목우木牛를 만들어 관청에서 민가의 마을까지 끌고 다님

〈인일, 7일〉 신하들에게 동인승(자루 달린 작은 거울)을 나누어 줌, 과거 시행人日製

〈上亥日〉〈上子日〉: 정조가 제도를 복구하여 '해낭'과 '자낭'을 만들어 환신 및 근시에게 나누어줌. 상해일에 팥가루로 세수하기

* 시골: "쥐 주둥이 지진다"고 말하며 콩볶기, 충청도: 훈서화 (떼지어 횃불 사르기)

〈卯日〉: 묘일에 새로 뽑은 실을 주머니 끝에 달아매기(액막이), 남의 식구·여자·나무로 만든 그릇을 집에 들여오지 않기

〈巳日〉: 뱀이 들어오는 것을 예방하기 위해 이발하지 않기

〈상원〉: 약밥, 오곡밥, 유롱주(귀밝이술), 진채(마른 나물 먹기), 복과(배추잎과 김으로 쌈 싸먹기), 매서와 학(더위팔기와 대답 안하기), 제웅직성이 들면 타추희(제웅치기), 일월직성이 들면 해와 달의 모양으로 오린 종이를 나무에 끼워 지붕 용마루에 꽂거나 횃불로

달맞이, 물 직성이 들면 종이에 밥을 싸서 밤중에 우물에 던지기/ 보름 전에 붉은 팥죽 먹기/ 여자들 보름 전에 숙정문에 3번 다녀가기, 복토 훔치기, 부림[작절, 固齒之方, * 의주 지역: 치교(어린이들이 새벽에 사탕 깨기)],

화적禾積, 禾竿(볏가릿대)[산간] 가지 많은 나무를 외양간 위에 세우고 곡식 이삭과 목화를 걸고, 아이들이 이를 둘러싸고 해 뜰 때까지 노래, 백집의 밥을 빌어다 절구에 앉아 개와 밥을 나누어 먹기(봄 타는 어린이), 개에게 밥 안주기, 가수(과일나무 시집보내기), 연 날리기·연싸움·연줄 끊어 날리기-실 끊기 시합, 회회아(팔랑개비 돌리기), 고고매姑姑魅(실에 거위 솜털을 달아매고 바람타고 날리기), 구멍에 넣은 돈이나 물건을 맞추어 돈 따먹기, 달맞이, 달로 점치기[색: 붉음-가뭄, 흰색-장마/ 모양: 사방이 두터우면 풍년, 엷으면 흉, 차이 없으면 평년작], 야간 통금완화, 저녁 종소리 듣기-다리 밟기(답교), 변전(편싸움), 수세, 안택경(판수를 불러 안택경 독경), 자정에 한 자 정도의 나무를 세워 그 그림자의 길이로 풍흉 점치기, 밤중에 주발에 재를 담아 지붕에 놓기, 새벽의 닭 울음 숫자로 풍흉 점치기

  * 황해도·평안도: 撈龍卵(보름 새벽에 우물에서 물 떠오기), 월자(달불이), 호자

  * 충청도: 거전(횃불싸움, 줄다리기?)

  * 경기도: 上同-승려도 거전을 행함

  * 관동 산간지역: 아이들이 많은 새 이름을 부르며 쫓는 시늉하기

  * 춘천, 가평: 차전

  * 영남: 갈전(칡으로 만든 줄로 줄다리기)

  * 안동: 여자들 놋다리밟기

  * 풍기: 읍의 아전이 검은 소를 거꾸로 타고 거문고를 안고 관가의 뜰로 들어가 원님에게 절하고, 일산을 받쳐 들고 나오기

[월내] 〈8일〉 남자들 외출 금기

　　　　〈16일〉 * 시골: 활동을 금하고, 나무로 만든 물건을 집안
　　　에 들이지 않기

　　　　〈5·14·23일〉 삼패일: 외출 금지

　　　　〈조금일인 상현일과 하현일〉 이 날 지나서 왕래

② 2월

〈초하루, 중화절〉 정조 때인 1796년부터 대궐에서 재상이나 시
종신에게 중화척을 내려줌. 화간을 내려 벼이삭을 꺼내 송편을
만들고 종들에게 나이수 대로 먹임(노비일), 집안청소, 노래기 쫓
기(향낭각씨)

　* 영남: 영등신(영등 할머니)에 제사지내기

　* 제주도: 귀덕과 김녕 지역: 2월 초하루에 12 장대 세워놓고
　　　　　신을 맞이해 제사지내기

　　　　애월: 연등[영등]에 약마희

[월내] 초저녁에 參星이 고삐를 끄는 것처럼 달 앞에서 멀리 떨
　　　어져 있으면 풍년들 징조.

　　　얼음을 태묘[종묘]에 진상, 20일에 비오면 풍년·흐려도
　　　길함, 제주도 풍속에는 이 달에 배 타는 것을 금지

③ 3월

〈삼짇날〉 화전(진달래꽃전), 화면花麵(반죽한 녹두가루를 익혀 가늘
게 썰어 오미자 국에 띄우고 꿀을 섞고 잣을 곁들인 것), 수면水麵(녹두
로 국수를 만들어 붉은색으로 물들인 것)

　* 진천: 3일부터 4월 초파일까지 여자들이 무당을 데리고 우담
　　牛潭의 동서 용왕당 및 삼신당으로 가서 아들 낳기 기원(일년 내
　　내 사람들이 인산인해를 이룸)

〈청명〉 느릅나무와 버드나무로 불을 일으켜 각 관청에 나누어
주기, 농가에서는 봄갈이 시작

〈한식〉 절사(묘제), 채마전에 씨 뿌리기

[월내] 탕평채 만들기, 수란, 황저합·석수어·소어(밴댕이)·제어
(웅어)·복·독미어(숭어) 잡아먹기

각 지역에서 특징적인 술과 떡을 만들기[서울속담-남주
북병] [사마주]

뽕잎을 따서 누에치기, 햇배추와 순무 팔기

화류[삼진날의 답청에서 유래, 필운대(살구꽃), 북둔(복사
꽃), 흥인문밖(버들)],

활쏘기 대회, 각시놀음, 유생(호드기 불기)

*강릉: 청춘경로회(70세 이상의 노인을 명승지로 청하여 위로)

* 용안: 향음주례(나이가 많은 노인을 청해 앉히고 사람들로
하여금 서문을 읽게 함)

* 제주도: 광양당·차귀당에 모여 신에게 제사

* 청안(충북 괴산군 청안면): 삼월 초에 현과 관청에서 국
사신 부부를 맞이하여 무격들로 하여금 굿을 하게 하고,
제사를 지낸 후 20여일 후에 다시 돌려 보낸다. 이를 2
년에 한번씩 함.

④ 4월

〈초파일燈夕〉 집집마다 높이가 수십 장에 이르는 등간燈竿을 세
우는데, 위쪽에 꿩깃을 달고 채색비단으로 깃발을 만들어 달기,
화각류 만들기, 수십 가지 종류의 등 만들기, 야간 통행금지 해
제, 남북의 산에 올라 등불 구경하기, 아이들 수부희(물장구) 놀이

[월내] 증편 만들기, 어채魚菜 먹기, 어만두 먹기, 봉숭아 물들이기

* 웅천 풍속: 4월에 웅산신당에서 신을 모시고 하산하여
종과 북을 울리며 여러 가지놀이를 하면서 제사하기(시월
에도 동일)

⑤ 5월

〈단오, 수릿날〉 여러 신하에게 애호艾虎(쑥호랑이) 하사, 단오선 하사, 관상감에서 올린 부적을 문설주에 붙이기, 내의원에서 올린 제호탕과 옥추단을 몸에 지니기, 단오장[창포물에 세수하기, 창포뿌리 비녀꽂기, 단오빔(비단옷)], 채승綵勝 묶기, 그네뛰기, 각력(씨름), 수리떡 만들기, 수리치(화융: 부싯깃) 만들기, 희렴(진들찰) 및 익모초 말리기, 대추나무 시집보내기

* 김해 풍속: 4월 초파일부터 성남에서 아이들이 돌싸움을 시작하여 단오가 되면 청년들이 좌우로 편을 갈라 깃발을 세우고 북을 치며 고함을 지르면서 달려들어 돌싸움하기

* 금산 풍속: 직지사로 모여 씨름

* 군위 풍속: 효령 서악에 있는 김유신 장군 사당에서 수석 아전이 역마로 깃발을 들고 북을 치며 신을 모셔와 동리에서 제사

* 삼척 풍속: 오금제 지내기

* 안변 풍속: 상음신사에서 선위대왕 부부를 모셔다 제사 지내기

[월내] 10일은 태종의 제삿날: 비가 내림[태종우]

보리·밀·고미를 종묘에 천신[경사대부의 집에서도 이를 행함]

* 서울지역: 장 담그기(辛日은 기휘)

⑥ 6월

〈유두, 15일〉 유두연(액막이로 모여서 술을 마심), 수단(멥쌀가루를 쪄서 길다랗게 둥근 떡을 만들어 잘게 썰어 구슬같이 만들고 꿀물에 얼음을 넣어 먹음), 상화병(밀가루를 반죽하여 그 안에 콩이나 깨에 꿀을 섞은 소를 싸서 찐 것), 연병, 유두면에 오색 물감을 들여 색실로 세 개를 꿰어 차고 다니거나 문설주에 걸기(액막이)

〈삼복〉 개장국, 팥죽

[월내] 피·기장조·벼를 종묘에 천신하기, 관청에 얼음 나누어 주기, 남산과 북악산 계곡에서 탁족놀이

＊ 진주 풍속: 그믐날 남녀가 강가에서 임진왜란에 성이
함락된 치욕을 씻는 행사하기

⑦ 7월

〈칠석〉 옷을 햇볕에 말리기

〈중원, 백중날, 15일〉 절에서 재 올리기(우란분회), 망혼일(여염
집 사람들이 저녁에 채소·과일·술·밥 등을 차려 놓고 죽은 어버이의 혼
을 부름)

＊ 충청도 풍속: 노소를 막론하고 거리에 나가 마시고 먹음, 씨
름놀이

⑧ 8월

〈추석, 가배嘉俳〉 시골 농촌에서는 일년 중 가장 중요한 명절,
닭고기·막걸리 등을 먹고 마심,

＊ 제주도 풍속: 조리지희(줄다리기), 그네뛰기, 포계지희(닭 붙잡
기 놀이)

[월내] 〈16일〉 ＊ 충청도 풍속: 씨름대회와 술과 음식을 차려 먹
고 즐기기, 햅쌀로 술 빚기

송편, 무와 호박 넣은 시루떡, 인절미, 율단자, 토란단자
만들기

⑨ 9월: 〈중양절〉 화전(국화 찹쌀떡), 화채(배·유자·석류·잣 등을
잘게 썰어 꿀물에 탄 것), 등고, 여러 산에서 단풍 구경하기

⑩ 10월

〈午日, 말날〉 외양간에 팥시루떡 놓고 신에게 제사하여 말의
건강을 기원(丙午는 제외, 무오戊午일이 좋음)

[월내] 내의원에서 우유 진상(10월 1일~정월), 기로소에서 우유
로 기신耆臣들을 봉양(정월대보름까지), 10월을 상달이라
하여 무당을 데려다 성주신에게 집안의 평안을 기원, 손
돌바람(20일),

시절음식: 서울의 난로회煖爐會, 열구자신선로, 메밀만두, 밀가루로 변씨만두 만들기, 연포국 (두부와 닭고기를 섞어 국으로 끓인 것), 애탕, 애단자, 밀단고, 강정(깨붙임, 콩가루 붙임), 송자(잣)강정, 매화강정

* 서울 풍속: 김장 담그기

* 보은 풍속: 10월 인일寅日에 속리산 꼭대기에 있는 대자 재천황人自在天王 사당에서 신이 법주사에 내려와 45일간 머물다 가는데, 사람들은 음악을 베풀면서 제사함

⑪ 11월

〈동지=아세〉 절사에 새알심 넣은 팥죽 사용, 팥죽을 문에 뿌리기, 관상감에서 진상한 달력을 각 관청에 분배하기, 아전이 관원에게 달력 선물, 내의원에서 전약煎藥 진상

[월내] 종묘에 청어 천신(통영산·해주산), 통영에서 전복·대구어 진상

　　　제주에서 귤·유자·귤감 진상하면 과거 시행(황감제)

　　　시절음식: 냉면, 골동면(비빔국수), 비빔냉면, 동치미, 수정과, 막김치, 장김치

　　　* 충청도 홍주 합덕지 및 경상도 밀양 남지: 용이 못을 간 흔적을 보고 풍흉 점치기

⑫ 12월

〈납일〉 납향[동지 후 제3 미일未日인 납일에 종묘와 사직에 큰 제사 지내기: 산돼지와 산토끼 고기 사용], 납약[내의원에서 각종 환약(청심원·안신원·소합원)-임금은 이를 근신와 지밀내인에게 하사]: 정조 때인 1790년에 새로 제중단과 광제환 만들기, 납일의 눈녹은 물(약용), 아이들에게 참새고기 먹이기(마마 예방 및 치료)

〈제석〉 2품 이상의 조신들과 시종신들이 대궐에 묵은해 문안 올리기, 대궐에서 제석 전날부터 대포쏘기年終砲, 화전火箭 쏘기,

징과 북 울리기, 길거리에 등불켜기, 소 도살 허용, 수세하기, 사당참례, 묵은세배, 잠 안자기(눈썹 세기), 윷 점치기, 윷놀이, 여도판희[여자들의 널뛰기]

　＊ 함경도: 청단靑壇(빙등을 해놓고, 징·북·나팔로 소리를 내며 밤 새워 나희하기)

　＊ 평안도: 빙등 설치

　＊ 여러 도의 주읍: 각각의 연말놀이 행하기

　＊ 의주: 지포(딱총) 놓기

　[월내] 세초(6월과 12월 초하루에 이조와 병조에서 파면·강등된 사람의 이름을 대궐에 상신)

　　　세궤(연말에 올리는 공물) 보내기, 축국하기

　　＊ 고성지방: 관에서 군의 사당祠堂에 삭망에 제사-비단으로 신의 가면을 만들어 사당에 보관하는데, 신이 12월 20일에 고을 사람에 내리면 그 사람이 가면을 쓰고 춤추며 관아를 돌며 놀면, 집집에서 이 신을 맞이하여 즐기다가 정월 보름 전에 신을 사당으로 돌려 보냄

　⑬ 윤월閏月(윤달): 결혼하기 좋은 달, 수의 만들기

　＊ 광주 봉은사 및 서울과 외도 지역: 윤달 내내 여인들 불공을 드리며 탑에 돈 놓기

2) 문헌 내용을 통해서 본 조선후기 세시풍속의 특징

이상에서는 문헌에 나타난 내용을 중심으로 조선 후기 세시풍속의 절기 및 이날 행해졌던 세시풍속들을 소개해 보았다. 워낙 많은 내용이라 요약해도 이처럼 길다. 그런데 이렇게 내용을 정리해 놓고 보니, 『동국세시기』가 얼마나 자세하게 많은 내용을 설명하고 있는가를 알 수 있다. 각각의 절기에 어떤 풍속들이 행해졌던 것인가 및 이러한 풍속의 내용은 대체로 널리 알려진 것이어서 이들 각각에 대한 설명은 생략하기로 한다. 다음에는 이상

과 같이 조선 후기 세시풍속 내용을 정리하면서 알 수 있었던 특별한 몇 가지를 약술하여 소개해 보기로 한다.

(1) 정조와 세시풍속 내용의 변화

조선 후기 문헌 자료 내용을 보면 조선조 22대 임금이었던 정조대왕(1752~1800)은 당시의 세시풍속에 많은 관심을 가졌음이 분명하다. 비록 궁궐 안에만 그 영향이 미쳤을지도 모르지만, 이와 같은 임금의 세시풍속에 대한 관심은 조선후기 세시풍속의 변화에 직간접적으로 일부 영향을 미쳤다고 볼 수 있다.

① 정조대왕은 등극하면서 곧바로 중들을 도성 밖으로 축출하고, 도성내의 출입을 금하였다. 결과적으로 설날 도성 안에서는 중들과 관련된 세시양상을 볼 수 없게 되었다. 그 이전에는 중들은 설날에 시가로 들어와 법고를 치면서 염불을 했는데, 그러면 사람들이 돈을 주기도 했다. 그리고 사람들은 떡 두 개를 가지고 중의 떡 하나와 바꾸기도 했는데, 절의 떡은 마마를 예방하거나 깨끗하게 한다고 믿었기 때문이다. 설날 상좌승이 시주를 청하면 사람들은 쌀을 주기도 했는데, 설날에 이렇게 하면 복을 받는다고 생각했다.

② 등극하면서 대궐에서 행해졌던 연초의 상해일上亥日과 상자일上子日의 행사를 복구하도록 하고, 해낭과 자낭을 만들어 환관들에게 나누어 주었다. 원래 조선시대에는 풍농을 기원하고자 상해일에 궁중에서는 나이 젊고 지위가 낮은 환관 수 백 명이 횃불을 땅 위로 이리저리 내저으면서 "돼지 주둥이 지진다"하며 돌아다녔다. 또 곡식의 씨를 태워 주머니에 넣어 환관과 근시 등에게 나누어 주었었다. 그래서 만들어진 것이 해낭과 자낭이었다. 정조는 이를 복구하여 두 가지 주머니를 만들어 환관이나 시종에게 나누어 주었다.

③ 입춘날 관상감에서 써 올린 벽사문의 내용을 원래 있던 내용에서 〈은중경恩重經〉의 진언을 인쇄하도록 하여 나누어주고 벽에 붙여 액을 막게 하

였다. 정조가 이렇게 한 것은 원래의 내용이 모두 중국의 고사에서 유래된 신들과 관련하여 쓰여져 있기에 문제가 있다고 보았기 때문인 듯하다.

④ 병진년(1796년)부터 2월 〈초하루〉에 대궐에서 재상이나 시종신에게 중화척을 내려주었는데, 이는 중국 당나라 중화절의 고사를 본뜬 것이지만 임금의 부족을 신하들이 보완해 달라고 하는 의미였다고 한다.

⑤ 납향에는 산돼지, 산토끼를 사용해야 했기에 납일을 즈음해서 경기도 내 산간의 군에서는 수령이 온 백성을 동원하여 산돼지를 수색해서 잡았다. 정조는 이 관습을 파하고, 서울 장안의 포수로 하여금 용문산과 축령산 등에서 사냥을 해서 바치도록 하였다. 이러한 사실은 납일 및 납향의 풍속을 바꾸게 한 것이다.

(2) 변하지 않고 지속·전승되어온 세시 절기

놀랍게도 조선후기 전全 시기(17·18·19 세기)를 통해 세시로 되어 있는 날짜는 거의 공통으로 나타나고 있다. 이 날 행해지는 풍속 내용은 다소 다르게 나타나는 경우도 있지만, 매년 똑같은 날짜에 비슷한 행동들이 치러지고 있다. 세시풍속이란 잘 변하지 않는 속성이 있다는 것을 새삼 확인할 수 있는데, 그러기에 세시풍속은 한 민족문화에 있어 근간이 되는 것이며, 민족이나 그 문화를 연구할 때 일차적으로 다루어야 할 대상이라 할 수 있다.

(3) 설날의 풍속에 대한 특징

설날은 새해를 맞는 감격과 설렘, 그리고 기쁨이 있다. 앞에서 소개한 (1)의 문헌들 속에는 이 날의 감회를 적은 시가 수없이 많이 실려 있다. 이것은 당대의 사대부들이 설날과 같은 날을 특별하게 여기고, 새해의 첫날을 기념해 많은 시를 쓰는 풍속이 별도로 있었다는 뜻이다. 그런데 『동국세시기』 정월 원일 조에 보면, 설날에는 당하의 문관들이 임금에게 연상시를 지어 올렸다는 내용이 있다. 이런 까닭에 출사한 사대부들의 개인문집에는 특별히 설날과 관련된 글들이 많이 남아 있게 되었던 듯하다. 이와 같은 상황을 중시하면, 이자유가 왜 『동국세시기』의 서문에서 "일찌기 나는 설날과 정월 대보름에 대하여 각각 수십 수의 시를 지어 토속적인 풍속을 읊은 일이 있었다…"고 하고 있는지 알 수 있다.

오늘날 우리는 연초에 모든 공식적인 일을 잠시 멈추고 2~3일간 쉬고 있다. 이러한 풍속이 서구에서 유입된 것인가 했는데, 그것이 아니라 우리 전통문화에 기초하고 있는 것을 확인할 수 있다. 조선 후기, 19세기 초에도 우리 조상들은 설날부터 3일까지 쉬었다. 승정원 각방에서는 공사公事, 公務를 보지 않았기에 모든 관청에서도 출근을 하지 않았다. 또 시장도 문을 닫았고, 감옥도 비웠으며, 공경대부의 집에서는 명함만 받아들이고 면회는 허락하지 않았다.[9] 오늘날 우리가 설날에 쉬고 있는 것은 바로 이러한 전통이 있었기 때문인 것이다.

(4) 조선 후기의 절사

『열양세시기』에는 사대부의 집에서는 설날·한식·중추·동지의 네 명일에 산소에 가서 절사를 지낸다고 하였다.[10] 설날과 동지에는 혹 안 지내는 수가 있으나, 한식과 중추에는 성대히 지내는데, 중추에 더 풍성하게 한다고 하고 있다. 『동국세시기』에는 조선 후기에는 절사가 설날·한식·단오·추석 등 4번이라 하고, 조정에서는 그 외에 동지까지 하여 다섯이라 하였다. 절사와 관련하여 두 자료에는 약간의 차이가 있다. 오늘날은 명절이 거의 설날과 추석으로 굳어져 있는데, 언제부터 이렇게 변한 것인지 궁금한 일이다.

(5) 절식節食과 관련된 특징
① 설날의 세찬은 뭐니뭐니해도 떡국이라 할 수 있다. 그런데 이 떡국이

---

9 『열양세시기』 자료 참조.
10 8월 中秋(중추)조 p.288 참조.

오늘날의 모습과는 조금 달랐다. 오늘날 서울 지역은 거의 떡과 만두가 합쳐진 떡만둣국으로 만들고 있으며, 호남지역은 떡만 있는 것이 특징이다. 우리가 설날에 '떡국'을 먹는다는 말을 하고 있는 것으로 보면, 떡만 있는 것이 본래적인 모습인 것 같은데, 조선 후기 세시 자료에는 떡만 있었던 것으로 나온다. 그런데 『동국세시기』에는 여기에 고춧가루를 쳤다고 하니 조금 색다르다.[11]

설날의 상징은 떡국일 수도 있겠는데, 18세기의 자료들을 보면 가난한 백성들은 이것을 먹기가 어려웠던 것 같다. 그래서 이들은 만두를 해 먹었다고 한다. 이덕무의 자료에는 설날에 백성들에게는 도소주屠蘇酒조차 담그지 못하게 하면서, 관가에서는 큰 항아리가 넘칠 정도로 청주淸酒를 담가두고, 가난한 농민들은 역병 때문에 소를 잃고 내년 농사를 걱정하고 있는데, 크고 작은 부자들은 설날 소를 두 마리 이상 잡는 모습을 그리면서 부조리한 현실과 빈부의 격차에서 오는 백성들의 질곡된 삶을 안타까워 하고 있다. 아무리 새해가 시작되는 설날이라 할지라도, 가난한 백성들은 이 날 역시 넉넉하게 먹고 지낼 수는 없었던 것 같다. 그래서 이하년의 〈원조희작〉 일곱 째 시에도 고단하고 옹색하며 굶주린 사람들이 설날에 몇 집이나 떡국을 끓여 새해를 맞았을까 하고 염려하고 있다.

② 오늘날 추석의 상징은 '송편'이다. 그런데 조수삼의 자료(1795년)를 보면, 송편은 원래 2월 초하루에 만들었었다. 이것은 노비를 주기 위해 만들었다기 보다는 원래 화간(볏가릿대) 앞에 놓고 풍농을 기원하기 위해 만들었던 신성한 음식이었을 가능성이 있다. 화간은 조선 후기를 통해 서울지역에서는 정월 대보름에 만들었다가 이월 초하루에 해체를 하고, 그 안의 내용물의 상황을 보아 일 년의 풍흉을 점치던 것이었다. 까닭에 여기에는 풍농을 기원하는 간절함이 있었을 것이다. 신에게 바치는 음식은 신성한 것이어야 한다는 점에서 송편은 이 때 특별하게 선택된 음식이었을 가능성이 있

---

11 p.18 참조.

다. 앞에서 소개한 조선 후기 자료들에는 추석에 특별히 송편이 사용되었다
는 내용이 없다. 『동국세시기』에도 송편은 추석과 관련되어 설명되기 보다
는 8월의 월내에 기록되어 있을 뿐이다. 이런 점을 중시하면 18~19세기 중
기까지는 송편이 추석의 절식이 아니었다고 볼 수 있다. 그런데 오늘날 추
석의 절식은 송편이다. 어떻게 이와 같은 상황이 되었는지 궁금한 일이다.

『동국세시기』에는 여름의 장담기와 겨울의 김장담기가 민가의 일 년의
중요한 계획이라 하고 있다. 이 때 이미 겨울철에 김장을 담갔다는 것이 신
기하고, 여름에 장담그기를 했다는 것은 좀 이해가 되지 않는다. 오늘날에
는 비교적 이른 봄에 장을 담그고 있기 때문이다.

(6) 시장에서 팔았던 세시관련 음식과 기물器物들

『동국세시기』에는 세시와 관련된 시절음식이나 기물을 설명하면서, 이러
한 것들을 때 맞추어 시장에서 흔하게 팔았다는 내용이 많이 나온다. 음식
으로는 설날의 떡국, 삼월 말의 시절음식인 밴댕이나 웅어, 복, 숭어, 햇배
추, 순무 등이 있다. 오월 단오에는 수리떡, 삼복에는 개장국, 10월에는 시
절음식인 밀단고, 강정 등을 팔았다. 특히 삼월말의 시절음식을 설명하면
서는 사옹원에서는 관리가 그물로 밴댕이나 웅어를 잡아 진상했는데, 생선
장수들도 거리로 돌아다니며 이를 파느라 소리치고 다녔다고 한다. 또한 이
때 채소장수가 햇배추를 짊어지고 떼를 이루어 다니면서 소리쳐 팔았고, 순
무도 팔았다.

기물로는 정월대보름에는 연을 팔았다. 시장에서는 이것을 겨울부터 정
월보름까지 계속 팔았다. 사월 초파일에는 여러 가지 등을 팔았다. 단오에
는 부채를 팔았는데, 장사꾼이 만들어 파는 것은 정밀하게 만든 것, 엉성하
게 만든 것, 교묘하게 만든 것, 질박하게 만든 것 등 그 만듦새가 똑같지 않
았다. 세시와 관련하여 시장에서 많이 팔았던 수공예품인 기물은 연, 등, 부
채와 같은 것이었다고 정리할 수 있다.

이와 같은 내용들을 보면, 당대에 이미 시장이 매우 활성화되어 있었다는

것과 사람들은 이곳을 통해 세시절기에 필요한 물자를 구입하여 사용하고 있었다는 것, 그리고 상인들은 이러한 세시절기를 이용하여 미리 필요한 물자를 만들어서 그것을 팔아 큰 이익을 챙기고 있었다는 것을 알 수 있다. 이와 같은 상황을 인식하면, 박지원의 〈허생전〉이 어떻게 탄생할 수 있었는지 그 배경을 쉽게 이해할 수 있다.

(7) 서울 세시풍속의 구심점이었던 수표교

조선 후기 한양의 수표교는 서울의 세시풍속이 밀집되어 노출되어 있는 공간이었다. 이것은 특히 정월 대보름에 더욱 심했다. 이즈음 이 근처에서는 연날리기가 행해졌다. 그래서 수표교 근처의 개울을 따라 연싸움 구경꾼이 담을 쌓은 듯 인산인해를 이루었다고 한다. 연소자로서 연싸움을 잘하여 이름을 떨치는 사람이 있으면 그는 부자이며 권세 있는 집에 불려가 가끔 연 날리는 것을 구경시키기도 했기에 사람들은 기를 쓰고 이기고자 했다.

대보름날 저녁에 행하는 다리밟기도 주로 이곳 근처에서 행해졌다. 사람들은 저녁에 종소리를 들으려고 열운가閱雲街의 종각으로 몰렸다가 그 소리를 들은 후에는 다시 여러 곳의 다리로 가서 산책을 했다. 그런데 이 행렬은 밤새도록 끊이지 않았다. 답교[다리밟기]는 광통교와 작은 광통교 및 수표교에서 가장 성행했는데, 사람들은 인산인해를 이루었고, 북을 치며 통소를 불고 야단법석을 쳤다. 오늘날 수표교는 사라지고 없다. 수표교가 이처럼 조선 후기 정월 대보름의 구심점이었었다면, 이와 같은 장소 하나쯤은 보존했어도 좋았을 것 같다.

4. 세시풍속에 나타난 조선 후기의 변화 양상

이상에서는 주로 문헌에 나타난 내용을 중심으로 조선 후기 세시풍속의 양상과 특징을 살펴보았다. 그런데 이렇게 보면 앞서와 같은 결과가 과연 조선 후기 세시풍속의 전모를 밝히고 있는 것인가에 대해 약간 회의가 든다. 현재 우리나라에서 전승되고 있는 세시 관련 문화를 보면 문헌에는 기록되어 있지 않지만, 분명히 조선 후기에 생성되어 당대의 세시문화를 훨씬 풍부하게 했던 수많은 세시 관련 문화가 있었던 것 같기 때문이다. 이것은 분명히 조선 후기 당대의 사회적 변동과 더불어 나타난 문화들이지만 미처 앞서와 같은 문헌에 기록되지 못했다. 그러므로 다음에는 이러한 내용을 한 번 살펴보기로 하겠다.

1) 농업형태의 변화와 백중놀이의 탄생

오늘날 현존하는 세시풍속을 보면 중부 이남의 농촌에서는 백중날 다양한 놀이가 행해지고 있다. 호미씻이, 풋굿, 장원질, -백중놀이와 같은 것이 그것인데, 이들은 규모도 크고 내용도 아주 풍부하다. 일부 실학자들의 글에는 이들이 세서연, 세서회 등으로 소개되어 있기도 하지만, (1)의 문헌 중에는 일부에 이런 내용이 소개되어 있을 뿐, 대부분의 자료에는 여기에 대한 언급이 없다. 『동국세시기』에도 칠월 백중에 대해서는 중원이라는 제목 하에 중들이 재를 올리는 것, 고려시대의 우란분회, 망혼일 등에 대한 설명이 있으며, 충청도 풍속에 이날 남녀노소를 막론하고 거리에 나가 먹고 마신다 하고 장정들이 씨름놀이를 한다는 것 정도만 있다. 이것은 조선 후기에 이러한 놀이가 존재하지 않았기 때문이 아니라 각종 세시기의 저자들이 현장을 중시하기보다는 문헌을 중심으로 하였으며, 지역도 농촌보다는 도시인 한양을 중심으로 했기 때문이다.

우리 민족의 세시풍속은 대다수가 농경의례와 관련되어 형성되어 왔다 해도 과언이 아니다.[12] 따라서 농경과 관련하여 어떤 변화가 생긴다면, 세시풍속 내용도 자연히 변화가 생길 수밖에 없을 것이다. 17~18세기에는 이

---

12 김택규, 『한국농경세시의 연구』, 영남대학교 출판부, 1985 참조.

앙법과 도맥稻脈 2작 체계가 일반화되고, 수리시설의 확충으로 논 면적이 늘어났다.[13] 새로운 이앙법의 효과는 연간 도맥 2작 체계를 형성하게 되어 토지 생산성을 높였지만, 맥작의 수확과 탈곡에 잇따른 도작의 모내기는 집중적인 노동력을 필요로 했다. 특히 농업용수 공급에 있어 어려움이 있던 상태에서 진행된 모내기와 논매기는 더욱 큰 집중적인 노동력을 필요로 하여 이에 대한 대응책으로 두레와 같은 집약적인 공동협업노동형태가 생겨났다.

이와 같은 두레는 17세기에 이르러 크게 부상되기 시작하였다. 그리고 이 것은 논농사에 있어 중요한 시기에 많은 노동력 제공하였는데, 그 시기는 바로 모내기와 논매기였다. 백중은 마침 일 년 중 마지막 논매기를 끝내는 시기와 맞물려 있다. 그래서 이날 두레에 참여했던 농민들은 함께 모여 놀면서 노동의 고단함을 풀어냈다.

이 때 놀아졌던 놀이의 명칭과 내용에 대해서는 지역마다 다소 다르지만 이러한 놀이는 2모작 체계의 논농사가 행해지는 지역, 특히 충청도, 호남지역, 영남지역 등에서 다양하게 발달되어 있고, 기호지방에도 일부 전승되고 있다. 이 중 충남의 연산지방에서 놀아졌던 연산백중놀이는 연산백중놀이는[14] 합두레 형식으로 놀아졌기에 그 규모도 어마어마하게 클 뿐만 아니라 내용도 매우 다양하다. 여기에는 기싸움, 기세배 등이 있고, 농신제에 대한 제의, 효자·불효자·상머슴 뽑기 등 상벌마당이 있으며, 농악을 연주하며 진 풀이를 하는 뒤풀이가 있다.

앞서와 같은 백중 관련 놀이들은 조선 중·후기에 걸쳐 나타나게 된 새로운 세시풍속이라 할 수 있지만, 백중과 관련된 우리 민족의 세시풍속 내용을 다양하고 다채롭게 만들어 주었다. 그리고 여기에 들어 있는 기싸움·기

---

13 이하의 글은 배영동, 「호미씻이」, 『한국세시풍속사전 가을편』, 국립민속박물관, 2006, p.86의 내용을 참조하여 작성했음.

14 1991년 7월 9일 충청남도 무형문화재 제14호로 지정되었다. 김효경·이수자, 『서천 저산팔읍 길쌈놀이·연산 백중놀이』, 민속원, 2011 참조.

세배 등은 농기와 관련된 새로운 문화를 창조해내는데 기여했다고 볼 수 있으며, 함께 수반되어 있었던 농악 및 농악대는 우리의 가락을 더욱 발전시켜 준 기반이 되었다고 볼 수 있다.

2) 장시의 발달과 세시풍속 행사의 확대 및 다양화

추재 조수삼(1762~1849)이 지은 〈세시기〉는 1795년(정조 19년) 7월에 쓰여진 것이다. 이 때 쓰여진 그의 〈세시기〉 내용엔 다른 세시기에서는 볼 수 없는 특별한 내용이 한 가지 있는데, 바로 1월 초삼일날 행해졌던 제사에 대한 내용이다. 이것은 특별히 농사 짓는 집, 장사하는 집, 시장 등에서는 이 날 증병, 맑은술, 돼지머리, 과일 등을 차려 놓고, 재물신과 토신에게 소원을 빌었다는 것인데, 정월에서 12월까지 동일했다는 것이다. 이 때 그는 특별히 직업과 관련하여 사람을 분류했는데, 농사 짓는 집, 장사하는 집, 그리고 시장에 있는 사람들로 분류했다. 농사짓는 사람들이라면 우리나라에서 농경이 시작된 이래 존재해온 사람들이라 할 수 있어 특별할 것이 없겠지만 장사하는 집, 시장 사람 등이라 언급한 것은 특히 이 당시 장사하는 직업이나 일이 중요한 관심의 대상이 되었다는 것을 뜻한다. 이들은 상업을 통한 부를 창출하는데 관심이 많았기에 매달 초사흘에 특별히 재물신이나 토신에게 소원을 빌었다고 할 수 있는데, 이 때의 소원이란 다름 아닌 장사가 잘 되어 돈을 많이 벌게 해달라는 것이었을 것이다. 이러한 사실을 인식하면, 풍농을 통한 부의 축적이나 장사를 통한 재물의 축적이 당시 사회에 있어 얼마나 많은 사람들이 희구했던 소원이었을 지는 짐작하고도 남음이 있다.

앞서와 같은 사실은 조선 후기의 당시 사회가 이미 장시가 매우 발달했던 사회였다는 것을 알게 한다. 조선은 건국 초부터 농업을 근본으로 삼는 정책을 표방하였기 때문에 상업이 그다지 활발하지 못했다. 정부는 각종 제도를 정비하면서 화폐도 발행하여 유통시켰지만, 이러한 화폐는 일반 백성들의 신뢰를 받지 못하여 일시적으로 통용되다 중단되곤 하였다. 대신 일반 백성들은 쌀이나 면포 같은 실질가치가 있는 물품 화폐를 사용하였다. 화폐가 이처럼 널리 유통되지 못하였던 것은 화폐 정책이 지속성을 갖지 못해서 발생한 측면도 있지만 상품의 유통이 활발하지 않았던 것과도 관련이 있다. 그런데 조선 후기에 이르러, 정부가 대동법을 실시하면서 상품 유통이 발전하게 되었고, 이에 따라 화폐도 본격적으로 필요하게 되어 1678년(숙종 4) 허적許積의 제안으로 상평통보常平通寶가 주조되면서 동전이 본격적으로 유통되기 시작했다. 그래서 17세기 말경에 이르면 화폐가 전국적으로 유통되기에 이르렀다. 이후 이러한 화폐는 이후 전국 각지에 퍼져 생산물의 상품화를 촉진시켜 나갔고, 모든 유통 및 거래가 화폐를 통해 이루어지게 됨에 따라 조선 후기에는 상업 및 장시가 더욱 발달하게 되었다. 그러기에 앞에서 고찰한 것처럼 조선 후기 시장에서는 세시절기를 이용하여 필요한 음식이나 기물을 미리 준비하고, 이를 팔기도 했던 것이다. 그런데 이러한 장시 및 상업을 통한 이익창출은 이 외에도 당시 사회의 세시풍속을 변화시키는 요인으로 작용했다. 매달 초 3일에 제물을 차려 놓고, 재물신과 토신에게 제의를 했던 세시풍속은 이렇게 보면 당대에 새롭게 생긴 세시풍속이라 할 수 있는데, 추재 조수삼은 이를 놓치지 않고 기록으로 남겨 놓은 것이다.

조선 후기 세시풍속은 이와 같은 장시의 발달과 더불어 일부 그 내용이 다양해지고 확대되었다. 이것은 특히 4월 초파일, 단오, 혹은 백중과 같은 세시에 그 영향을 주었다. 이러한 절기에 사람들은 먹을 것, 볼 것, 놀 것이 더 많아졌으며, 집을 떠나 더 멀리까지 나갈 수도 있었다. 여기에서는 편의상 이러한 모습을 4월 초파일과 관련해서만 살펴보기로 한다.

조선 후기, 4월 초파일에는 연등행사 및 만석중놀이를 했다 하고(『경도잡지』) 아이들은 수부희水缶戲(물박놀이)를 했다 한다. 함경도 금야·황해도 송화 등에서는 사자놀이가 행해졌고, 함경도 일원에서는 탈놀이와 농악놀이, 그리고 강원도 금화 등에서는 지신제 등이 행해지기도 했다. 경기도 양주에서는 양주별산대놀이가 행해졌고, 경남 김해 지방에서는 이날부터 아이들이 모여 돌싸움을 시작하고 단오날에 이르면 청년들이 편을 갈라 깃발을 세우고 북을 치며 고함을 지르며 달려 들어 돌을 던졌다 한다. 그러나 사월 초파일의 고유한 행사는 뭐니뭐니해도 연등놀이라 할 수 있다.

우리나라에서 등놀이가 행해진 것은 적어도 1300여년의 역사를 갖고 있다. 이것은 신라 때에는 상원에, 고려 현종 때에는 2월 중순에, 그리고 고려 말부터는 4월 초파일에 행해져 왔다. 등놀이는 조선 전기에도 행해져 사대부들의 문집에는 관등의 모습이 아주 많이 그려져 있다. 그런데 이와 같은 등놀이는 조선 중기 이후 후기로 넘어 오면서 장시의 발달과 더불어 상인들의 주도로 도시나 읍성 등 대처에서 더 크게 대규모로 성황을 이루게 되었다. 도시상인들은 이러한 등불놀이를 기화로 등제작에 필요한 물자들을 비싼 값으로 팔 수 있었으며, 구경꾼들에게도 물자를 팔아 이속을 채울 수 있었기 때문에[15] 이러한 놀이를 보다 적극적으로 지원하게 되었기 때문이다.

등놀이는 서울(한양), 개성, 평양과 같은 큰 도시를 비롯하여 황해도 평산과 신천, 경기도 수원, 충청도 강경과 논산 등과 같은 지방의 도시들이 소문나 있었다. 한 예로 평산에서는 초파일 아침부터 거리마다 형형색색의 등을 달았는데, 집집마다 등대를 세웠고, 여러 다리에도 등대를 세웠다. 여기서 늘인 등불은 수천 개를 헤아렸을 뿐만 아니라 구경꾼들도 수만 명씩 몰렸다. 평산과 같은 작은 읍에서 이러했거늘 서울, 개성, 평양은 상상하고도 남음이 있다. 평양은 거리마마 불꽃바다를 이루었고, 모란봉은 등산燈山으로 변하였으며, 대동강은 방석불로 장식한 배가 강물과 어울려 그림과 같이 아름다웠다.[16]

서울에서는 종가관등鐘街觀燈이 유행했는데, 특히 잠두봉(서울 남산의 북서쪽 봉우리)에서의 관등이 큰 인기를 끌었다. 초파일 밤 서울 장안은 가가호호, 거리마다 등대를 높이 세우고 등을 달아 불의 성을 만들고, 사람의 바

---

15 김호섭, 「중세등불놀이에 관한 연구」, 『력사과학』 112호, 과학백과사전출판사, 1984, p.46. 여기에서는 진철승, 「사월초파일의 민속화 과정 연구」, 『역사민속학』 15집, 한국역사민속학회편, 민속원, 2002, p.245에 실린 글을 인용했음.

16 전장석, 「등놀이와 불꽃놀이」, 『조선의 민속놀이』, 평양: 과학원 고고학 및 민속학연수고, 1964: 푸른숲 편집출간, 1988, p.93. 여기에서는 진철승, 「사월초파일의 민속화 과정 연구」, 『역사민속학』 15집, 한국역사민속학회편, 민속원, 2002, p.243에 실린 글을 인용했음.

다를 이루었다. 사람들은 이 모양을 보려고 남산의 잠두봉에 올라 이 장관을 구경했다. 여기에서 내려다보면, 맑은 하늘에 수많은 별들이 반짝이듯, 가을하늘의 은하수처럼 4대문 안이 휘황찬란했다. 이러한 잠두봉의 관등은 당대의 가장 큰 볼거리로 시골에 사는 노인들은 이러한 관등을 평생소원해서 효심이 깊은 사람들은 늙은 부모를 모시고 와 남산을 오르기도 했다. 1849년경에 쓰여진 것으로 추정되는 홍석모의 『동국세시기』에는 4월 초파일과 관련하여 각종 등이 소개되고 있는데, 그 종류는 무려 28가지나 된다.[17]

조선 후기에 있어 사월 초파일은 연등놀이와 함께 다양한 민속예능이 행해짐에 따라 당대의 세시문화를 더욱 풍요롭게 했다. 그리고 우리 문화에 있어 등공예, 등문화와 같은 민속문화를 발전시키는 모태가 되기도 했다.[18] 그런데 그 이면에는 조선 후기에 발달한 장시와 이런 기회를 통해 이익을 창출하고자 했던 조선후기 상인들의 부에 대한 욕망이 내재하고 있었던 것이다.

3) 탈춤의 상시화와 세시행사 내용의 풍요화

탈춤과 관련된 내용들은 앞에서 소개한 문헌에는 잘 나와 있지 않지만, 조선 후기 상황을 설명하는 자료를 보면 세시와 결합되어 많이 소개되고 있다.[19]

북청지방에는 정월 대보름에 사자를 앞세우고 집집마다 찾아다니며 악귀를 쫓아내고 집안이 태평하기를 빌어주면서 답례로 돈이나 곡식을 받아 마을기금으로 삼았다. 동래나 수영야유는 약 180년 전, 원래는 경남 합천군

---

17 사월 초파일과 관련된 연등회는 연등축제로 2012년 국가지정 중요무형문화재 122호로 지정되었다.

18 사회과학원 민속학 연구실편, 『조선민속풍습』, 평양, 1990, 학민사 영인판, 1993, p.152. 여기서는 진철승, 「사월초파일의 민속화 과정 연구」, 『역사민속학』15집, 한국역사민속학회편, 민속원, 2002, p.244에 실린 글 인용.

19 이하 탈춤과 관련된 내용은 임동권 글, 촌락제의와 놀이, 한국사 34 조선후기의 사회, 국사편찬위원회, pp.283~315의 글을 참조했음.

초계에서 전승되어 오던 것을 수영 사람이 배워 놀았고 이어 동래에서도 놀게 되었다고 하는데, 이러한 들놀음은 정월 대보름과 같은 마을의 대동축제 때 춤과 연극으로 흥을 돋아주던 것이다. 통영이나 고성의 오광대도 역시 합천군 초계에서 전해졌다고 하는데, 이들도 정월 대보름, 추석, 기우제 등에서 놀아졌다고 전한다. 통영에서는 정월 대보름 날 아침에 통제사가 죄인을 문초하는 사또놀이를 논 다음 농악을 치고 놀다가 밤이 되면 미륵산 잔디밭에 모닥불을 피워 놓고 밤새껏 오광대를 놀았다. 고려 때부터 놀아졌다고 하는 안동 하회별신굿은 정월 초하루부터 시작하여 대보름까지 했다.

단오 때는 강릉의 관노탈놀이가 놀아진다. 봉산탈춤 역시 약 200년 전부터 5월 단오에 놀아졌다고 한다. 이것은 이속 안초목이란 사람에 의해 중흥되었는데, 나무탈을 종이로 개조하여 놀았다고 전해지며 해주 감영에서도 놀았다고 전해진다. 경기도 양주에서는 약 200년 전부터 4월 초파일과 5월 단오에 양주별산대놀이를 했다. 양주별산대 놀이의 기원은 원래 백정 상두군 건달로 구성된 서울 사직골 딱딱이패를 초청하여 산대놀이를 놀게 하였는데, 이들이 지방순회와 그 밖의 일로 공연약속을 어기는 일이 많아 양주에서 불편함을 느끼고 아전을 중심으로 사직골 딱딱이패를 본 떠 가면 등을 만들어 제작하고 실연하기 시작하여 오늘날에 이른다.[20] 1809년(순조 9년)에 이루어진 『만기요람』에는 송파장이 전국 굴지의 시장이라 하고 있다. 송파산대놀이는 바로 이러한 송파를 중심으로 놀아졌던 탈춤인데, 그 역사는 약 200년 전인 영조 말기 무렵부터 시작된 것으로 전해지고 있다.

현존하는 탈춤 중 많은 종류는 그 역사가 약 200년이 되었다고 한다. 그런데 이 시기는 바로 조선후기에 해당하는 것으로, 장시가 크게 발달했던 시기와 맞물려 있다. 그런데 이와 같은 장시가 더욱 활성화될 수 있는 시기는 바로 세시 절기와 관련이 있다. 사람들은 이 때 장시에 가서 필요한 물건

---

20 이 놀이가 시작될 당시 중심인물은 이을축(李乙丑)으로 전해지는데, 그는 양주 최초의 가면제작자로 알려져 있다.

을 사기도 하고 구경도 할 수 있었기 때문이다. 까닭에 탈춤에 종사했던 사람들은 이러한 절기에 마을 안에서는 제의祭儀에 참여하면서 한편으로는 장시에 나아가 연희를 하여 구경꾼들의 흥을 돋우고 돈을 벌었다.21 이렇게 하여 조선 후기의 세시행사는 그 내용을 더욱 다채롭고 화려하게 할 수 있었는데, 이러한 상황은 또한 여러 종류의 탈춤을 현재와 같이 존재하게 할 수 있었던 기반이 되었다.

양주별산대놀이 및 송파산대놀이는 영조 때 산대희를 공식적으로 폐지한 것과 관련하여 그 기원을 이해하고 있다. 이렇게 보면, 앞서와 같은 상황은 국가의 정책변화가 어떻게 세시풍속을 변화시킬 수 있는가를 보여주는 하나의 예가 될 수 있을 것이다.

4) 평등사상의 등장으로 인한 과거시험 대상자의 변화

조수삼은 그의 〈세시기〉에서 1월 7일(인일), 3·3일, 7·7일, 9·9일, 동짓날의 기록에 먼저 국가에서 과거시험을 보아 인재를 뽑았다는 기록을 하고 있다. 일정하게 정해진 절기에 맞추어 과거를 보았기에 이를 세시로 보고 〈세시기〉 속에 기록으로 남기고 있는 것이다. 지금으로 보면 이것은 연중행사에 속한다고 볼 수 있어, 이를 세시풍속의 범주에 넣을 수 있느냐 하는 데에는 약간의 논란이 있겠지만, 조수삼의 입장을 중시하면, 이것은 어디까지나 세시에 속한다. 이런 점에서는 홍석모도 입장이 같다. 그 역시 정초의 인일人日에 대한 기록에서 이날 인일제를 보았다는 기록을 남기면서, 명절날 선비를 시험하는 것은 인일로부터 시작하여 3·3, 7·7, 9·9에 보는데, 이를 절일제節日製라 한다고 설명하고 있다.

조선시대에는 이와 같은 절일제 외에 동지 때 치루었던 황감제라는 과거시험도 있었다. 이것도 절일제에 속하는데, 이와 같은 5개를 합쳐 오순절제

---

21 이것은 오늘날 설날이나 추석 등에 가수나 연예인이 온갖 행사에 참여하여 구경꾼들의 흥을 돋우고 돈을 버는 것과 같은 맥락이다.

五巡節製라 했다. 동짓날에 보았던 황감제黃柑製는 원래 1564년(명종 19)년 처음 실시되었는데 멀리 탐라에서 귤을 진상하는 것에 대한 답례로 특별히 그들에게 보이던 과거였지만, 나중에는 동짓날을 맞이하여 제주에서 신기한 귤을 진상하면 관학(성균관과 사학) 유생들의 사기를 높이고 학문을 권장하기 위하여 그들에게 귤을 나누어준 뒤 시제를 내려 시험했던 것이다. 그런데 조선 후기에 이르면 이 시험은 성균관 밖의 유생에게도 응시자격을 부여하는 통방외通方外가 적용되었다. 그리고 시험장소도 성균관이 아닌 명정전에서 실시하는 것이 상례가 되어 결국 정시庭試와 다름없게 되었다.[22]

황감제에 이와 같은 변화가 나타나게 된 것은 아마도 많은 유생들에 의해 일부 관학의 유생에게만 과거시험과 합격의 기회를 준다는 불만이 있었던 것에서 유래했다고 볼 수 있어, 이는 조선 후기에 많은 사람들 사이에 '평등 의식'이 매우 강해졌다는 것을 알게 한다. 조선 후기에 천주교의 수입으로 인간평등·남녀평등 사상이 강해졌다는 것은 널리 알려진 사실인데, 이러한 인식은 바로 국가제도도 변화시켰던 것이다.

5. 맺음말

조선 후기 세시풍속은 문헌 자료만을 통해서는 그 전모를 알 수 없다. 그러기에 이 글에는 현존하는 세시풍속과도 결부하여 그 전모를 살펴보고자 했다.

문헌에 나오는 세시 내용들은 이미 많이 연구·소개 되었기에 이 글에서는 그 자료 및 내용을 소개하는데 그쳤다. 조선 후기에는 임병 양란을 치룬 후 농업형태의 발달, 상업의 발달, 천주교와 같은 새로운 종교의 수입으로

---

22 이상 황감제에 대한 내용은 최순권 글, 조수삼의 세시기 중 각주)43 및 각주)124를 참조했음. 조수삼의 세시기는 『조선대세시기 Ⅰ』, 국립민속박물관, 2003, p.35 및 p.64 참조.

우리 세시풍속의 내용도 다양하게 변했다.

조선후기 세시풍속은 다양하고 다채롭게 존재하면서, 당 시대 사람들의 삶을 풍요롭게 살찌웠다. 그러면서 한편으로는 우리 민족문화, 그 중에서도 특히 민속예능을 살찌우고 키워내는 모태가 되기도 했던 것이다. 이런 점에서 오늘날 현존하는 민속문화는 많은 경우 그 뿌리가 조선후기의 세시명절, 혹은 세시풍속 문화와 연결되어 있다고 할 수 있다.

조선 후기 세시풍속은 조선조 말 개화기를 맞으며 태음력이 태양력으로 바뀌면서, 그리고 일제강점기를 겪으면서, 또한 광복 후 6·25와 같은 민족 상잔의 피비린내 나는 전쟁을 겪으면서, 그리고 근대화·산업화 시대를 겪으며 새마을 운동과 더불어 생활의 과학화를 주창하게 되면서, 그리고 더욱 나아가서는 오늘날 세계화시대를 겪으며 외국 세시의 수입 혹은 우리의 삶이 서구적 생활방식에 익숙해지면서 대다수는 그 뿌리를 잃었고, 내용에도 많은 변화가 일어났다. 그러나 문헌에 나타난 내용을 보면, 조선 후기에 있어 중요한 세시일은 오늘날 우리들이 향유하고 있는 그것과 별반 다르지 않다. 이 말은 곧 오늘날을 살아가고 있는 우리들의 삶은 아직도 많은 경우 조선 후기의 그것과 맥이 닿아 있다는 뜻이다.

우리가 농경사회에서 산업화 사회를 거치고, 오늘날 정보사회로 진입한 이상, 조선 후기 세시풍속 내용을 지금도 그대로 계승·지속해야 한다고 주장할 수는 없다. 그래도 그것이 오늘날 우리의 삶과 문화를 일궈낸 뿌리라는 것을 인식한다면 이것을 그대로 내버려야 한다고 말할 수도 없을 것 같다.

| 참고문헌

국립민속박물관, 『조선대세시기 Ⅰ』, 국립민속박물관, 2003.

_____ , 『조선대세시기 Ⅱ』, 국립민속박물관, 2005.

_____ , 『한국세시풍속자료집성』(조선후기문집편), 국립민속박물관, 2005.

_____ , 『한국세시풍속사전』(가을편), 국립민속박물관, 2006.

국사편찬위원회, 『한국사 34』조선후기의 사회, 국사편찬위원회, 1995.

김택규, 『한국농경세시의 연구』, 영남대학교 출판부, 1985.

김효경·이수자, 『서천 저산팔읍 길쌈놀이·연산 백중놀이』, 민속원, 2011.

서해숙 엮음, 『세시풍속의 역사와 변화』, 민속원, 2010.

실천민속학회 편, 『조선후기 민속문화의 주체』, 집문당, 2004.

장주근, 『한국의 세시풍속』, 형설출판사, 1984.

정승모, 「세시관련 기록들을 통해 본 조선시기 세시풍속의 변화」, 『역사민속학』13호, 한국역사민
    속학회, 민속원, 2001.

한국학연구원 편, 『東國歲時記 外(외)』, 대제각, 1987.

－『東國歲時記』·『京都雜志』·『洌陽歲時記』· 농가월령가 합본.

서양인이 본 한국의 세시풍속

서영수_단국대학교 교수
장두식_단국대학교 동양학연구원 연구교수

* 이 글은 『史學志』 46집(단국사학회, 2013. 6.)에 게재되었던 것을 재수록한 것임을 밝혀둔다.

1. 서언

 개화기에서 일제강점기까지 한국인의 일상생활 모습을 알기 위한 방법의 하나로 자체 기록이 아닌 외국인의 한국에 대한 관찰기록을 살펴볼 필요가 있다. 특히 이 글에서는 서양인들의 여행기에 등장하는 한국의 세시풍속 이미지를 살펴보고자 한다. 이는 한국 세시풍속의 지속과 변용 양상 연구의 일환이다.

 근대 초 한국에 대한 서양인들의 기록은 대부분 표류기나 여행기였다. 제주에 표류했던 네덜란드인 헨드릭 하멜이 1668년에 출판한 「제주도 난파기」와 「조선왕국기」가 구체적으로 한국을 다룬 서양인의 최초 기록물이라고 할 수 있다. 하멜은 한국을 미개한 야만국이면서 동시에 학식과 예절의 갖춘 나라로 보았다. 이러한 이중적 시각은 한국에 대한 서양인의 여행기에 자주 등장한다.[1]

 근대 초 서양인들의 한국 여행기에 대한 지금까지의 연구는 당대 한국 사회를 읽기 위한 실증적 사료로 접근하거나[2] 식민주의를 정당화 시키는 오리엔탈리즘 담론으로 재구성하는 접근[3]으로 나눌 수가 있다. 최근 들어 후자의 연구가 주류를 이루고 있는데 한국을 타자로 다루는 오리엔탈리즘 시각의 기록들 속에서 한국의 긍정적인 이미지를 찾아내려는 작업, 즉 자세히 읽기Close reading도 시도되고 있다.[4]

---

1 프레데릭 불레스텍스, 김정연 역, 『착한 미개인 동양의 현자』, 청년사, 2001, p.37.

2 최덕수, 「개항기 서양이 바라본 한국인, 한국역사」, 『민족문화연구』 30, 1997: 왕안석, 「개항기 서양인이 본 한국문화」, 『비교문화연구』 4, 1998: 정연태, 「19세기 후반 20세기 초 서양인의 한국관」, 『역사와 현실』 34, 1999: 장영숙, 「서양인의 견문기를 통해 본 명성황후의 정치적 위상과 역할」, 『한국 근현대사 연구』 35, 2005: 김희영, 「19세기 말 서양인의 눈에 비친 조선사회의 현실과 동학농민봉기-이사벨라 버드 비숍의 『조선과 그 이웃나라』를 중심으로」, 『동학연구』 23, 2007, 등.

3 프레데릭 블레스텍스, op.cit.: 박지향, 『일그러진 근대』, 우리시대, 2003: 김희영, 「오리엔탈리즘과 19세기 말 서양인의 조선 인식-이사벨라 버드 비숍의 『조선과 그 이웃나라들』을 중심으로」, 『경주사학』 제26집, 2007: 허동연, 「근현대 서양인들의 한국관」, 『한국학연구』 제5호, 2011 등.

4 김현숙, 「서양인 여행기에 표상된 '공존·공생'의 조선 사회상」, 『역사와 담론』 54, 2009.

당시 서양인의 한국 여행은 필자 개인의 현실과 그가 속해 있는 문화적 현실을 가상의, 상상의 공간, 시간 속에서 더욱 돋보이게 하고, 타자를 지배하면서도, 자기 자신을 재발견 할 수 있게 해주는 계기가 되었을 것으로 보인다.[5] 이러한 여행기는 여행객 개인의 경험과 세계관, 여행 동기와 개인적인 욕망에 따라 여행 대상국의 정치, 문화, 사회를 관찰 파악한 기록물이다. 따라서 기술의 기준점은 서양을 잣대로 한 한국의 특이하고 신기한 표상들일 수밖에 없다.[6] 즉 서양인의 한국 여행기는 서양이 동양을 바라보는 표상 방식에 의해 분류 정리된 오리엔탈리즘에 의한 한국상韓國像의 재구성이라고 할 수 있다.[7] 그런데 이러한 기록이 모두 한국인과 한국문화를 부정하고 왜곡하고 있는 것은 아니었다. 또한 서양인의 한국여행기 속에는 한국인에게 너무나 일상적이고 당연한 사실이어서 간과했던 사회상과 정보를 재확인할 수 있는 사례를 발견할 수도 있다.[8]

이 글에서는 서양인의 한국여행기 속에 등장하는 세시풍속의 의미를 살피고자 한다. 세시풍속은 그 시대 사람들의 삶을 선명하게 보여주는 복합문화현상이다. 그러므로 세시풍속 속에는 그 참여자의 자연관, 신앙관, 인생관, 생활관 들이 담겨있다. 계절의 주기적 변화에 따라 일정하게 반복하는 문화현상인 세시풍속은 계절의례이다. 사계절의 변화가 뚜렷한 한국은 세시풍속 또한 선명하고 다양하다.[9] 때문에 서양인들의 한국여행기 속에는 세시풍속에 대한 기록들이 적지 않게 등장한다. 이러한 텍스트들은 서양과 근대라는 외래문화에 오염되지 않았던 전통문화에 대한 관찰기라고 할 수

5   프레데릭 불레스텍스, op.cit. pp.150~151.

6   김현숙, op.cit., p.110.

7   에드워드 사이드는 1978년에 출간한 『오리엔탈리즘』에서 오리엔탈리즘을 서양에 내재해 온 동양에 관한 실증적인 교의이자 학술적인 전통을 포함한 진리의 한 체계라고 보았다. 그런데 그 체계 속에는 인종차별주의와 제국주의와 자민족주의가 작동하고 있음을 강조한다. 에드워드 사이드, 박홍규 역, 『오리엔탈리즘』, 교보문고, 1991, pp.332~333.

8   김현숙, op.cit. p.110.

9   김만태, 「세시풍속의 기반변화와 현대적 변용」, 『비교민속학』 38, 2009, p.318.

있다. 오리엔탈리즘적인 시선을 통하여 한국인의 풍속이 일부 왜곡되어 재구성되고 있는 점이 없지 않으나, 오히려 원자료(세시풍속) 자체는 전래된 전통에서 벗어나지 않았다고 볼 수 있다.

먼저 한국 여행기를 기술한 서양인들의 시각을 살펴본 뒤, 서양인들의 한국 여행기에 서술 되고 있는 세시 풍속의 내용을 분석해 보고자 한다.

2. 온정주의적 오리엔탈리즘-착한 미개인과 동양의 현자

근대에 들어서면서 서양에서는 앎(지식, 진리)과 표상(가시화)의 동일화가 이루어졌다. 즉 실증성·과학성·합리성을 기반으로 하고 있는 서양의 학문은 표상의 확실성과 세계에 대한 진리체계를 모색하였다. 근대 초 동양은 서양인들에게 미지의 세계였다. 그리하여 서양인들은 동양에 대한 모호함에서 벗어나기 위하여 광범위한 탐색과 방대한 아카이브를 구축하여 동양학, 즉 오리엔탈리즘을 완성하였다. 오리엔탈리즘의 요체는 동양이라는 표상을 서구식의 진리체계로 상상해 놓은 것이다. 표상된 세계만을 존재하는 것으로 설정했던 근대 서양의 세계관에 따라 동양에 대한 서양의 지식(표상)이 동양 그 자체가 되는 존재방식이 되었던 것이다.[10]

1905년 프랑스의 이폴리트 프랑뎅과 클레르 보티에의 공동 저술인 『한국에서 EN Corée』의 다음과 같은 기술에서 이러한 시각이 잘 드러난다.

> 높직한 곳에 자리 잡은 공사관에서는 북쪽의 메마른 벌판이 내
> 려다 보였다. 그곳은 황량하고 모래에 덮여있었다. 이 순간 나는
> 소말리아의 해안과 소코트라 섬을 다시 보는 듯한 느낌에 사로잡

---

10 경기도박물관, 『먼 나라 꼬레-이폴리트 프랑뎅의 기억 속으로』, 경인문화사, 2003, pp.217~218.

했다.[11]

　위의 인용은 1892년 경 프랑스 제 2대 공사로 부임한 프랑뎅이 정동교회 부근의 프랑스 공사관에서 주위를 묘사한 기록이다. 그에게 한국의 수도 한성은 아프리카와 별반 차이가 없었다. 이렇듯 『한국에서』는 서양인의 관점에서 무지와 야만에서 갓 벗어난 한국이란 나라를 신기한 눈으로 관찰하고 있다.[12] 이러한 오리엔탈리즘적인 기술은 서양인들의 한국에 대한 기록에서 보편적으로 나타난다.

　그런데 1897년 출간된 이사벨라 버드 비숍의 『조선과 그 이웃나라들』에서 드러나는 오리엔탈리즘은 일반적인 오리엔탈리즘과 다소 벗어나 있는 텍스트였다. 이 여행기 또한 서양적인 자아의식을 기반으로 기록된 것임을 부정할 수는 없다. 즉 여행기에 나오는 대부분의 한국은 객관적이기 보다는 상상력과 상상력에 의해 해석된 세계였다.[13] 한국이 대상이 되고 있지만 한국의 정체성보다는 필자의 관점에 따른 서술이 우선되고 있는 것이다.[14]

　한편, 한국에 대한 깊은 애정을 가지고 있었던 비숍의 여행기는 서양인이 가지고 있었던 '적의敵意가 가득한 은둔의 나라'[15]라는 한국 부정적인 이미지를 불식시키는 텍스트였다. 비숍은 머리말에서도 밝혔듯이 정확성을 제일의 목표로 하여 직·간접적인 경험과 수집한 자료를 통하여 한국과 한국

---

11 이폴리트 프랑뎅, 클레르 보티에 『한국에서 EN Corée』, 경기도박물관, 2003, op.cit., p.163 재인.

12 이상각, 『꼬레아 러시-100년 전 조선을 뒤흔든 서양인들』, 효형출판, 2010, p.131.

13 김희영, op.cit, p.170.

14 에드워드 사이드는 오리엔탈리스트의 실재가 동양의 실질적인 부재에서 가능하다고 말한다. 다시 말하면 글쓰기의 대상이 되고 있는 동양은 텍스트 속에서 완전히 부재하며 오히려 오리엔탈리스트의 언어가 실재한다는 것이다. 동양이라는 대상의 정체성이 서양인 필자의 관점으로 대체와 치환이 일어난다는 것이다. 에드워드 사이드, op.cit., p.340.

15 그리피스는 엄밀히 이야기하면 일본학 전공자였다. 그의 한국에 대한 기술은 직접 경험이 아니라 한국에 대한 문헌자료, 특히 일본을 통해 구한 자료를 통해 이루어졌다. 때문에 친일적인 입장에서 한국을 재구성하고 있다고 볼 수 있다. William Eliot Griffis, "Corea, The Hermit Nation", Journal of American Geographical Society of New York, Vol.13 (1881) p.125.

인들을 파악하여 기술하고 있다. 이 여행기는 러시아와 일본에 의해 압박을 받고 있는 한국의 정치적 상황과 봉건제도에 의해 고통을 당하고 있는 한국 민중들에 대해 연민을 가지고 구체적으로 기록하고 있다. 그리고 여행기라는 양식에 맞게 여행하는 동안 경험하고 관찰한 한국의 자연과 풍물에 대해서 세밀하게 묘사하고 있다. 비숍의 관찰은 차별성보다는 변별성이 강했다. 모두 37장으로 구성된 여행기에는 비숍의 한국에 대한 애정과 함께 근대제도의 도입과 선교를 통한 계몽에 대한 당위성이 강하게 담겨 있다.

이러한 한국에 대한 애정에도 불구하고 비숍의 여행기에도 서양인의 상대적 우월감이 드러나는 부분이 있는데, 대표적인 것은 무속신앙을 소개하는 3개의 장이라고 할 수 있다.[16] 이러한 기록을 통해서 비숍이 무속신앙에 대해서 비상한 관심을 가졌었다는 것을 알 수 있다.[17] 때문에 굿 현장을 직접 찾아가서 관찰하거나 다양한 정보를 수집하여 무당의 특수성과 무업에 관하여 매우 자세히 기록하고 있다.

> 서울 사람들이 무당에 의해 착취되는 엄청난 금액은 앞의 장에서 이미 설명했다. 조선에서 병은 항상 귀신과 관계가 있기 때문에 판수나 무당을 불러 푸닥거리를 할 필요가 있다. 유럽의 의약과 수술은 전국을 휩쓸고 있는 야만적이고 저질적인 미신에 대한 가장 확실한 공격수단이다. 「의료 전도 사업」과 관련을 갖고 행해지는 영향력은 여러 가지 점에서 문명화된 사람과 아직도 미신에 속박되어 있는 사람들을 점차로 해방시키고 있다.[18]

위의 인용에서 읽을 수 있듯이 비숍의 무속에 대한 시선 속에는 서양인이

---

16 제 30장 무당과 기생, 제 34장 무속과 신앙(1), 제 35장 무속신앙(2)

17 글쓰기에서 서술의 길이나 빈도수에 따라 필자의 관심이나 의도가 드러난다. 여행기 속에서 무속신앙에 대해 3개 장에 걸쳐 설명했다는 것에서 비숍의 관심을 읽을 수 있다.

18 이자벨라 버드 비숍, 신복룡 역, 『조선과 그 이웃 나라들』, 집문당, 2000, pp.401~402.

가지고 있는 오리엔탈리즘이 작동하고 있었다. 영국이라는 문명국에서 온 비숍에게 한국은 합리성과 과학에서 동 떨어진 미개한 나라였다. 비숍에게 한국인들은 무당의 푸닥거리로 병을 고칠 수 있다는 야만적이고 저질적인 미신에 속박되어 있는 사람들이었다. 당시 서양인들에게 한국인들은 모두 비숍이 보았던 미신의 지배를 받는 미개인으로 인식되었다.

근대적인 의료기관인 제중원의 책임자이자 고종의 전의典醫였던 올리버 R. 에비슨도 한국의 무속신앙에 대해서 다음과 같이 비판적으로 기술하고 있다.

> 과거에는 질병을 치료하려면 환자로부터 귀신을 몰아내야 한다는 생각이 흔했다. 귀신을 몰아내기 위해 미친 사람의 몸을 벌겋게 달군 쇠꼬챙이로 지지는 것도 한 방법이었다. 대개 머리나 등과 같이 정신과 관계가 있다고 생각되는 부위를 집중적으로 지졌다. …나는 추호도 조선인들을 조롱하려는 것이 아니다. 그들의 많은 장점들을 무척 좋아한다. 다만 어느 민족이든 조상들이 노력하여 터득한 결과를 올바르게 사용하면, 올바른 혜택을 입을 수 있다는 사실을 독자들에게 이해시키려는데 나의 목적이 있을 뿐이다.19

의사였던 에비슨은 "추호도 조선인들을 조롱하려는 것이 아니다"라고 말하고 있지만 귀신을 퇴치하여 정신병을 치료한다는 무속신앙을 믿는 한국인들을 미개인으로 볼 수밖에 없었을 것이다. "어느 민족이든 조상들이 노력하여 터득한 결과를 올바르게 사용하면 올바른 혜택을 입을 수 있다"는 말에서 이성에 기반을 둔 자연과학적인 시각 혹은 역사 발전 원리로서 변증법적인 사유를 읽을 수 있다. 당대 서양인들에게 무속신앙은 미개한 한국인

---

19 올리버 R. 에비슨, 황용수역, 『구한말 40여년의 풍경』, 대구대 출판부, 2006, pp.409~410.

들의 표상으로 작용을 하고 있었다.[20]

비숍은 무속신앙을 세밀하게 살핀 후에 미신에서 한국인들을 해방시킬 수 있는 것은 유럽의 의약과 수술을 기반으로 하고 있는 "의료 전도사업"이라는 점을 밝히고 있다. 이러한 비숍의 애정 어린 제안도 한국을 타자로 인식하는 오리엔탈리즘에서 크게 벗어나지 않는 것이다.

그런데 비숍의 조선에 대한 인식은 인종차별적이고 제국주의적인 오리엔탈리즘과는 다른 오리엔탈리즘을 보여주고 있다. 즉 오리엔탈리즘 담론의 다양성을 보여주는 또 다른 경우라고 볼 수 있다.[21]

서양인의 한국에 대한 일반적인 태도는 오리엔탈리즘에 기반을 두고 있지만 한국을 방문한 서양인들의 태도를 모두 오리엔탈리즘으로 환원하기는 불가능하다고 볼 수 있다.[22] 비숍의 경우와 같은 오리엔탈리즘은 한국에 애정을 가지고 있었던 서양인들 사이에 보편적으로 발견된다. "웨스트민스턴 사원보다도 한국 땅에 묻히기를 원했던" 친한파 호머 B. 헐버트의 경우에도 이와 유사했다. 헐버트는 1897년 을미사변의 참극 속에서 고종 곁에서 시종하였고 을사늑약이 무효임을 호소하는 고종의 친서를 가지고 미국 대통령과 유럽 여러 도시를 돌면서 한국의 자주 독립을 위해 노력을 하였다. 그런데 헐버트는 "세계는 문명화되고 기독교화"되어야 한다는 생각을 갖고 후진국 한국이 문명화하기 위해서는 서구 문명국들의 '지도' 필요하다고 생각했다.[23] 그렇다고 헐버트가 제국주의의 식민정책을 옹호하는 것이 아니다. 한국이 처한 위기를 극복하기 위한 자기 나름의 방법을 제시하고

---

20 서양인들이 무속신앙에 모두 부정적인 것은 아니었다. 백색우월주의에 빠지지 않았던 감리계 목사였던 호레이스 N. 알렌은 한국인의 무속신앙을 야만시 하지 않았고 이해하려고 했다. 신복룡, 「서세동점기의 서구인과 한국인의 상호인식」, 『한국문학연구』 27, 2004, pp.71~72.

21 그녀가 조선을 서구 근대 문명의 타자로 그리고 통제의 필요성을 강조하였지만 이는 식민주의적 담론을 정당화하기 위한 것은 아니었다. 그러한 점에서 김희영, op.cit, p.189.

22 이영아, 「서양인의 눈에 비친 조선인의 인종적 특질 연구」-새비지 랜도어의 『고요한 아침의 나라 조선』을 중심으로」, 『Homo Migrans』 vol.3, 2010, p.6.

23 손정숙, 「구한말 헐버트의 대한인식과 그 활동」, 『이화사학연구』 22, 1955, p.137, 허동현, 「근현대 서양인들의 한국관」, 『한국학연구』 제5호, 2011, p.17 재인.

있는 것이다. 이러한 비숍과 헐버트의 오리엔탈리즘은 온정주의적인 오리엔탈리즘이라고 볼 수 있다.

이러한 온정주의적 오리엔탈리즘은 한국에서 활동하던 대다수 서양인 선교사들에서 발견된다. 원래 서양인 선교사들은 기본적으로 한국을 서양과는 다른 타자로 인식하는 차별적인 오리엔탈리즘을 가지고 있었다. 또한 서양인 선교사들 대부분은 한국에서의 선교 사업을 누가복음의 '여리고로 가는 길'과 같다고 고백[24]하고 있듯이 복음전파라는 이름의 종교적인 우월주의에 빠져있었다. 종교적인 우월주의와 후진국에 대한 차별의식은 그들을 쉽게 한국사회에 동화되지 못하게 만들었다. 한국에서 받은 불편했던 의식주 문화, 불결함과 가난함, 봉건적인 제도와 미신의 창궐 등의 경험이 서양 선교사들의 오리엔탈리즘을 강화시켰다. 온돌이나 바닥 잠과 같은 주거문제와 김치와 같은 발효식품, 그리고 비위생적인 환경과 무속신앙 등이 한국을 야만국으로 인식하게 만들었던 것이다.[25] 그리하여 내한 초기에 선교사들은 한국에서 생활하면서도 한국사회에 속하지 않으려고 노력을 했다. 하지만 한국에서 수년간 활동 하는 동안 한국인과 한국인의 사상을 이해하고 한국인들에게 동화되려는 노력 속에서 새로운 인식이 형성되었던 것이다.[26]

한국을 여행하는 서양인들에게도 선교사들과 비슷한 온정주의적인 태도가 발견된다. 1892년 출간된 샤를르 바라의 『조선여행기』와 1894년 출간된 미국인 샤를르 샤예롱 대령의 『한국 또는 조선, 고요한 아침의 나라』, 1904년 출간된 프랑스인 장 팡주의 『한국에서』와 에밀 부르다레의 『한국에서』, 1905년 출간된 엥거스 해밀턴의 『한국에서』 등은 오리엔탈리즘의 시각을

---

24 릴리아스 H. 언더우드, 신복룡 역, 『상투의 나라』, 집문당, 1999, p.95, 신복룡, op.cit., pp.70~71 재인.

25 제임스 S. 게일, 신복룡 역, 『전환기의 조선』, 집문당, 1999, pp.128~131, 신복룡, Ibid., p.71.

26 Marth Huntley, 『한국 개신교 초기의 선교와 교회 성장』, 목양사, 1985, p.395, 김보림, 「개항기 재조선 서양인의 일상생활과 한국 문화 인식의 분화」, 『역사교육』 125, 2013, p.31 재인.

가지고 있지만 금강산과 같은 한국의 아름다운 자연과 도자기 등 빼어난 한국 문화유산에 대해 따뜻한 시선으로 대하고 있었다. 엥거스 해밀턴은 한국의 자연과 한국인들이 가지고 있는 풍수사상을 다음과 같이 서술하고 있다.

> 한국은 다른 곳에서는 찾아볼 수 없는 아름다움을 지닌 나라이다. 풍습, 문학, 지리적 분류체계 등을 살펴보면, 영감을 불러일으키는 한반도의 아름다운 자연이 얼마나 국민들의 사랑을 받고 있는지 잘 알 수 있다. 한국의 해변도 서양 뱃사람들의 모험정신을 반영해 주는 것이며, 한국인들이 붙인 산과 강의 이름은 그들의 사상과 미신적인 사고, 단순하면서도 직설적이고 강렬한 미학을 보여주는 것이다. 한국에서 모든 산은 인간과 같은 대접을 받는다. 민간신앙에서는 일반적으로 용이 산과 결합되어 나타난다. 각 마을마다 산의 정령에게 제사를 지낸다. …한국인들은 산이 그들을 비호하고 악귀를 쫓아 준다고 믿고 있다. 한국의 수도에도 도시를 둘러싸며 보호해주는 산이 있다. 무덤에도 보호신이 있어야 하며, 그렇지 않은 경우 가족은 번영할 수 없고, 선조들도 묘가 있는 언덕의 움직임에 따라 사람이 태어난다고 믿고 있었다. 가파르고 험준한 산자락에는 호전적인 전사들이 태어난다. 부드럽고 완만한 산등성이에서는 학자들이 태어난다. 독특한 매력을 발산하는 산 정상은 여성의 아름다움에 비견된다.[27]

이 글에서 해밀턴은 한국은 산과 인간, 인간적인 특성과 자연을 연결하는 가장 오래된 믿음과 결합된 독창적인 은둔생활의 영적 가치를 발견하고 있다.[28] 한국인들의 풍수를 미신이나 미개한 문화로 인식하지 않고 자연과 조

---

27 프레데릭 불레스텍스, op.cit., p.179.
28 Ibid., loc. cit.

화되는 신비한 문화로 이해하고 있다. 이렇듯 대다수 서양인들에게 한국은 자신들과 다른 타자의 공간이었지만 오리엔탈리즘적인 차별보다는 이국적이며 신비로운 공간으로 이해되고 있었다.

이렇듯 미개하고 적의에 찬 은둔국 한국이란 이미지는 선교사들과 여행객들의 온정주의적 시선을 통하여 보다 긍정적인 이미지로 치환되어 기술되었다.

그런데 일제는 을사늑약 이후 한국 지배를 정당화시키기 위하여 한국에 대한 이미지를 부정적으로 선전하였다. 그리하여 일부 서양인들 사이에는 한국에 대한 차별적인 오리엔탈리즘이 계속 작동하거나 강화되었다.

> 한국인은 보잘 것 없을 뿐만 아니라 서양인은 한국인과 더불어 정신적 공감을 할 수가 없기 때문에 한국인에게는 서양인의 관심을 끌거나 동정을 살 만한 점이 없다. 그들은 두고 볼수록 게으르고 더럽고 나쁜 일을 예사로 하며 거짓된데 다 엄청나게 무식하다. 사람이 자기의 능력과 가치를 깨닫는 데서 생기는 자존심이 없다. 저들은 미개한 야만인이요 퇴폐한 동양 문명의 썩은 분비물이다.[29]

친일 언론인이었던 미국의 조지 캐넌은 잡지 『The Outlook』에다 위와 같은 글을 기고하여 한국의 이미지를 크게 훼손시켰다.

하지만 이러한 글 보다는 한국에서 활동하는 서양선교사들과 한국을 여행하는 많은 서양인들의 기록물에 의해서 프레데릭 블레스텍스가 명명한 것처럼 '착한 미개인'이면서 동시에 '동양의 현자'라는 긍정적인 이미지로 한국을 표현한 경우가 많았다는 점이다.

1911년에 출판된 미네르바 구타펠의 『조선의 소녀 옥분이 The Happiest

---

29 George Kennan, "*Korea: A Degenerate State*", The Outlook, October 7, 1905.

Girl In Korea』에는 다음과 같은 장면이 나온다.

> 어느 날 어떤 사내아이가 완전히 발가벗고 있는 것을 보았대.
> 전도 부인은 그 아이가 새로 예수를 믿게 된 가족의 아이인 것을
> 알아보고 그의 집으로 가서 어머니를 만나 옷을 입혀야 한다고
> 말했지. …〈중략〉… 거리로 이 아이를 찾으러 가서 붙잡을 때마다
> 혼을 내주고 때려주었는데도 옷을 벗으니 어떻게 하면 좋아요?
> 전도 부인은 사람 꼴을 한 어린 괴짜 녀석을 내려다보고 그의 빛
> 나는 갈색 눈을 보며 말했지. "다른 예수 믿는 아이들처럼 왜 옷
> 을 안 입는 거냐?" 김씨 집안의 희망인 아이가 대답했어. "그런데
> 옷은 왜 입어야 되는 거예요? 날씨가 덥고 나는 춥지 않아요. 옷
> 을 거추장스럽기만 해요. 우리 부모님은 모두 예수쟁이지만 나는
> 아니에요. 더워서 옷을 입기 싫으니까요."
> 나의 사랑하는 동생아, 전도부인이 이 말을 내게 해주었을 때
> 나는 네가 어릴 적에 집과 정원을 뛰어다니고 싶어하던 것이 생
> 각났단다. 우리가 신발과 스타킹을 벗은 너를 길거리에서 붙잡
> 았을 때 너는 "하지만 너무 더워, 신발과 스타킹은 거추장스럽기
> 만 해. 신문 파는 사내아이들은 신발과 스타킹을 안 신는데 왜 나
> 만 신어야 해?"라고 반문했지. 하지만 다 자라서 신발과 스타킹
> 의 필요성을 아는 너에게 지금 이것을 상기시키는 건 치사한 일
> 일 거야. 틀림없이 그 어린 사내아이도 지금은 옷의 필요성을 알
> 겠지만[30]

미국에 있는 동생에게 한국에 대해 소개하는 편지글이다. 발가벗고 뛰노

30 미네르바 구타펠, 이형식 역, 『조선의 소녀 옥분이 The Happiest Girl In Korea』, 살림, 2008, p.120~121.

는 한국의 어린아이와 동생의 유년기 경험이 유사함을 기술하고 있다. 이 글에서는 우월의식이나 차별적인 시선을 찾을 수가 없다. 한국에서의 체류 기간이 긴 서양인일수록 한국에 대한 인식이 문명과 야만이라는 이분법적인 시각에서 벗어나 있다.

이상에서 살펴본 것과 같이 서양인들의 한국에 대한 생각은 오리엔탈리즘을 기조로 하고 있었지만 한국에 체류하거나 한국을 깊이 있게 여행한 서양인들 사이에는 온정주의적인 오리엔탈리즘이 보편화되어 있다고 볼 수 있다. 그리하여 그들의 여행기를 살펴보면 문명과 야만이라는 이분법이 선명하게 드러나는 장면들도 있지만 전반적으로 한국인과 한국문화에 대한 긍정적으로 기술하고 있다는 것을 발견할 수 있다.

3. 이상한 풍습 혹은 즐거운 명절: 세시풍속

한국에서 생활하거나 한국을 여행하는 서양인들에게 한국의 일생의례나 세시풍속과 같은 전통 문화는 낯설고 신기한 볼거리였다. 감리교 선교사였던 제이콥 로버트 무스가 기록한 한국의 혼례에 대한 기록을 통해서 당시 서양인들의 한국 문화에 대한 시선을 살펴볼 수 있다.

무스는 한국의 혼례를 서술하면서 "팔려가는 신부"라는 부제를 달고 있다. 이는 한국 혼례의 중매와 조혼에 대한 비판이었다.[31] 배우자를 본인이 선택하는 것이 아니라 부모가 결정하다는 것과 미성숙한 상태에서 결혼을 한다는 것은 미개하거나 야만적인 문화라고 인식을 하고 있는 것이다. 그리고 결혼식 행사를 매우 상세하게 기술하고 있다. 필자의 눈에 비친 한국의 결혼식은 매우 낯선 것이기 때문이다.

---

31 "어린아이가 혼약을 맺고 혼사를 치르는 정해진 나이는 없다. 이는 전적으로 혼사를 추진하는 부모에게 달려있다. 이제 갓 열살 내지 열두살밖에 안되는 어린 신부가 있다는 사실은 결코 특이한 일이 아니다." 제이콥 로버트 무스, 문무홍 역, 『1900, 조선에 살다』, 푸른역사, 2008, p.218.

마침내 혼삿날이 닥치면 신랑은 진짜 결혼예복으로 갈아입는다. 자기 옷이 아니라 예식을 위해서 빌린 옷으로, 전에는 많은 신랑들이 입었고 앞으로도 많은 신랑들이 입어서 닳게 될 옷이다. 이 예복은 사실 높은 관리들이 왕의 면전에 나아갈 때 입는 관복이다. 그것은 비단 옷과 높은 부츠, 그리고 귀 모양의 날개가 양쪽으로 달린 독특한 사모로 구성된다. …이렇게 차려 입고 조랑말이나 당나귀를 탄 신랑은 형형색색의 초롱과 커다란 일산을 든 하인 복장의 사람들에 둘러싸여 신부의 집으로 향한다. 그러나 상상하는 것과는 달리 여기서 신랑이 신부를 직접 만나지는 않는다. 신부 역시 식을 위해 빌려온 결혼 예복으로 차려입고 신랑의 집으로 실려 갈 준비를 한다. … 신부는 세상 사람들의 눈에서 완전히 차단된, 밀폐된 의자(가마)에 실려 간다. 가마는 신부 집안의 경제 능력에 따라 두 사람 혹은 네 사람이 운반한다. 보통은 가마에 호피를 덮는데 이는 원래는 귀족이나 왕족의 표시다. 빈한한 중류 계급의 소녀도 곤궁한 생애 중에 오직 이날 하루만은 왕족의 표시를 사용할 수 있다. 이러한 가마를 타고 신부는 신랑 집으로 가서 식을 올린다. 혼인 예식에는 관리나 승려와 같은 주례는 필요 없다. … 신랑은 멍석에 자리를 잡고 똑바로 선다. 그 사이에 매파나 다른 여인이 신부를 데리고 온다. 여기서 신랑이 신부를 처음 보지만, 지금은 그녀를 제대로 볼 수가 없다. 신부는 알아볼 수 없을 정도로 얼굴에 분을 진하게 발랐기 때문이다. 여기서 나는 이 나라에서는 얼굴에 분을 바르는 기술이 극도로 퇴행적이라는 점을 강조한다. 이러한 이교적 풍습을 계속 고집하는 조선의 자매들을 타산지적으로 삼아서, 우리 미국의 기독교도 자매들도 적절하게 화장하는 방법을 터득해야 한다고 주장

하고 싶다.[32]

한국 혼인예식에 대한 절차를 모르는 필자가 제일 먼저 주목한 것은 예복이었다. 사모관대와 활옷을 입은 신랑신부의 화려한 복장이 이방인의 눈에는 당연히 주목될 수밖에 없었을 것이다. 신랑의 예복이 관복이라는 점과 신부가 타는 가마를 장식한 호피가 왕족들의 표시라는 점에서 한국인들이 결혼을 매우 중시하고 있음을 확인하고 있다. 그런데 신부가 밀폐된 가마에 실려 간다는 기술을 함으로써 '팔려가는 신부'라는 이미지를 채차 확인하고 있다. 필자에게 한국의 결혼은 신부에게 불공정한 것처럼 인식되고 있는 것이다. 그리고 서양의 결혼식과 달리 관리나 승려와 같은 주례가 없음을 기술하고 있다. 마지막으로 신부의 진한 화장에 대해서 "극도로 퇴행적", "이교적 풍습"이라고 하여 부정적으로 언급을 하고 있다. 미국의 여성들에게 한국의 신부화장을 타산지석으로 삼아서 적절하게 화장을 하라고 권하기까지 하고 있다. 필자는 한국의 혼례예식이 낯설고 신기하면서 동시에 오리엔탈리즘적인 평가를 하고 있는 것이다. 한국의 결혼을 '이상 한 풍습'으로 기록하고 있는 서양 문헌들의 시선을 필자도 답습하고 있는 것이다.[33]

하지만 한국의 세시풍속에 대한 서양인의 기록은 결혼과 장례와 같은 의례와는 조금은 다른 시선을 보여준다. 어느 민족이나 세시풍속은 축제와 같은 명절날이기 때문에 일생의례에 대해서 보였던 엄격하고 공식인 입장에서 벗어나 있었기 때문이다.

서양인들의 여행기 중에는 한국의 세시풍속인 설날과 단오를 소개하는 텍스트가 많다. 태양력을 사용하는 서양인들에게 음력의 절기들은 낯설었고, 그 날 일어났던 행사들이 신기하게 보였기 때문이었을 것이다. 설날은 한국인들이 첫 번째 맞이하는 명절이었다. 엘라수 와그너가 1934년 출판한

---

32 Ibid., pp.214~229.

33 김상민, 「개화·일제기 한국 관련 서양 문헌에 나타난 한국 인식 양태연구」, 명지대학교 대학원 박사논문, 2007, p.117.

『한국의 어제와 오늘Korea, the old and the new』에는 설날 행사를 다음과 같이 기술하고 있다.

한 해 중 가장 큰 명절인 설날은 가장 많은 사람에게 가장 기쁜 날이다. 음력 1월 1일은 보통 1월말이나 2월초다. 이날까지는 모든 빚을 갚고 모두 삶에서 새 출발을 해야 한다.

이날은 전국적인 빨래 날이기도 하다. 모든 식구가 머리부터 발끝까지 새롭고 깨끗하게, 완전히 하얀 옷을 입지 않는 가족은 정말 가난한 것이다. 옛 한국의 사람들이 새해의 깨끗하고 새로운 입구로 들어가려고 계획한 의식은 다양하다. 설날이 지나고 거리와 뒷골목에는 짚으로 만든 희한하게 생긴 작은 인형들이 있다. 이 인형은 '희생양'이다. 또는 '희생 인형'이라고 해야 할지도 모르겠다. 이 인형은 인형을 버린 사람의 죄와 불운을 갖고 갈 것이기 때문이다. 짚 안 어딘 가에는 구리 동전이 숨겨져 있다. 늘 현재의 부족함 때문에 너무 고통스러워서, 그 안의 돈을 가질 수만 있다면 다른 사람에게 다가올 불운을 짊어질 위험을 감수하는 불행한 사람, 즉 거지들이 그 인형을 갖는다.

설날 떡은 좋은 하얀 쌀가루로 맛나게 만든다. 떡은 이 시기에 먹는 보편적인 음식이다. 떡을 만들려면 엄청난 수고가 든다. 쌀을 손수 무거운 맷돌에 돌려 갈고, 길고 어려운 과정을 거쳐 쪄낸 뒤, 아주 뜨거운 상태로 돌판 위에 꺼내, 매끈하고 말랑말랑해질 때까지 무거운 방망이로 쳐야하기 때문이다. 그러면 진한 쇠고기 국물에 넣을 맛있는 떡이 준비된다. 이 떡국이 설날의 주식이다.[34]

---

34 엘라수 와그너, 김선애 역, 『한국의 어제와 오늘: 1904~1930 (Korea, the old and the new)』, 살림, 2009, pp. 115~116.

와그너는 설날이 한국인의 가장 큰 명절이라는 점을 강조하고 있다. 그리고 음력을 사용하는 한국의 1월 1일이 서양의 1월말이나 2월초라는 것을 밝히며 문화적인 차이를 언급하고 있다. 그리고 설날에 벌어지는 행사로는 밀린 빚 갚기, 빨래하기, 설빔입기, 희생인형 버리기, 떡국 먹기 등이 있다고 서술하고 있다. 이러한 행사는 서양인들에는 낯선 것이었지만 부정적으로 인식하고 있지 않다. 설빔의 아름다움에 대해서 찬사를 하거나[35] 설날에 밀린 빚을 청산하는 것은 중국인들보다 훌륭한 사업 습관이라고 긍정적으로 평가되기도 한다.[36]

그리고 설날과 보름사이에 행해지는 놀이로 편쌈(석전)이 있었는데, 서양인의 한국여행기에 가장 많이 거론되는 놀이가 바로 석전이었다.

> ① 조선에 온 첫해에 나는 동네 싸움 또는 돌싸움을 구경하는 영광을 얻었다. 그것은 참으로 흥미진진하긴 했지만 정말 영광이라고 할 수 있을지는 의심스러운 것으로서 적어도 양식 있는 여자라면 단 한 번도 보고 싶지 않을, 언제나 삼가야 할 일이었다. 서로 원한을 갖고 있는 두 이웃이나 두 지역 사이에 한해에 한 번씩 어떤 특정한 철에 이런 싸움을 벌여 서로의 원한을 풀어 버린다. 그들은 우두머리를 뽑고 상대편을 정한 뒤에 돌멩이를 던지기 시작한다. 이쪽이 이기는가 하면 금세 저쪽이 이기기도 하고, 뒤를 쫓던 사람들이 쫓기던 사람들 앞에서 도망치기도 하고, 어느 순간에 이긴 것 같던 사람들이 바로 다음 순간에 여지없이 무너져서 힘껏 도망치는 경우도 자주 있기 때문에, 그 싸움을 보고 있는 쪽에서는 확실히 우리한 쪽이 어느 쪽인지 알아내기가 거

35 매티 윌콕스 노블, 강선미 외 역, 『노블일지 1892~1934』, 이마고, 2010, p.316.

36 "*The Korean New Year*", The Korea Review, Vol. 3 (Feb., 1903): Horace NewtonAllen, *Things Korean: a collection of sketches and anecdotes, missionary and diplomatic* (NewYork: F. H. Revell Company, 1908), p.141, 김상민, op.cit., p.134 재인.

의 불가능하다. 쉽게 움직일 수 있는 안전한 장소를 한 편에서 정하면 바로 그 순간에 그곳은 치열한 싸움터가 되어 버린다. 때로는 굉장히 큰 돌을 던지기도 하여 치명적인 상처를 입는 사람도 있다. 그러나 그런 경우도 생각보다 많지 않다. 수백 명이 죽거나 다치지 않는다는 것은 참으로 이상한 일이다.[37]

② 어느 날 나는 서울 성벽이 서쪽 구역들을 따라 걷다가 사방이 탁 트인 평야에서 두 무리로 나뉘어 있는 조선인들을 보았다. 그들은 양편에서 몇 명씩 앞쪽으로 싸우러 나왔고, 나머지 사람들은 싸움판 뒤에 앉아서 이따금씩 소리를 질렀으며 심지어는 돌을 던지기도 하며 진격과 후퇴를 되풀이하곤 하였다.

조선인들은 2월과 3월에 이런 놀이를 하러 도시에 나온다고 하였다. 소년들이 먼저 시작하고 그 다음으로 어른들도 하는데, 도시 주민들은 두 파로 나뉘어 싸움을 시작한 사람 중에 누군가가 다치면 그 편에서 복수를 하기 위하여 또 다른 사람이 나왔다. 이렇게 해서 무리는 점점 더 커지게 되는데, 때로는 싸움놀이를 하러 만호 마을까지 간다고 하였다.

이 싸움놀이는 주먹과 막대기와 돌로 시작하여 때로는 죽음으로 끝나기도 하지만, 보통 조정의 명령으로 중지되었다.[38]

③ 석전石戰은 시골에서 보편화된 놀이로서 양쪽 어느 편에서 사망자나 중상자가 나오기도 한다. 중무장한 투석부대가 앞장을 서면 그 뒤에는 투구와 방패 그리고 새끼줄로 만든 방탄복을 입은 몽둥이 부대가 따른다. 투석 부대가 상대편을 향하여 돌진하

37 릴리이스 호튼 언더우드, 김철 역, 『언더우드 부인의 조선견문록』, 이숲, 2008, pp.48~50.
38 V.P. 카르네프 외, 김정화 역, 『러시아 장교 조선여행기 내가 본 조선, 조선인』, 가야넷, 2003, pp.105~106.

는데 이때 상대편에 밀리면 투석부대는 뒤로 물러서고 몽둥이부대가 앞으로 나온다. 강변 마을사람들이 독립협회 회원을 구원하기 위해 달려왔다. 보부상들은 강으로 올라오는 투석부대와 배후에서 착검한 군대의 사이에 빠지게 되었다. 이제 보부상들로서는 끝까지 싸우는 길밖에 달리 길이 없었다. 양쪽 지휘자는 모두 나를 잘 알고 있었기 때문에 이것이 국제 문제로 비화될 위험성은 없었다.

그러나 그 두 지휘자는 전투가 끝장날 때까지 지속될 것이므로 돌에 맞지 않도록 피하라고 나에게 요구하면서 나를 작은 언덕으로 피신시킨 후 몇 명의 호위병을 붙여 주었다. 그때 갑자기 무수히 깔린 군중 속에서 총소리가 들리고 복수를 외치는 거센 함성이 들리는 가운데 영어로 「사람 살려요」라는 오침이 들려왔다. 나는 군중 속으로 파고 들어가 그들에게 잡혀 있던 낯선 미국인을 구해 주었다. 나는 상황을 판단할 겨를도 없이 어느 조선 사람들 향해 발포했는데 다행히도 허벅지에 총알을 맞았다. 그렇게 해서 나는 두 사람의 목숨을 구할 수 있었다. 전투는 더욱 가열되었다. 한 지도자가 몽둥이 부대에게 붙잡히자 수백명이 처참하게 그를 내리치는 바람에 형체도 알아볼 수 없게 되었다. 몇 명의 폭도들이 그의 몸을 끌고와 가마니로 말아 석유를 뿌리고 불을 질렀다. 그 필요성을 모두 알고 있는 개혁의 요구를 이런 식으로 처리한다는 것은 잘못된 일이었다. 그러나 이런 방식은 궁중 정치의 전형적인 사례였다.[39]

④ 사람들이 싸우기와 돌팔매질을 좋아하기 때문에 평양은 위

---

39 윌리엄 F 샌드, 신복룡 역, 『조선비망록(Undiplomatic Memories)』 집문당, 1999, pp.160~161.

험한 곳이라고 나는 알고 있었지만 적대감을 전혀 찾아볼 수 없었다. 매년 어떤 정해진 때에 싸움을 할 수 있는 허가가 내리면, 대략 3일 동안 읍내 주인과 시골 사람들 사이에 석전石戰이 벌어진다. 만일 사람이 죽으면, 그 사람의 죽음은 불가피한 사고로 여겨지고 당국은 그 사고에 신경을 쓰지 않는다. 한번은 나의 통역자인 김씨가 머리에 돌을 맞아 두 달 동안 몸져 누워 있어야 했는데, 그의 두개골에는 크게 움푹 패인 자국이 아직도 남아 있다. 내가 평양에 머문 지 이틀째 되는 날, 나는 그들의 돌팔매질에 관해 다소 알게 되었다. 나는 한가로이 강으로 높이 돌을 던지고 있었는데, 근처에 있던 서너 명의 사람들이 다가와 그들과 내가 서로 맞붙어 보자는 것이었다. 그러한 행위는 내게 극히 비동양적인 것이라는 생각이 들게 했으며, 그것은 또한 적대적인 감정이라기보다는 오히려 그들의 우호적인 감정을 나타내는 것이었다.[40]

석전은 서양인들에게 놀라운 풍습이자 놀이였다. 석전은 인용된 기록과 같이 주로 마을대항으로 이루어졌다. ①, ③에서처럼 간혹 원한관계가 있는 가족이나 이웃이 석전을 통해 분쟁을 해결하거나 조합이나 단체 간에 대결을 벌이기도 했다. 석전은 보통 수백 명의 남자가 참가하여 죽거나 다치기도 했다. 하지만 정부는 상무정신을 증진하는 방법으로 간주하여 크게 문제 삼지 않았다.[41] 석전의 승리자들은 어린아이들의 영웅이 되었으며 경기 내용은 왕실에까지 신속하게 전해졌다.[42] 어떤 어머니들은 심지어 8살 난 어린 아들을 데리고 와서 석전에 참여시키기도 했다.[43] ①에서 언더우드 부인

---

40 W. R. 칼스, 신복룡 옥, 『조선풍물지 Life in Corea』, 집문당, 1999, p.129.

41 정성화·로버트 네프, 『서양인의 조선살이 1882~1910』, 푸른역사, 2008, p.221.

42 Ibid., p.224.

43 Ibid., p.225.

이 "참으로 흥미진진하긴 했지만 정말 영광이라고 할 수 있을지는 의심스러운 것으로서 적어도 양식 있는 여자라면 단 한 번도 보고 싶지 않을, 언제나 삼가야 할 일이었다."라고 기록하듯이 부정적인 인식도 있었다.

그러나 석전에 대해서 1905년에 발행한 『더 코리아 리뷰』는 "미국 도시주민들이 자기 도시 소속 야구 선수들을 자랑스러워하는 것만큼 한국 사람들도 마을의 투석꾼들을 자랑스러워한다."라고 기록하고 있듯이 긍정적이었다.[44] 러시아의 학자 세르셰프스키도 석전을 러시아의 봄맞이 축제인 마슬레니차maslenitsa 기간에 행해지는 주먹싸움과 매우 비슷하다고 기술하고 있다.[45] 서양인들은 석전을 스포츠와 유사한 경기로 보고 있는 것이다. 또한 ④의 밑줄 친 부분처럼 석전이란 비동양적인 것처럼 보여졌지만, 호전적이고 야만적인 풍습이 아니라 우호적인 행위처럼 인식되었다. 서양인들은 석전에서 한국인의 은둔성과 상반되는 현상을 발견하였지만 호전적이지는 않다고 보았던 것이다.[46] 그런데 ③에서처럼 석전은 서양인들에게 정치적인 목적에 의해서 이용되는 사례도 있다고 인식되었다. 이러한 기술 속에서 구한말 격동적인 정치상황을 읽을 수 있다.

오월 단오도 서양인들이 관심을 가졌던 세시풍속이었다.

⑤ 한국 어린이는 5월의 축제날을 잊을 수 없을 것이다. 이날은 5월제라고 할 수 있고, 때때로 그네 뛰는 날이라고 부른다. 이 좋은 날은 음녁 5월에 오고, 이날은 모든 가능한 나무에 그네를 걸뿐만 아니라 '지짐이'라는 맛난 전도 먹는다. 왜냐하면 모든 명절에는 그날의 독특한 놀이뿐만 아니라 그날의 특별한 음식도 있기때문이다. 설날이 돌싸움과 연날리기라는 특징이 잇듯이, 단오는

---

44 Ibid,, pp.225~226.

45 바츨라프 세르셰프스키, 김진경 외 역, 『코레야 1903년 가을』, 개마고원, 2006, p.395.

46 김상민, op.cit., p.135.

지짐이, 소녀에겐 그네, 소년과 젊은 남자에겐 씨름의 날이다.[47]

⑥ 소년은 설날 이후 연날리기가 지겨워질 겨를도 없이, 얼레와 연줄, 하늘을 가로질러 날던 화려한 종잇조각을 내려놓는다. 다가오는 단오의 씨름경기를 위해 근육을 단련할 때가 왔음을 깨달은 것이다. 그리운 옛날에 한 지역 전체의 젊은 남자와 소년들은 산허리의 한 곳에 모여 씨름 경기를 했다. 이때 정교한 의식도 함께 열렸고, 가능한 경우 그 지방의 군처럼 중요한 인물이 주재했다. 승자는 아주 가치 있는 상을 받고, 승자와 그 친구들은 정말 자랑스러웠다! 소녀들에게 단오는 그네 뛰는 날로, 이들에게도 아주 기쁜 시간이다.

이날과 관련된 관습은 지역마다 다양한 것 같다. 송도에서 이날은 '신부의 날'이라고 하고, 모든 젊은 색시(처녀)들과 그해의 신부들은 아름다운 신부복을 입고 나올 수가 있다. 한 해의 나머지 기간에는 여자들이 조용히 갇혀 사는 집에서도, 이날은 여자들에게 자유를 준다. 여자들은 화려한 신부복을 입고 작은 족두리도 쓰는데, 족두리는 이 나라의 다른 지역에서는 결혼식 때만 쓰는 것이다. 송도에서 고궁의 마당은 이 행렬의 무대로, 남자와 소년들은 들어갈 수 없다. 어린 신부 중 일부는 정말 어린아이인데, 이들은 화려하게 차려입고 행진하며, 옷과 멋진 머리 장식에 대해 엄청난 박수와 찬탄을 받는다. 숲은 재잘거리는 행복한 소녀들과 그 어머니들, 시중드는 하인, 친구, 이웃들로 가득 찬다. 큰 나무에는 이날을 위해 특별히 그네를 건다. 그리고 화려한 새들이 마음껏 날듯이, 번쩍이는 색깔이 올라갔다. 내려갔다 한다. 이는 절대 잊을 수 없는 광경으로 분명 참여하는 이들은 더 즐거

---

47 엘라수 와그너, op.cit., p.117.

울 것이다.[48]

　와그너는 단오가 어린이들이 가장 좋아하는 명절이었다고 서술하고 있다. 그네뛰기라는 놀이 때문에 그네 뛰는 날이라고 부르기도 하는데, 지짐이라는 음식을 먹으며 소녀는 그네뛰기, 소년과 청년들은 씨름을 한다고 단오를 소개하고 있다. 송도(개성)에서는 '신부의 날'이라고 하면서 집에 갇혀 살던 여자들이 단오날에는 자유를 준다는 점에 주목을 하고 있다. 이 서술 속에는 가부장적인 제도 속에서 종속되어 있는 한국 여성들에 대한 상황이 드러나 있다. 하지만 오리엔탈리즘적인 시선보다는 문화적인 차이에 대한 의미가 강하다고 볼 수 있다.

　이처럼 세시 풍속에 대한 서술은 대부분 서양인들이 직접 경험했거나 관찰한 것들이었다. 명절의 풍속이란 의례적인 행사이기 보다 축제이고 놀이라고 할 수 있다. 한국에 대해서 정체와 은둔이라는 담론으로 이해하고 있었던 서양인들에게 세시풍속에 행해지는 다양한 행사와 놀이는 한국인과 한국문화를 새롭게 인식하게 만들어주는 계기가 되었다. 그리하여 명절기간 동안 다양하게 행해졌던 미신이나 비과학적 행위들은 무속신앙처럼 비판적으로 기술되지 않았다.[49] 서양인들은 한국의 세시풍속과 놀이에 대해서는 오리엔탈리즘적인 잣대를 엄격하게 대지 않았고 오히려 놀이에 참여하여 즐기기도 하였다.

4. 결어

　이상으로 개화기에서 일제강점기까지 출간된 서양인들의 한국 여행기에

---

48 Ibid., pp.117~119.
49 김상민, op.cit., p.138.

기술되고 있는 한국의 세시풍속에 대해서 살펴보았다. 여기에서 우리는 서양인의 한국문화에 대한 인식의 변화와 지금은 잊어버린 세시풍속의 전통을 찾을 수 있었다.

대다수 서양인들이 한국을 바라보는 시각 속에는 오리엔탈리즘이 담겨 있었다. 그런데 한국에서 활동하던 선교사들과 여행객들은 한국에 대해서 온정주의적인 시각을 가지고 있었다. 그리하여 그들의 한국에 대한 기록에는 서양인의 우월의식은 담겨 있으나 제국주의적 오리엔탈리즘이 가지고 있는 차별의식은 강하게 드러나지 않았다.

한편, 이 글에서 살펴본 한국여행기의 세시풍속에 대한 기록에서 지금은 행해지지 않는 설날의 밀린 빚 갚기나 희생인형 버리기, 그리고 송도의 단오날이 '신부의 날'로서 가부장적 제도 속에 속박 받고 있었던 여성들의 해방일이었다는 사실이 주목된다. 이러한 텍스트들은 세시풍속 전통을 복원하는데 중요한 사료가 될 수 있다고 생각한다.

서양인들은 그들이 직접 보고 체험하였던 한국의 세시풍속과 놀이를 통하여 정체와 은둔이라는 담론으로 이해하였던 한국인과 한국문화를 새롭게 인식하였던 것으로 보인다. 앞으로 세시풍속 뿐 아니라 서양인들의 한국의 정치, 사회경제, 문화 등 다양한 방면의 관찰 기록을 분석해 보면 당대 서양인의 한국관은 물론 문화적 변동기의 한국문화의 변용 양상을 보다 구체적으로 알 수 있을 것으로 생각된다.

| 참고문헌

경기도박물관, 『먼 나라 꼬레-이폴리트 프랑뎅의 기억 속으로』, 경인문화사, 2003.

김만태, 「세시풍속의 기반변화와 현대적 변용」, 『비교민속학』 38, 2009.

김보림, 「개항기 재조선 서양인의 일상생활과 한국 문화 인식의 분화」, 『역사교육』 125, 2013.

김상민, 「개화·일제기 한국 관련 서양 문헌에 나타난 한국 인식 양태연구」, 명지대학교 대학원 박사논문, 2007.

김현숙, 「서양인 여행기에 표상된 '공존·공생'의 조선 사회상」, 『역사와 담론』 54, 2009.

김희영, 「19세기 말 서양인의 눈에 비친 조선사회의 현실과 동학농민 봉기-이사벨라 버드 비숍의 『조선과 그 이웃나라』를 중심으로」, 『동학연구』 23, 2007.

_____, 「오리엔탈리즘과 19세기 말 서양인의 조선 인식-이사벨라 버드 비숍의 『조선과 그 이웃나라들』을 중심으로」, 『경주사학』 제26집, 2007.

릴리아스 H. 언더우드, 신복룡 역, 『상투의 나라』, 집문당, 1999.

릴리아스 호튼 언더우드, 김철 역, 『언더우드 부인의 조선견문록』, 이숲, 2008.

매티 윌콕스 노블, 강선미 외 역, 『노블일지 1892~1934』, 이마고, 2010.

미네르바 구타펠, 이형식 역, 『조선의 소녀 옥분이 The Happiest Girl In Korea』, 살림, 2008.

바츨라프 세르셰프스키, 김진영 역, 『코레야 1903년 가을』, 개마고원, 2006.

박지향, 『일그러진 근대』, 우리시대, 2003.

신복룡, 「서세동점기의 서구인과 한국인의 상호인식」, 『한국문학연구』 27, 2004.

왕안석, 「개항기 서양인이 본 한국문화」, 『비교문화연구』 4, 1998.

에드워드 사이드, 박홍규 역, 『오리엔탈리즘』, 교보문고, 1991.

엘라수 와그너, 김선애 역, 『한국의 어제와 오늘: 1904~1930(Korea, the old and the new)』, 살림, 2009.

올리버 R. 에비슨, 황용수 역, 『구한말 40여년의 풍경』, 대구대학교 출판부, 2006.

윌리엄 F 샌드, 신복룡 역, 『조선비망록(Undiplomatic Memories)』, 집문당, 1999.

이상각, 『꼬레아 러시-100년 전 조선을 뒤흔든 서양인들』, 효형출판, 2010.

이영아, 「서양인의 눈에 비친 조선인의 인종적 특질 연구」-새비지 랜도어의 『고요한 아침의 나라 조선』을 중심으로」,『Homo Migrans』vol.3, 2010.

이자벨라 버드 비숍, 신복룡 역,『조선과 그 이웃 나라들』, 집문당, 2000.

장영숙,「서양인의 견문기를 통해 본 명성황후의 정치적 위상과 역할」,『한국 근현대사 연구』35,
2005.

정성화·로버트 네프,『서양인의 조선살이 1882~1910』, 푸른역사, 2008.

정연태,「19세기 후반 20세기 초 서양인의 한국관」,『역사와 현실』34, 1999.

제이콥 로버트 무스, 문무홍 역,『1900, 조선에 살다』, 푸른역사, 2008.

제임스 S. 게일, 신복룡 역,『전환기의 조선』, 집문당, 1999.

최덕수,「개항기 서양이 바라본 한국인, 한국역사」,『민족문화연구』30, 1997.

프레데릭 불레스텍스, 이향 외 역,『착한 미개인 동양의 현자』, 청년사, 2001.

허동연,「근현대 서양인들의 한국관」,『한국학연구』제5호, 2011.

V.P. 카르네프 외, 김정화 역,『러시아 장교 조선여행기 내가 본 조선, 조선인』, 가야넷, 2003.

George Kennan, "Korea: A Degenerate State", The Outlook, October 7, 1905.

"The Korean New Year", The Korea Review, Vol. 3 (Feb. 1903): Horace NewtonAllen,
Things Korean: a collection of sketches and anecdotes, missionary and diplomatic
(NewYork: F. H. Revell Company, 1908)

William Eliot Griffis, "Corea, The Hermit Nation", Journal of American Geographical
Society of New York, Vol.13 (1881)

'조선총독부 간행물'에서
볼 수 있는 세시풍속의 양상

-『조선의 습속』과『조선의 향토오락』을 중심으로-

김영순_단국대학교 동양학연구원 연구교수

신종한_전 단국대학교 교수

* 이 글은 단국대학교 동양학연구원 중점연구 연구과제 학술대회〈개화기에서 일제강점기까지 한국 문화전통의 지속과 변용Ⅷ〉(2013년 5월 24일)에서 발표한「'朝鮮総督府刊行物'에서 볼 수 있는 근대 세시풍속의 지속과 변용-『朝鮮の習俗』(1925),『朝鮮の郷土娯楽』(1941)을 중심으로-」를 수정·보완한 것임을 밝혀둔다.

1. 들어가며

조선총독부의 주관아래 한국의 풍습 전반에 관한 조사가 시행된 것은 1919년 3·1운동 이후로, "舊慣 風俗 등에 관한 자료를 조사하여, 소위 文化정책을 편 것은 주지"[1]하는 바이다. 특히 풍속 조사는 "1915년 중추원에 구관조사 사무가 이관된 후 1921년까지 민사·상사·제도의 참고 상으로서 조사된 것에 불과"[2]하였던 것이, "1921년 초 새로운 체재 하에 구관 제도 외에 풍속 조사를 독립"[3]시키면서 본격적인 조사 업무가 시작되었다.

최길성은 이와 관련해 "중추원의 조사 내용은 관습, 제도, 풍습, 조선사, 지리 등 넓은 분야에 걸친 방대한 것이었다. 그 중에서도 특히 인류학과 민속학적으로 관심을 끄는 것은 풍속이다. 관습이니 제도니 하는 것은 거의 통치상 직접적으로 필요한 법과 제도의 제정과 관련된 것들이다."[4]라며, 당시 조사 실시된 풍속 연구의 성격을 밝히고 있다.

한편 박전열이 번역한 『朝鮮의 鄕土娛樂』[5]을 보면, "조선총독부는 1920년대에 들어서면서 정책 수립을 위한 풍속風俗 조사를 시도했다"[6]고 기술하고 있다. 그러면서 "이런 조사 목적에 대해 우리들이 가질 수 있는 감정은 퍽 불편한 것이어서, 이런 자료에 대하여 부정적인 평가를 내려 버리기 쉽다. 그러나, 독자적인 조사 자료를 남기지 못했던 아쉬움과 함께, 우리들은 이 무렵의 조사 자료가 지닌 가치는 있는 그대로 평가하지 않을 수 없다"[7]

---

1 崔吉城, 「日帝時代의 民俗·風俗 調査 硏究」, 崔吉城 편저, 『日帝時代 한 漁村의 文化變容』(上), 아세아문화사, 1992, p.5.

2 呂博東, 「조선총독부 중추원의 조직과 조사편찬사업에 관한 연구」, 『日帝時代 한 漁村의 文化變容』(上), 아세아문화사, 1992, p.421.

3 呂博東, 위와 같음.

4 崔吉城, 앞의 책, pp.10~11.

5 이 글에 표기한 『조선의 습속』과 『朝鮮의 鄕土娛樂』의 책 제목은 각각 한국어로 번역되어 간행된 단행본 제목을 따랐다.

6 村山智順 엮음, 朴銓烈 옮김, 「옮긴이의 말」, 『朝鮮의 鄕土娛樂』, 集文堂, 1992, p.28.

7 박전열, 「옮긴이의 말」, 『朝鮮의 鄕土娛樂』, pp.28~29.

라며 조선총독부 간행물에 대한 접근이 조심스러울 수밖에 없는 점을 피력하고 있다. 이러한 양가성은 한국어 번역판 『조선의 습속』의 해제에서도 관철된다. 장두식은 「내선일체의 입문서 『조선의 습속』 해제」에서 "조선 풍습에 대한 조사는 학술적인 의미뿐만 아니라 현실적이고 내선일체라는 식민 정책의 최종 목적을 이루고자 하는 핵심적인 기획이었던 것이다. (⋯)이러한 의도와 왜곡된 부분이 있음에도 이 책은 당대의 풍속을 객관적으로 기술하고 있음에 주목하게 된다."[8] 라고 밝히고 있다.

아울러, 일제강점기 당시의 일본인에 의해 간행된 자료에 대해서는 지금까지 여러 문제점이 지적되었다. 자료 조사 주체의 문제성, 방법상의 문제, 자료의 정확성, 용어 사용의 문제 등을 비롯해, "근래 총독부 자료들이, 온전한 해제가 간과된 채 마구잡이로 번역되고 있는 것도 문제점으로 지적할 수 있다."[9]며 번역상의 문제 또한 지적하고 있다.

본 연구는 조선총독부에서 간행된 『조선의 습속』과 『朝鮮의 鄕土娛樂』에 기술된 세시풍속 관련 항목의 내용을 중심으로 한 협의의 의미에서의 고찰이다. 구체적인 고찰 방법론은 민속문화의 문화변용 과정을 규명하기 위한 비교연구법[10], 보존된 자료를 활용하는 역사자료연구 방법, 텍스트의 특성 상 경성과 수도권 지역이라고 하는 도시에서 관찰되는 세시풍속에 대한 연구에서 기인한 도시민속학적인 방법론[11]을 취하고자 한다.

이러한 방법론을 적용하여 이 글에서는 『조선의 습속』에 대한 특징을 언급하고, 그 중에서 특히 세시풍속(연중행사) 항목을 구체적으로 짚어본 뒤, 이어서 10여년 뒤에 간행된 『朝鮮의 鄕土娛樂』 중 세시풍속 관련 항목을

---

8 장두식, 「내선일체의 입문서 『조선의 습속』 해제」, 『조선의 습속』, 민속원, 2014, p.13, p.20.

9 이정재, 「민속과 민속학」, 『한국 민속학 개론』, 민속원, 1998, p.43.

10 최인학, 「민속학 새로 읽기」, 『한국민속학 새로 읽기』, 민속원, 2001, pp.33~34.

11 이정재, 「민속과 민속학」, 같은 책, pp.30~31. 박환영, 『도시 민속학』, 도서출판 역락, 2006. 정형호, 「개인생애사를 통한 도시민속학의 접근 방법의 모색」, 『한국 민속문화의 지속과 변화』, 민속원, 2008.

예로, 두 권의 조선총독부간행물에서 볼 수 있는 세시풍속의 양상을 살펴보고자 한다.

2. 『조선의 습속』의 특징과 체제

『조선의 습속朝鮮の習俗』에 대해 구체적으로 언급한 연구자는 일본의 노무라 신이치野村伸一이다. 노무라 신이치는 무라야마 지준이 소장하고 있던 사진 자료를 모아 해제를 단 『한국, 1930년대의 눈동자』라는 책에서 『조선의 습속』에 대해 "「다이쇼 14년」에 초판이 발행된 이래 「쇼와 12년」까지 13판을 거듭하였다.(필자 소장 판본)[12] 전체 82면의 작은 책자로 사회생활 전반에 걸치는 간단한 소개, 사진, 수수께끼 등을 싣고 있다. 체제로 보면 읽고 버리는 안내서였다는 느낌이 있다. 거기에는 「조선총독부 편찬」이라 있을 뿐이어서 조사자료가 아니고, 또 『조선의 복장』과 달리 무라야마 지준의 이름도 적혀 있지 않다"[13]며 『조선의 습속』의 체제를 '읽고 버리는 안내서'라고 밝히고 있지만 같은 글 다른 문장에서는 "전체 82면 가운데 51매의 사진을 덧붙인 꽤 잘 만들어진 안내서"[14] 라고 평가하고 있기도 하다.

일본어판 『조선의 습속』의 맨 뒤 판권을 보면 '大正十四年六月一日發行'이라고 표기되어 있다. 이 서지 정보를 통해 『조선의 습속』이 1925년 6월 1일에 간행되었음을 알 수 있다[15]. 특정 저자에 관한 표기는 찾을 수 없으며, 말미에 적힌 '朝鮮總督府編纂'이라는 문구로 보아 조선총독부 내 학

---

12 원문대로임.

13 노무라 신이치, 고운기 역, 「무라야마 지준(村山智順)론」 중 '6번 각주'에서 인용, 『한국, 1930년대의 눈동자 무라야마가 본 조선민족』, 이회문화사, 2003, p.261.

14 노무라 신이치, 고운기 역, 「무라야마 지준(村山智順)론」, 같은 책, p.266.

15 이 글에서는 『조선의 습속』의 간행연도를 일본어 원본 소책자의 판권 표기를 따랐지만, 노무라 신이치의 글을 보면, '다이쇼 14'년 즉 1925년과 "『조선의 습속』 조선 총독부 1928"이라는 두 연도 표기가 혼용되어 표기되어 있다.(노무라 신이치, 앞의 책, p.261 참조)

무국 편찬실 관계자 및 연구팀에 의해 집필되었을 가능성 또한 추정된다. 더불어 최근 번역된 한국어판 『조선의 습속』[16] 해제에서는 노무라 신이치의 지적을 빌려 무라야마 지준村山智順과의 관계성에 대해 언급하고 있다.

무라야마 지준은 1919년에서 1941년까지 조선총독부 촉탁으로 근무하면서 『조선의 귀신』(1929), 『조선의 풍수』(1931), 『조선의 무격』(1932), 『조선의 점복과 예언』(1933), 『조선의 향토오락』(1941) 등 민속 관련 서적을 10여 권 집필한 것으로 익히 알려져 있다. 『조선의 습속』은 소책자로 82면까지 쪽수가 표기되어 있고 글과 그림 및 사진으로 구성되어 있다. 무라야마 지준과 관련하여 특기할 만한 것은 본문 안의 48장의 사진으로, "이러한 자료 사진은 일본인 독자들에게 낯선 조선의 풍속을 소개하는 본문의 내용을 이해하는 데 도움을 주고 있다"[17]. 사진 자료는 당대의 생활 모습을 보여주는 신발, 의복, 주거, 음식에서부터 빨래, 다듬이질과 같은 일상 노동 관련 및 무당과 기자석불과 같은 민속신앙은 물론 장례와 혼례 풍경, 세배와 그네뛰기 등과 같은 일생의례나 세시풍속 관련에 이르기까지 다양하다. 노무라 신이치는 이 사진 자료 중 여러 사진이 무라야마 지준이 소장하고 있는 사진과 동일하다는 점에서 『조선의 습속』도 무라야마 지준이 관여한 것으로 추정하고 있다[18].

무라야마 지준과 사진의 연관성에서 볼 때, 무라야마의 주요 업적자료로 남아있는 1927년에 간행된 『조선의 복장』은 몇 개의 단서를 제공하고 있다. 다음 두 개의 사진 중 왼쪽은 『조선의 습속』과 『조선의 복장』에 실린 남성복 사진이고, 오른쪽은 『조선의 복장』에만 실린 여성복 사진이다. 남녀의 대표적인 세 개의 의상을 유사한 방식으로 펼쳐 배열하고 있음을 알 수 있다.

---

16 조선총독부 편, 장두식·김영순 옮김, 『조선의 습속』, 민속원, 2014.

17 장두식, 「내선일체의 입문서 『조선의 습속』 해제」, 『조선의 습속』, 위와 같음, p.19.

18 野村伸一, 「村山智順論」, 『自然と文化』(第66号), 2001.

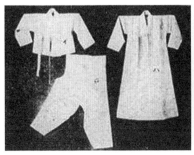
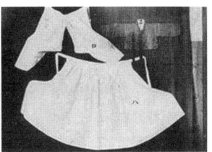

『조선의 습속』19, 『조선의 복장』20의 남성복 　　　　『조선의 복장』의 여성복21

이처럼 『조선의 습속』저자 관련해서는 앞으로 여러 가능성을 시야에 두고 살펴보아야 할 것으로 고려된다. 한편 『朝鮮의 鄕土娛樂』에 대해서 노무라 신이치는 "무라야마는 1941년에 『조선의 향토오락』을 보고서로 마련하였는데, 이것은 전국적인 명칭을 알 수 있기에 편리하달 뿐, 풍수 등과의 묶음과 비교하면 열의가 거의 느껴지지 않는 일이었다"22라고 지적하고 있다.

『조선의 습속』의 일본어판 구성을 보면 전체 15장으로 되어 있고, 그 중에 이 글에서 다룰 세시풍속은 마지막에서 두 번째에 해당하는 14장에 기술되어 있다23. 단 한국어 번역판은 머리말에 해당하는 〈시작하면서〉를 하나의 장으로 분류하고 있어, 한국어 번역판은 전체 16장으로 구성되어 있다. 다음 인용은 한국어 번역판 『조선의 습속』의 차례 내용과 순서이다.

---

19 조선총독부 편, 장두식·김영순 옮김, 『조선의 습속』, 민속원, 2014, p.54 영인본, p.33 사진

20 『韓国地理風俗誌叢書(224)朝鮮の服装/朝鮮の衣食住/朝鮮半島の天然』(영인본 『朝鮮の服装』 pp.10~11사진), 경인문화사, 1989, p.23.

21 단, 인용한 사진은 노무라 신이치, 고운기 역, 『한국, 1930년대의 눈동자 무라야마가 본 조선민족』, 이회문화사, 2003, p.106에서 가져왔다. 『조선의 복장』(pp.16~17의 사진)

22 노무라 신이치, 고운기 역, 위와 같은 책, p.265.

23 단, 이 글은 민속원에서 간행된 한국어판 『조선의 습속』을 텍스트로 한다. 따라서 이후 세시풍속은 15장으로 표기한다.

1장의 〈시작하면서〉와 16장의 〈마치면서〉을 뺀 2장 〈사회계급〉에서 14
장 〈오락과 취미〉 항목까지의 말미 여백 부분에는 각 장마다 "사방에 끈이
달려있는 것은?(보자기)", "등에 뿔이 나 있는 것은 (지게)"[25]와 같이 수수께끼
가 두 가지씩 소개되어 있고, 15장 〈연중행사(세시풍속)〉 항목에만 수수께끼
대신 민요가 소개되어 있다. 소개된 민요는 '아리랑'으로, 1절이 한글 원 발
음을 살린 형태로 가타카나로 표기되어 있다. 장두식은 해설에서 "이 책은
100×175 크기의 총 82면의 소책자이지만 사회계급과 가족의 개념, 작명
법, 가정규범, 관혼상제, 언어관습, 방문과 접객, 의식주, 오락과 취미, 세시
풍속 등 조선 풍속 문화를 모두 다루고 있다"[26]고 밝히고 있다.

『조선의 습속』의 〈시작하면서〉에는 민속학적인 입장에서의 견해와 책자
의 출간 의도가 기술되어 있다. 아래에 그 일부를 인용한다.

　　풍속 습관은 어느 정도 민족성을 반영한다고 볼 수 있습니다.
그 민족성이 타고난 본성에 더해 수백 수천 년 동안 과학·문예·
종교 등의 요소나 정치·경제·교육 내지는 자연력 등의 영향이 서
로 맞물려 있는 이상은 아무리 시시한 하나의 풍속일지라도 이와
같은 요소들의 역사적 모습을 담고 있지 않은 것은 없습니다. 그
렇기 때문에 그 방면의 학자들은 옛 기와의 모양에도, 민요의 선

---

24 「차례」, 『조선의 습속』, 위와 같음, pp.6~7.
25 「3. 일가의 의미-조상숭배, 동족의 단결-」, 『조선의 습속』, p.29.
26 장두식, 앞의 책, p.11.

율에도 열심히 연구의 눈과 귀를 기울였던 것입니다. (…)만약 이
것을 가슴에 담고 조선 및 조선 사람들을 대하게 된다면 얼마나
공창공영의 행진이 평화롭고도 원활하게 진척되어갈 것인지 추
측할 필요조차 없을 정도입니다.

　본서는 이리하여 조선을 알고자 하는 일본 사람들에게 그 참고
자료로서 편찬된 것입니다. 하지만 조선의 습속이라고 하여도 상
세하게 연구하려고 하자면 너무도 다양하므로 이 소책자에서는
단지 그 요지를 뽑아 기록하는 정도로 그쳤습니다. 더군다나 한
마디로 조선이라고 말씀드려도 사방 1만 4천 방리, 일본의 혼슈本
州지역 크기의 넓이이기 때문에, 북쪽의 경계와 남쪽 끝, 동쪽 부
분과 서쪽 지역, 도읍과 촌락은 각각 다소의 상이점을 지니고 있
는 것은 피할 수 없습니다. 따라서 본서는 주로 경성을 중심으로
기술하고 있다는 점을 밝혀둡니다.[27]

이에 대해 장두식은 한국어 번역『조선의 습속』의 〈해제〉에서 "일본인들
에게 조선 풍속에 대한 바로 알리기 작업은 두 민족 간의 물리적인 결합만
이 아닌 심정적인 융합까지 꾀하려는 목적을 가지는 것이다. (…) 이 소책자
는 일본인들에게 조선을 알리기 위한 안내서다. 하지만 단순한 안내서가 아
니라, 3·1운동의 영향에 따른 인식의 변화로 1920년대부터 시작된 조선총
독부의 조선구관 조사의 본격적인 조사에 앞서 조선 습속 전반에 대한 개설
적인 내용을 일본인에게 소개하고자 기획된 것이다."[28]라고 그 특성을 설명
하고 있다.

　또한 위 〈시작하면서〉에서 밝히고 있다시피 『조선의 습속』은 '본서는 주
로 경성을 중심으로 기술하고 있다는 점'에서 이 글에서 고찰하는 세시풍

---

27 「1. 시작하면서」, 『조선의 습속』, pp.23~24.
28 장두식, 「내선일체의 입문서 『조선의 습속』 해제」, 『조선의 습속』, p.13, pp.19~20.

속은 도시민속학의 범주에 들어간다. 하지만『조선의 습속』은 도회지인 경성을 초점으로 기술되어 있기는 하지만 간행된 시기가 1920년대이기도 하여 시골에서의 풍습 또한 예시되어 있다. 예로부터 "세시풍속은 농경문화와 밀접하게 관련되어 있어 농경의례의 성격을 내포한다. 전통사회에서 세시풍속은 농사의 개시·파종·제초·수확·저장 등 농경주기와 관련될 뿐 아니라 일상생활의 주기와도 무관하지 않았다. 세시풍속이 행해지는 세시명절, 또는 그에 버금가는 날이면 놀이를 하거나 휴식을 취하며 각별하게 보냈다."[29] 처럼 세시풍속과 농경문화의 깊은 관계성까지는 못 미칠지언정『조선의 습속』에서도 어느 정도 이러한 모습을 역시 관찰 가능하다. 한편 '세시풍속'과 관련지어『조선의 습속』과 비교 분석할 또 다른 분석 텍스트인『朝鮮의 鄕土娛樂』은 도시와 농어촌과 산간 등 광범위한 지역에서 행해진 놀이를 중심으로 기록되어 있으나『조선의 습속』과의 텍스트 형평 상, 이 글에서는 경성을 포함한 수도권 지역으로 제한하여 세시풍속 항목을 고찰하고자 한다.

3.『조선의 습속』에서 볼 수 있는 세시풍속

『조선의 습속』15장에 해당하는 〈연중행사(이하 '세시풍속'으로 표기)〉에는 정월에서 12월까지의 12개월과 윤월을 합쳐 모두 13달의 세시풍속이 음력을 기준으로 기술되어 있다. 각 달의 대표되는 명절이나 절기節氣, 그리고 그에 따른 풍습과 음식 및 놀이가 소개되어 있다.

13달로 기술된 여러 세시풍속 관련 내용 중에서도 대표성을 띠는 주요 세시풍속은 원단, 대보름, 입춘(정월), 천정병, 삼성점(2월), 한식, 중삼(3월), 석

---

29 김명자·최운식,「세시풍속(歲時風俗)과 일생의례(一生儀禮)」,『한국 민속학 개론』, 민속원, 1998년 8월 30일, p.56.

가탄신일(4월), 단오(5월), 유두, 삼복(6월), 칠석, 쇄서, 백중(7월), 추석(8월), 중양절(9월), 시제, 고사, 김장(10월), 동지(11월), 세찬, 구세배, 수세, 복조리 사기(12월), 수의 짓기(윤월) 등 모두 25가지이다.

이상의 『조선의 습속』에 소개된 25개의 세시풍속을 보면 자연현상과 맞물려 고대로부터 전해 내려오거나 중국을 통해 전해진 명절과 절기, 생활과 관련된 풍속, 일생의례 관련 풍속 등으로 대별할 수 있겠다. 이 중에 3월 3일 중삼, 5월 5일 단오, 7월 7일 칠석, 9월 9일의 중양절에서 알 수 있듯이 숫자에 의미를 담고 있는 풍속이 빠짐없이 소개되어있는 점과, 삼복과 고사 및 수의 관련 항목에서 볼 수 있듯이 토속적인 풍속 또한 기술되어 있다.

이중 13달의 세시풍속 기술 중에서도 가장 비중있게 소개되고 있는 것은 정월로 '원단', '상원', '입춘' 등의 정월의 세 풍속이 대체로 자세하게 기술되어 있고, 이에 비해 '추석'에 대해서는 다섯줄로 그치고 있다. 또한 전체적으로 제사와 관련된 기술이 눈에 띄고, 달점(정월)과 별점(2월) 윤월에 관련된 기술도 특이성을 띤다. 따라서 이와 관련된 항목을 따로 인용하면서 그 특징을 살펴보고자 한다.

1) 대보름과 추석

먼저 대보름에 관련된 기술 부분을 살펴본다.

> 15일을 '상원上元'이라 해서 당일에는 약밥을 먹습니다. '약밥'은 흔히 약식이라고 말하는데 우선 찹쌀을 쪄 여기에다 잣·밤·대추·꿀 및 간장 등을 첨가해 재차 쪄낸 것으로 일종의 풍미를 지니고 있습니다. 상원날 아침에는 소주 또는 약주를 한 잔 마시게 되어 있습니다. 이것은 귀를 밝게 한다는 뜻에서 이 술을 일명 '이명주耳明酒' 또는 '귀밝이술'이라고도 합니다.
>
> 상원 아침을 '작절嚼癤'이라 하여 밤·호두·잣 등을 깨물어먹는 풍습이 있습니다. 일 년 중 부스럼이 생기지 않는다고 하는 전설

에 바탕을 둔 것입니다. 이러한 밤·호두·잣 등을 일명 '보름'[30]이라고 말하는데 유사한 '부스럼'에 연결시킨 것입니다. 또 이를 단단하게 해준다고도 전해져 내려오고 있습니다.

상원날 저녁 무렵부터 횃불을 들고 높은 곳에 올라 달이 뜨는 것을 기다립니다. 이것을 '달맞이月迎'라고 하여 다른 사람보다 먼저 달을 본 사람이 길운이 좋다고 합니다. 또 달의 빛깔을 보고 그 해의 풍흉을 점칩니다. 즉 붉은빛은 가뭄, 흰빛은 홍수, 진한 빛은 풍년, 연한빛은 흉년으로 칩니다.

상원날 밤에는 '답교踏橋'라고 해서 다리를 건너는 풍습이 있습니다. 일 년 내내 건강하고, 발병에 걸리지 않는다고 하는 설에서 연유한 것입니다. 이것은 조선말 '다리脚'와 '다리橋'의 발음이 같은 데서 그런 식으로 끌어온 것 같습니다.[31]

앞서 기술했다시피 1월인 정월에는 대보름과 더불어 '원단'과 '입춘' 또한 소개되어 있다. 이 세 가지 세시풍속 중에서도 이상의 인용에서도 확인 가능하듯이 대보름인 '상원'에 대한 항목이 가장 상세하게 기술되어 있다.

"'원단元旦'은 1년 중 가장 중요한 날"[32]이라고 언급되고 있지만 정작 많은 지면을 할애하여 기술되어 있는 것은 대보름이다. 약밥 만드는 법, 이명주, 부럼에 대한 내용과 유래, 달맞이와 달점, 답교와 그 유래에 대해 아침, 저녁, 밤으로 나누어 상세히 기술하고 있다.

이어서 비교적 기록이 미미한 편인 추석에 관련된 기술 부분을 보기로 한다.

---

30 원문대로임.

31 「15. 연중행사(음력에 의함, 이하 연중행사로 함)」, 『조선의 습속』, pp.83~85.

32 「15. 연중행사」, 『조선의 습속』, p.82.

8월 15일은 '추석'이라고 합니다. 이날은 한식과 마찬가지로 '묘제'를 지냅니다. 묘지의 잡초를 베는 것을 '벌초'라고 합니다. 이날은 소위 중추에 해당하기 때문에 보름달을 감상하느라 밤이 깊어가는 것을 잊을 정도입니다. 추석은 농가의 명절이기 때문에 햇곡식으로 술이나 떡을 만들고, 혹은 여러 가지 음식을 조리하여 가족들이 단란하게 밥상을 마주하고 1년의 노고를 위로하는 것으로, '농가팔월선農家八月仙'이라는 말이 있을 정도입니다. 지방에 따라서는 이날 가무·줄다리기·씨름을 합니다.[33]

이상은 『조선의 습속』에 소개된 추석에 대한 전문이다. 위 인용문을 통해 대보름에서 약밥이나 이명주, 부럼 등을 자세히 소개한 것과는 달리, 어떤 특정 음식의 조리법을 소개한 것도, 명칭 등의 유래를 소개한 것도, 놀이 방법을 소개한 것도 아닌 '농가의 명절'이라는 설명과 몇 가지 특성이 기술되어 있을 뿐이다. 3월의 세시풍속으로 소개한 한식과 더불어 "사명절 중 하나로 추석(8월 15일)과 함께 중요한 날로 여겨지고 있습니다."[34]라며 그 중요성을 기술하고 있는 것에 비하면, 구체적인 관련 내용이 미미하다.

'팔월추석'을 "제일의 우리나라 固有名節이며, 지금도 남한에서 秋夕이보다 중요한 명절"[35]로 공통적으로 인식하고 있음에도 불구하고 『조선의 습속』에서 추석의 비중이 적은 것은, 〈1. 시작하면서〉 말미에서 본서가 '주로 경성을 중심으로 기술'[36]하였다고 밝히고 있는 것처럼, 『조선의 습속』이 농촌이나 어촌 등의 시골보다는 '경성'에서의 세시풍속을 중심으로 기술되어 있기 때문으로도 볼 수 있다.

---

33 「15. 연중행사」, 『조선의 습속』, p.91.
34 「15. 연중행사」, 『조선의 습속』, p.87.
35 李杜鉉, 「韓國 歲時風俗의 研究」, 『韓國民俗研究論文選』, 一 潮閣, 1982, p.7.
36 「1. 시작하면서」, 『조선의 습속』, p.24.

2) 조상에 대한 제사 관련 기술과 윤월

제사 관련 기술은 전체적으로 분포되어 있는데, 특히 1월의 원단, 3월의 한식, 7월의 칠석, 8월의 추석에서 부분적으로 언급하고, 10월의 시제와 고사에서 상세히 기술하고 있다. 관련 내용을 살펴보면 아래와 같다.

[정월: 원단]'원단'은 1년 중 가장 중요한 날이기 때문에 가족 모두 이른 시간에 일어나 제수와 떡국을 끓여, 사당(조상 4대까지의 신주 즉 위폐를 안치한 곳)에 차리고 예배를 올립니다. 이를 '정조차례正朝茶禮'라고 말합니다.

[3월: 한식] '한식'은 동지 후 105일 째를 말하는데 2월이 될 때도 있고, 또는 3월에 들어설 때도 있습니다. 이날에는 조상의 묘지를 성묘하고 '묘제'를 지냅니다.

[7월: 칠석]7월 7일은 소위 '칠석'으로 견우·직녀 두 별이 서로 만나는 날입니다. (…) 또 이날에는 제찬을 만들어 사당에 바치고 예배를 드립니다.

[8월: 추석] 8월 15일은 '추석'이라고 합니다. 이날은 한식과 마찬가지로 '묘제'를 지냅니다. 묘지의 잡초를 베는 것을 '벌초'라고 합니다.

[10월: 시제, 고사]한식·추석 외에 10월 중에 길일을 골라 일족이 여럿이 모여서 묘지에서 조상에게 제사를 올립니다. 이를 '시제時祭'라고 말하며, 날은 정일丁日 또는 해일亥日을 길일로 합니다. 조선에서는 선조 4대까지를 집의 사당에 모시고, 5대 이상은 신주를 매안埋安해 둔 묘지에서 시제를 행하고 올리도록 정해져 있습니다.

또 이 달에는 가신家神에게 제사를 지냅니다. 이를 '고사告祀'라고 칭하는데 성주家神·기주宅地神 등에게 제를 올리는 것으로, 찹쌀가루에 따뜻한 물을 부은 다음에 팥을 넣어 시루에 넣고 쪄

낸 떡을 올립니다. 고사날은 무戊의 날, 오午의 날을 길일로 합니다.[37]

이러한 조상에 예를 올리는 조선의 풍습에 대한 관련 기술은 이 세시풍속 관련 항목에서만이 아닌 『조선의 습속』의 다른 항목 글 속에서도 자주 목격된다. 아래의 윤월 풍속에서도 제사와 이어지는 '수의짓기'가 기술되어 있을 정도로 이 책자에는 제사에 관련된 풍습이나 예의 및 생활에 대해 많은 지면을 할애하고 있다.

〔윤월: 수의 짓기〕윤월은 일명 '한월閑月'이라고 해서, 늙은 부모가 있는 사람은 부모를 위해서 '수의'(망자에게 사용하는 옷)를 짓는 풍습이 있습니다. 조금 이상하게 들리겠습니다만, 이는 거짓으로 수의를 만드는 것이 오히려 장수를 유지한다고 하는 기원에 바탕을 둔 것입니다.[38]

3) 음식과 놀이 관련 기술

(1) 음식

명절 때 먹는 음식에 대한 언급 또한 특기할 만하다. 재료, 모양, 맛 등 만드는 법이 상세하게 소개되어 있다. 약밥(정월), 송병(2월), 진달래 화전(3월), 애병(쑥떡, 5월), 수단자(6월), 국화전(9월), 시루떡과 김치(10월), 팥죽(11월)이 특히 그러하다. 이중 송병, 화전, 수단자, 국화전, 팥죽에 관련된 부분을 다음에 인용한다.

---

37 「15. 연중행사」, 『조선의 습속』, pp.82~93.
38 「15. 연중행사」, 『조선의 습속』, pp.94~95.

〔2월: 송병〕 또 1일에는 송병松餅을 먹게 되어 있습니다. 만드는 방법은 우선 멥쌀가루에 따뜻한 물을 부어, 반죽하여 계란크기의 피皮를 빚고, 여기에 팥 또는 푸른 콩의 소를 넣어, 떡시루에 솔잎과 번갈아 깔아놓고 찝니다. 다 쪄지면 물로 씻어서 솔잎을 떼어내고 참기름을 발라서 먹는 것입니다. 옛날에는 이날 노비에게 그 나이와 같은 수의 송편을 주었습니다. 따라서 일명 이 날을 '노비일奴婢日'이라고도 말합니다.

〔3월: 화전〕 3월 3일을 '중삼'이라고 해서 화전花煎을 먹습니다. 이것은 찹쌀가루에 따뜻한 물을 붓고 적당한 크기로 둥글린 다음 둥글게 잘라 진달래꽃을 얹어 기름에 지집니다.

〔6월: 수단자〕 6월 15일을 '유두流頭'라고 하여서 수단자를 먹는 관례가 있습니다. 수단자는 찹쌀 가루에 따뜻한 물을 붓고 쪄서 둥근 봉 형태로 만든 것을 둥글게 떼어서 찬물에 떨어뜨려 꿀물을 넣어 만든 것입니다.

〔9월: 국화전〕 9월 9일은 중양절로 또는 중구라고도 합니다. 이날에는 국화전을 부칩니다. 3월 3일에 먹는 화전과 같은 것입니다. 단 진달래가 국화로 바뀝니다.

〔11월: 팥죽〕 '동지'를 '아세亞歲'라고 말합니다. 이날에는 팥죽을 쑤어 여기에 새알심을 넣어 먹습니다. 또 사당에도 팥죽을 올리고 제를 지냅니다. 게다가 또 이 팥물을 대문 널문에 바르면 역귀를 쫓는다고 전해지며 그런 주술도 행해지고 있습니다.[39]

주재료라 할 수 있는 가루가 멥쌀가루인지, 찹쌀가루인지에서부터, 반죽할 때의 물이 더운 물인지 찬물인지에 대한 언급, 만드는 순서, 들어가는 재료에 대한 상세한 소개, 모양새까지 세세하다. 이는 정월 약밥에서 언급된

---

39 「15. 연중행사」, 『조선의 습속』, pp.86~94.

"일종의 풍미를 지니고 있습니다"[40]에 대한 기술에서 알 수 있듯이, 소개자가 떡이나 음식을 직접 먹어보고, 직접 만드는 모습을 관찰하고 쓴 것을 추측하게 하는 대목이라 할 수 있다. 이처럼 이 소책자에 소개된 음식 만들기에 대한 언급은 다른 풍습에 비해 특기할 만하다.

(2) 놀이

그 다음으로 놀이를 들 수 있다. 음식만큼은 아니어도 놀이에 대해서도 많은 언급이 보이는데, 특기할 만한 것은 어른들이 즐기는 놀이에 대한 기술이라 할 수 있겠다.

> 〔정월 놀이〕 1월에 남자는 종이연을 날리고 여자는 널뛰기를 합니다. 실내유희로 '사柶'라는 것이 있습니다. 윷이라는 것은 지름 1촌 정도의 원목을 5촌 내지 7촌 정도의 길이로 잘라 한 면을 평평하게 깎은 것을 네 개 만들어 이것을 던져, 4개 중에 위를 향한 것이 한 개이면 1점, 2개이면 2점 … 4개이면 4점, 4개 모두 한꺼번에 아래로 향하면 5점이라고 셈을 하면서 경쟁하는 놀이입니다.
>
> 〔3월 놀이〕 이 달은 꽃이 웃고 새가 노래하는 화창한 좋은 계절로 도회인은 술과 음식을 챙겨서 나무 아래서 놀며 꽃구경하고 시를 짓는 이도 있는가 하면, 아동들은 버들피리를 불며 노는 이도 있습니다. 이를 이름도 어울리게 '화유花遊'라고 칭하고 있습니다.
>
> 〔4월 놀이〕 4월 8일은 석가탄신일로 이를 '욕불일浴佛日'이라고 칭하고 있습니다. 이날에는 남녀 모두 의상을 갈아입지만 특히 아녀자는 '팔일장八日粧'이라고 하여 공들여 치장하고 놉니다. 또

---

40 「15. 연중행사」, 『조선의 습속』, p.83.

한, 이날 밤을 '등석燈夕'이라고 해서 저녁 무렵이 되면 집집이 종이로 만든 등불에 불을 밝힙니다. 그리고 남녀가 경쟁하듯 높은 곳으로 올라가 이를 구경합니다.

〔6월 놀이〕 삼복 때에는 폭염이 극에 달할 때라 술을 들고 계곡가 같은 이른바 물가의 정자나 산정에 가서 시를 짓거나 술잔을 돌려가며 하루의 더위를 잊습니다. 그리고 가끔씩 일어나서 맑게 흐르는 물에 발을 담그기 때문에 이를 '탁족濯足'으로 이름붙이기도 합니다. 또한, 이때쯤에는 산간의 맑은 물을 '약수 마시기'라고 해서 자주 마시며 즐깁니다.

〔8월 놀이〕 이 날은 소위 중추에 해당하기 때문에 명월을 감상하느라 밤이 깊어가는 것을 잊어버릴 정도입니다. (⋯) 지방에 따라서는 이날 가무·줄다리기·씨름을 합니다.

〔9월 놀이〕 도회지 사람은 교외로 나가 단풍을 즐기고, 문인묵객은 술에 황국을 띄워 시를 짓거나 고시를 읊으면서 자연 속에서 맘껏 하루의 풍류를 즐깁니다.[41]

위의 인용에서 언급된 놀이를 보면, 실내유희, 남자와 여자놀이, 어른과 아동 놀이 등의 기술이 보이는데, 이중 특기할 만한 것은 도회지의 어른들이 즐기는 놀이를 소개한 것을 들 수 있다. 구체적으로 놀이를 명기해보면 풍류, 꽃구경, 단풍구경, 물놀이, 시가짓기, 치장 등과 같은 어른들이 즐기는 놀이의 기술로, 이 또한 『조선의 습속』의 〈시작하면서〉에서 밝히고 있듯이 이 책자가 '경성'의 세시풍속을 중심으로 기술되어 있기 때문으로 볼 수 있다.

지금까지 『조선의 습속』에서 찾아 볼 수 있는 세시풍속 항목을 중심으로 그 양상을 살펴보았는데, 다양한 명절이 소개된 중에서도 대보름이 큰 비중

---

41 「15. 연중행사」, 『조선의 습속』, pp.85~92.

속에서 다루어지고 있다는 점, 이에 비해 추석에 대한 항목은 미미한 점을 들 수 있으며, 음식과 놀이가 특기할만 했음을 알 수 있었다. 또한 음식은 약밥(정월), 송병(2월), 화전(3월), 수단자(6월), 시루떡(10월), 팥죽(11월) 등이 구체적인 요리법과 함께 소개되어 있다는 점, 놀이의 경우는 소개된 양은 적지만 다양한 연령대 사람들의 놀이가 소개되어 있다는 점이었다.

4. 『朝鮮의 鄕土娛樂』에서 볼 수 있는 세시풍속의 특징

『朝鮮의 鄕土娛樂朝鮮の 鄕土娛樂』은 1941년 조선총독부 조사 자료집 중 제 47집으로 편찬된 책이다. 앞서 살펴본 1925년 간행의 『조선의 습속』과 다른 점은 '村山智順'이라는 엮은이의 이름이 명기되어 있다는 점이다. 『朝鮮의 鄕土娛樂』을 우리말로 옮긴 박전열에 따르면, "《조선의 계》,《조선의 귀신》,《생활상태조사》,《조선의 무속》,《조선의 풍수》,《조선의 향토오락》등 일련의 보고 자료는 1923년에 설정한 풍속 조사 항목을 바탕으로 하여 각 분야별로 조사, 보고되었다. 실무적인 일은 경성제국대학·조선총독부 중추원·조선사편수회가 중심이 되어, 대부분이 총독부의 촉탁에 의하여 이루어졌다. 본서의 간행 책임자인 무라야마 지준村山智順은 동경대학 사회학과를 졸업하고, 조선 총독부의 문서과 조사제이계 주임 겸 촉탁으로 민간신앙 조사에 주력해서《조선의 귀신》,《조선의 풍수》,《부락제》등을 펴"[42]냈다고 소개되어있다.

무라야마 지준은 머리말에서 "이 책은 1936년 각 도지사에게 조회하여 전국 각지에서 행해지고 있는 향토오락을 조사, 정리한 자료이다. 조사는 각 지방의 보통학교에 의뢰하여 수집한 보고서를 바탕으로 하여 이루어졌

---

42 村山智順 엮음, 朴銓烈 옮김, 「옮긴이의 말」,『朝鮮의 鄕土娛樂』, 集文堂, 1992, p.29.

다."[43]고 밝히고 있다. 이처럼 『朝鮮의 鄕土娛樂』은 1930년대에 조사가 이루어지고, 경성 지역으로 한정되어 있던 『조선의 습속』과 달리 전국 각 지역에 관한 조사 기록임을 알 수 있다.

> 향토오락이라는 범주는 놀이나 오락의 장르뿐만 아니라 여러 민속 장르와 중복 혹은 관련되어 있다.(…) 본서의 내용을 이루고 있는 향토오락이란 민속놀이의 동의어이기도 하지만, 많은 부분이 세시풍속의 표현 양식이라고 할 수 있다.(…)
>
> 본서에서는 전국을 15개 시도로 나누고, 다시 226개의 지방으로 분류했다. 원서에서는 서울은 경기도에, 제주도는 전라남도에 포함시키고 있으나, 여기서는 편이를 위해서 오늘날의 행정 단위에 맞추었다.
>
> 제시된 놀이명의 총 항목수는 약 6,400종에 이른다. 이 가운데 놀이법에 대한 설명이 있는 항목이 약 1,300종, 설명 없이 놀이명만 제시된 항목이 5,100종이 된다. (…) 놀이명을 번역하는 과정에서 가능한 한, 원서의 명칭을 직역하기 보다는 놀이의 내용을 참조하여 일반적인 명칭을 제시했다. 제시된 놀이명의 종류는 약 400가지가 된다.
>
> 놀이명에 이어서 제시된 각 놀이의 놀이 시기는 모두 음력으로 표기하였다. 당시에는 정월의 설날·대보름날 혹은 4월 초파일·단오·백중·추석 등에 하는 놀이는 모두 음력세시기에 의해서 진행되었다.[44]

이상에서 알 수 있는 것처럼 『朝鮮의 鄕土娛樂』은 세시풍속에 관련된 조

---

43 무라야마 지준, 「머리말」, 『朝鮮의 鄕土娛樂』, 위와 같은 책, p.27.
44 박전열, 「옮긴이의 말」, 『朝鮮의 鄕土娛樂』, 위와 같은 책, pp.29~30.

사 자료이지만 그 중에서도 특히 '놀이'가 주축을 이루고 있음을 알 수 있다. 또한 『조선의 습속』과 마찬가지로 『朝鮮의 鄕土娛楽』 또한 '음력'이 기준이 되고 있음을 알 수 있다.

앞서 살펴본 『조선의 습속』이 경성을 중심으로 짜여진 책자임을 감안해, 전국적으로 조사가 실시되어 기록이 남아있는 『朝鮮의 鄕土娛楽』중에서도 경성(서울)이 포함된 경기도 지방의 세시풍속 관련 항목에 초점을 맞추어 살펴보고자 한다.

경기도 지방에는 서울과, 개성, 고양 등을 비롯해 모두 22개 지역이 소개되어 있다. 경기도 지방일 지라도 큰 도시가 되는 서울, 개성은 물론이고, 고양, 광주, 포천 등의 농민의 생활 모습이 드러나는 지역 또한 포함되어 있는 점이 앞서 살펴본 『조선의 습속』과는 다른 점이라 할 수 있다.

또한 『조선의 습속』이 조선인들의 풍습이나 생활에 대한 전반적인 소개와 이해가 선행된 책자인 것에 반해, 『朝鮮의 鄕土娛楽』의 경우는 '鄕土娛楽'이라는 단어에서도 알 수 있는 것처럼 놀이 방법, 놀이에 동반되는 노래, 세시마다 행해지는 명절이나 계절과의 관계성 속에서의 놀이, 놀이의 유래 등 '놀이'가 중심 코드이다.

이처럼 '놀이'가 중심이 되다 보니 『朝鮮의 鄕土娛楽』에는 달 별로 행해지는 놀이, 계절 별로 행해지는 놀이와 같은 세시놀이와 수시로 행해지는 놀이 모두가 소개되어 있다. 거기에다 도시와 농촌 지역의 놀이, 남녀의 성별이나 노소, 신분에 따른 놀이가 세분화되어 표기되어 있는 것을 특징으로 들 수 있다. 여기서는 수시로 행해지는 놀이를 제외한 세시풍속과 세시놀이 관련 기술을 중심으로 그 특징을 살펴보고자 한다.

1) 대표적인 명절과 놀이

『朝鮮의 鄕土娛楽』에서 언급된 명절은 정월, 정월 보름, 4월 초파일, 단오, 백중, 삼복, 추석, 중양절, 윤달 등 9가지로, 앞서 언급했다시피 『朝鮮의 鄕土娛楽』에서는 이들 명절이 중점적으로 기술되어 있기보다는 그 명절에 행해지는 '놀이'가 중심이 되어 이들 명절이 언급되고 있다.

25가지의 놀이가 소개된 '정월'과 10가지의 놀이가 소개된 '4월 초파일', 그리고 5가지가 소개된 '정월 보름'과 '추석'이 눈에 띈다. 이 중에 몇 가지 명절을 인용한다.

[정월 보름]다리밟기-정월 보름밤-남자

〈놀이법〉 서울 시내에 놓인 다리를 전부 찾아다니며 밟는다. 그렇게 하면 일년 내 다리에 병이 나지 않는다고 한다.[45]

[정월 보름]다리밟기-정월 보름-일반

〈놀이법〉 각자 옷을 차려입고 근처의 다리를 건너다닌다. 부인들은 음식물을 물에 던져 넣으며 복을 빌기도 한다. 이전에는 마을의 남자들이 어린이를 어깨에 태워서 무동춤을 추면서 농악대를 선두로 행진하다가, 다리 위나 그 부근에서 주연을 베풀었다. 그러면 나온 사람들은 농악에 맞추어서 춤을 추며 밤새는 줄도 모른다. 또 술을 낸 마을 유지의 집을 찾아가서 마당에서 춤을 추며 놀기도 한다. (송파)[46]

정월 보름 행사 중 다리밟기에 대한 기록 내용인데, 어른 아이할 것 없이 즐기고 있는 모습을 목격할 수 있다. 이어서 놀이 몇 가지를 인용한다.

[정월 놀이] 제기차기-정월-남자 어린이

〈놀이법〉 엽전에 종이를 감고 종이의 양끝을 구멍에 꿴 후 종이를 가늘게 잘라서 제기를 만든다. 제기는 발의 안쪽으로 차올린다. 땅에 떨어뜨리지 않고 더 많이 차올리도록 하는데, 땅에

---

45 「1. 서울 서울 지방」, 『朝鮮의 鄕土娛楽』, p.42.
46 「2. 경기도 광주 지방」, 『朝鮮의 鄕土娛楽』, p.57.

떨어뜨리면 진다. 제기는 엽전 대신에 쇠에 술을 달아 쓰기도 하며, 때로는 마른 파를 묶어서 쓰기도 하지만, 차츰 드물어지고 있다.[47]

〔정월 놀이〕윷놀이-정월-일반

〈놀이법〉 서울 지방과 같다.

〈비고〉 1932,3년 무렵까지는 대개 부락마다 성행했으나 농촌진흥회가 창립된 이후로는 점차 줄어드는 경향이 있다.[48]

〔정월 놀이〕쥐불놀이-정월 초-농촌 소년

〈놀이법〉 정월 첫번째 쥐날子日에 마을 근처의 밭둑에 볏짚을 널어 두었다가, 해질 무렵을 기다려 일제히 불을 붙여서 밭둑의 마른풀을 태운다. 불꽃이 활활 타오르는 모양은 장관을 이루므로 구경하는 마을 사람들은 모두 환호를 지른다. 이는 그해에 쥐로 인한 피해를 막기 위함이다. 그뿐만 아니라, 불의 기세가 크고 작음에 따라서 그해 농사의 풍흉이나 부락의 길흉을 미리 알 수 있다고 하여 각 마을이 다투어 쥐불놀이를 하는 풍습이 있다.[49]

『朝鮮의 鄕土娛樂』 중에서도 본 발표에서는 '경성'과 '경기도' 지방을 중심으로 살펴보고 있는데, 위 정월에 하는 놀이를 통해서 농촌의 모습이 목격된다. 특히나 위 인용문의 '제기차기'나, '윷놀이'의 놀이방법 소개를 통해서 1930년대의 급변하는 사회 모습을 엿볼 수 있다.

2) 산제, 풍어제, 수신제 관련 기술

마을 공동체를 중심으로 축제의 성향을 띠는 세시풍속으로 산제, 풍어제,

---

47 「2. 경기도 개성 지방」, 『朝鮮의 鄕土娛樂』, p.47.
48 「2. 경기도 고양 지방」, 『朝鮮의 鄕土娛樂』, p.53.
49 「2. 경기도 고양 지방」, 『朝鮮의 鄕土娛樂』, p.53.

수신제에 관한 기록은 특기할 만하다. 아래에 그 내용을 인용하고자 한다.

·산제山祭-10월 2일부터 5일 사이-일반

〈놀이법〉신목神木이 있는 제단에 부정한 것의 접근을 금하고, 마을의 가호호를 청결히 한다. 특히 빨간 흙을 뿌려 마을 전체를 깨끗하게 한다. 제관은 목욕재계하고 제물을 준비하며, 제장에 가서 산신을 받들어 모신다. 이때 신에 보답하려 무녀를 불러 낮부터 밤까지 계속하여 춤을 춘다. 또한 광대의 무악舞樂, 구악舊樂 등으로 여흥을 돋우기도 한다.[50]

·풍어제- 출어시-어민

〈놀이법〉배 위에 떡과 탁주를 준비하고, 풍어의 노래를 부르면서 어장에 도착한다. 배 위에서 지난번에 풍어가 되게 해주심을 감사하고, 이번에도 안전하기와 더욱 풍어가 되기를 기원한 후 음식을 먹으면서 노래하고 춤춘다.[51]

·수신제水神祭-2월-일반

〈놀이법〉약 한 달 동안 불철주야 농악을 연주하며 무동춤을 춘다. 사방에서 남녀노소가 흥겹게 논다. 마지막날의 본제本祭에는 춤꾼들의 행렬로 일대 장관을 이룬다.(장남)

〈유래〉처음에는 몇몇 뱃사람들이 바다에서 무사하기를 기원하기 위해 행해졌던 축제가 일반화되어, 지금은 지방의 큰 행사로서 4년마다 성대하게 치루어진다.[52]

산제, 풍어제, 수신제를 올릴 때의 주의점이나 제를 올리는 방법, 여흥 등

---

50 「2. 경기도 부천 지방」, 『朝鮮의 鄕土娛樂』, p.99.
51 「2. 경기도 부천 지방」, 『朝鮮의 鄕土娛樂』, p.99.
52 「2. 경기도 장단 지방」, 『朝鮮의 鄕土娛樂』, p.105.

이 소개되어 있다. 위 예문을 통해 제의가 하나의 큰 마을 축제가 되고 있음을 알 수 있다.

3) 삼복 복날 음식

『朝鮮의 鄕土娛樂』은 '놀이'가 중심이 되어 보고된 자료이기도 하여, 음식에 대한 기술은 그다지 많은 편이 아니다. 하지만 삼복에 먹는 음식은 눈에 띈다. 아래에 그 내용을 인용하고자 한다.

〔복날 음식〕 복놀이-삼복-농민

〈놀이법〉소를 공동 구입하여 고기를 나누어 먹으며 가정마다 즐겁게 논다. 남자들은 나무그늘 아래 모여서 주연을 베풀고 모내기 이래의 노고를 서로 위로하며 즐겁게 논다.[53]

〔복날 음식〕 복놀이-삼복-일반

〈놀이법〉 초복, 중복 또는 말복날에 콩죽이나 닭고기 요리를 만들어 먹는다. 일가 단란을 위해서 친지들과 어울려 산과 들에서 더위를 피하며 논다.

〈유래〉 대추나무는 삼복날에 열매를 맺기 때문에, 이에 곁들여 자손 번식의 축복을 겸한 복놀이가 시작되었다는 속전俗傳이 있다. (가납)[54]

〔복날 음식〕 복놀이-삼복-일반

〈놀이법〉 해변이나 계곡, 냇가 등에서 주연을 열고 즐긴다. 개고기를 마늘과 함께 고아서 만든 개장국을 먹는다. 더위를 먹지 않도록 하기 위함이다.[55]

---

53 「2. 경기도 고양 지방」, 『朝鮮의 鄕土娛樂』, p.55.

54 「2. 경기도 양주 지방」, 『朝鮮의 鄕土娛樂』, p.66.

55 「2. 경기도 이천 지방」, 『朝鮮의 鄕土娛樂』, p.83.

삼복 더위 날, 잠시 일손을 멈추고 소고기, 닭고기, 개고기 등을 준비해 나무그늘, 계곡, 냇가 등에서 힘을 비축하는 모습 등이 소개되어 있다.

지금까지 살펴본 것처럼『朝鮮의 鄕土娛樂』은 이 책이 갖고 있는 성격상 각 명절에 따른 놀이와 산제, 풍어제, 수신제와 같은 축제가 눈에 띄고, 음식은 복날에 대한 기록이 많았다.

5.『조선의 습속』과『朝鮮의 鄕土娛樂』의 차이점과 공통점

체계상 두 책의 차이점을 보았을 때『조선의 습속』이 한국의 풍속과 고유의 생활 모습을 소개하면서도 일본과의 다른 점을 언급하고 있는 것에 비해,『朝鮮의 鄕土娛樂』의 경우는 조선의 당대 모습의 조사 기록에 치중했다는 점일 것이다. 이는 비록 저자는 명기되어 있지는 않지만『조선의 습속』이 조선에 대한 이해와 더불어 내지인(일본인)에게 조선을 알리고, 서로의 '교류'를 통해 '동질', '동화'정신을 고취시키고자 하는 의도가 눈의 띄고,『朝鮮의 鄕土娛樂』의 경우는 조선의 전래놀이 조사와 자료 보전에 보다 주안점을 두고 있는 것으로 보인다.

세시풍속 항목과 관련해서 두 책의 차이점을 살펴보면, 먼저 유래에 대한 기술이『조선의 습속』의 경우 "상원날 밤에는 '답교踏橋'라고 해서 다리를 건너는 풍습이 있습니다. 일 년 내내 건강하고, 발병에 걸리지 않는다고 하는 설에서 연유한 것입니다. 이것은 조선말 '다리脚'와 '다리橋'의 발음이 같은 데서 그런 식으로 끌어온 것 같습니다."[56]와 같이 주관적인데 비해,『朝鮮의 鄕土娛樂』의 경우 "다리橋와 다리脚는 같은 음이기 때문에 다리를 건넌다는 것은 다리脚의 액을 건너간다橋는 뜻으로 풀이한 옛 풍속에서 유래

---

56 「15. 연중행사」,『조선의 습속』, p.85.

한다"[57]처럼 '양주 지방'에서 얻은 기록에 바탕을 두고 객관적으로 기술되어 있다는 점을 들 수 있다.

명절 명칭에 있어서『조선의 습속』에서의 '원단元旦' '상원上元' '석가탄신일·욕불일浴佛日'의 경우가『朝鮮의 鄕土娛樂』에서는 '정월正月', '정월 보름正月十五日', '4월 초파일四月八日' 식으로의 변용이 보인다. 이를 통해 전자보다 후자가 당시 일상생활 속에서 쓰인 용어를 차용하고 있음을 알 수 있다.

이어서 제사 관련 세시풍속이라 할 수 있는데,『조선의 습속』에서는 조상에 대한 예의와 제사 관련 기술이 많았던 점에 비하면,『朝鮮의 鄕土娛樂』쪽은 마을 공동체를 중심으로 행해지는 산제나 풍어제, 수신제가 소개되어 있음을 알 수 있었다. 이는『조선의 습속』이 일가를 중심으로 소개된 것에 비해,『朝鮮의 鄕土娛樂』은 놀이에 비중이 가면서 공동체 모두가 함께 즐길 수 있는 축제에 초점이 맞추어진 데 기인한다.

한편 앞서 살펴본『조선의 습속』에는 명절 마다 음식이 다양하게 자세히 소개되어 있음을 알 수 있었다. 이에 반해『朝鮮의 鄕土娛樂』은 놀이에 관련된 기술이 단연 돋보이지만, '삼복'날에 먹는 음식에 대한 기술은 여럿 찾아볼 수 있었다.

『조선의 습속』과『朝鮮의 鄕土娛樂』에서의 명절에 대한 기술은『조선의 습속』이 구체적이고 다양성을 띤다. 이는『朝鮮의 鄕土娛樂』이 남녀노소 할 것 없이 사람이 즐기고 놀 수 있는 놀이라는 관점에서 조사되어 편집되었기 때문으로 보인다.

이 중 경성을 중심으로 기록한『조선의 습속』과의 연관성에서『朝鮮의 鄕土娛樂』에 소개 된 경성의 세시풍속은 정월, 정월 대보름, 4월 초파일, 단오, 백중, 추석, 삼복 등을 보면 여전히 같은 풍습이 행해지고 있음을 알 수 있다. 구체적으로 대보름에 대한 기록으로 살펴보면,『조선의 습속』에

---

57 「2. 경기도 양주지방」,『朝鮮의 鄕土娛樂』, p.65.

서 달맞이를 하며 "달의 빛깔을 보고 그 해의 풍흉을 점칩니다. 즉 붉은빛은 가뭄, 흰빛은 홍수, 진한빛은 풍년, 연한빛은 흉으로 칩니다."[58] 달 색깔로 점을 치는 풍습에 대해서 소개되어 있음을 알 수 있었는데, 『朝鮮의 鄕土娛樂』에서 또한 "농부는 이때 달뜨는 속도, 밝기, 위치 등을 보아서 그해의 풍흉을 점친다"[59]로 기록되어 있다.

공통성을 띠는 세시풍속 중에서도 석가탄신일에서의 연등행사는 주목할 만하다. 아래에 그에 해당되는 부분의 일부를 인용한다.

[『조선의 습속』: 석가탄신일]이날 밤을 '등석燈夕'이라고 해서 저녁 무렵이 되면 집집이 종이로 만든 등불에 불을 밝힙니다. 그리고 남녀가 경쟁하듯 높은 곳으로 올라가 이를 구경합니다.[60]

[『朝鮮의 鄕土娛樂』: 4월 초파일]연등-4월 초파일-일반

〈놀이법〉 4월 초파일은 부처님 오신 날, 이날 밤 자녀의 수만큼 처마끝에 등을 달면 복을 받는다고 하여 각 가정에서는 등을 단다. 등은 대게 둥글게 공 모양으로 만들며 원색의 색지를 바르고, 거기에 수壽, 복福, 다자多子 등의 상서로운 뜻의 글자를 써넣는다. 처마끝마다 등이 달린 아름다운 광경 때문에 거리는 구경꾼으로 붐빈다.

〈유래〉 고려 시대의 유풍이다.[61]

[『朝鮮의 鄕土娛樂』: 4월 초파일]연등회-4월 초파일-일반

〈놀이법〉 마을 가운데 있는 광장에 깃대를 세우고, 그 깃대로부터 팔방으로 줄을 둘러치고 그 줄에 색등을 건다. 모든 마을 사람들이 그 아래에 모여 음식을 함께 나누어 먹으며, 등불 아래서

---

58 「15. 연중행사」, 『조선의 습속』, pp.84~85.

59 「1. 서울, 서울 지방」, 『朝鮮의 鄕土娛樂』, p.42.

60 「15. 연중행사」, 『조선의 습속』, p.36.

61 「1. 서울, 서울 지방」, 『朝鮮의 鄕土娛樂』, p.42.

하룻밤을 즐긴다.

　〈유래〉석가탄신일인 이날 밤에는 석가모니가 인간의 액을 제거해 준다고 믿고, 서로 축복했다. 이는 고려 시대로부터 유래되었다고 한다.[62]

　21세기에 들어선 현재는 석가탄신일이 되면 절 근처에 가봐야 연등의 모습을 볼 수 있고, 그 모습마저도 그냥 보고 지나치는 것이 관례인데, 20년대, 30년대, 40년대 초에는 이처럼 석가탄신일에 각 가정마다 직접 등불을 밝히고 그 등불에 염원을 담아 기도하고, 그 하나하나의 가정에 밝힌 등불이 모여 마을을 아름답게 밝히고 있는 모습을 목격할 수 있다.

　한편 놀이에서는 『조선의 습속』에서는 9월 이후가 되는 10월~윤달까지의 놀이가 언급되어 있지 않은 것 에 비해 『朝鮮의 郷土娯楽』은 봄, 여름, 가을, 겨울철 놀이로 분류하여 상세히 소개하고 있는 점이 가장 큰 차이점으로 볼 수 있는데 놀이에 대한 고찰은 『朝鮮의 郷土娯楽』을 중심으로 더 많은 고찰이 요구된다.

6. 나오며

　조선총독부간행물 중에서도 1925년에 출간된 『조선의 습속』과 1941년에 간행된 『朝鮮의 郷土娯楽』두 권을 중심으로 세시풍속 관련 항목을 추출하여 그 특징을 살펴보았다. 『조선의 습속』의 경우 초창기 간행물이기도 하여 조선에 대해서 알고·알리고자 하는 의욕이 엿보이는 책자였지만, 『朝鮮의 郷土娯楽』의 경우는 자료 조사와 기록 및 보존에 더 주안점을 두고 있는 자료집적인 성격이 강했다. 즉 『조선의 습속』의 경우 지은이나 편찬자가 명

---

62 (기흥) 「2. 경기도 용인 지방」, 『朝鮮의 郷土娯楽』, p.89.

기되어 있지는 않았으나 집필자의 주관적인 선택이나 선별, 취향이나 기호 등이 묻어나는 책자였다면, 『朝鮮의 鄕土娛樂』의 경우는 이에 비해 비교적 객관성이 유지된 간행물로 볼 수 있다.

두 간행물간의 다소간의 특성 차이는 보일지라도 세시풍속에 관련해서 공통적으로 말해지는 부분은 조선인들이 남녀노소, 성별, 도시 사람이건 시골 사람이건, 신분의 여하에 상관없이 세시 때마다 명절이나 절기에 따라 놀이와 풍류를 즐기는 모습에 대한 기술이다. 이러한 모습은 『조선의 습속』에서도 『朝鮮의 鄕土娛樂』에서도 견지되었음을 살펴볼 수 있었다. 특히 두 간행물을 통해 숨막히는 삼복 더위마저도 음식과 풍류로 즐기며 이겨내는 근대 조선 사람들의 여유가 목격 가능했다.

특히 두 간행물에 기술된 세시풍속 관련 항목을 지속과 변화라는 관점에서 고찰하였을 때 놀이나 풍류, 음식과 연관성을 맺는 명절이 지속되었음을 또한 알 수 있었다. 명절 때의 풍습, 놀이 방법 등에서 약간의 변화가 보일지라도 대표성을 띠는 명절이나 놀이는 1920년대와 1930년대, 1941년까지 지속되고 있음을 목격할 수 있었다. 이런 대표적인 명절과 놀이를 정리하면 정월과 윷놀이·연날리기·널뛰기, 대보름과 달맞이, 석가탄신일과 연등, 단오와 그네, 추석과 씨름·줄다리기이었다. 이처럼 1920년대의 『조선의 습속』에서의 놀이는 대부분 1930중후반 이후까지 그대로 이어졌지만, 『조선의 습속』에서 기술이 보이는 '2월 삼성점'과 '9월 중양절 단풍놀이'는 『朝鮮의 鄕土娛樂』(경기도)에는 기술이 보이지 않았다.

또한 민간 신앙 및 종교와 세시풍속은 밀접한 관계를 맺고 있는 있는데, 그런 의미에서 『조선의 습속』과 『朝鮮의 鄕土娛樂』에서 기술이 보이는 석가탄신일(4월 초파일)은 근대 세시풍속에서 지속적으로 유지되었음이 고찰 가능했다. 특히 『조선의 습속』의 기록을 보면 이날 여성들이 치장과 화장하는 모습이 목격되는데, 어느 의미에서 이 날은 여성들이 즐기는 세시풍속이라는 관점에서 흥미롭다.

마지막으로 세시풍속 관련 항목과 관련해서 두 간행물인 『조선의 습속』

과 『朝鮮의 鄕土娛樂』을 살펴볼 때 1925년에 간행된 『조선의 습속』이 경성이라는 중앙 도시, 즉 하나의 특정 지역에 한정하여 도시에서의 풍속을 통해 조선 민족의 생활상을 기술하고 있다면, 『朝鮮의 鄕土娛樂』의 경우 농어촌 산간 지역까지 포함되어 있어 농어민의 생활상 또한 기술되어 있는 점을 들 수 있다. 이는 1920년대에는 중심도시·수도에 시야가 맞추어졌다고 하면, 1930년 중후반을 넘어서부터는 지방에로까지 확산되었다고 말할 수 있겠다.

　『조선의 습속』의 경우 경성에서의 세시풍속이 중심이 되어있고, 이에 맞게 본 연구자 임의로 『朝鮮의 鄕土娛樂』 또한 수도권을 중심으로 세시풍속의 특징을 살펴보았다. 정형호는 도시민속학의 접근 방법과 모색을 탐색하며 용산에 대해, "개화기에 접어들어, 용산은 1884년에 개시장이 되고, 1887년에 선교의 자유가 인정되면서 외국인들의 상업과 종교 활동의 중심이 되었다. 1900년부터 일본인이 급증하여, 1925년에는 한국인과 일본인 거주자가 거의 비슷할 정도에 이른다. 이곳 인구는 해방과 전쟁에 의해 급격히 증가하며, 이것은 산업화가 시작되는 1970년대까지 이어진다"[63]라고 지역적 특징을 논하고, "집단놀이 중에서 정월 대보름에는 쥐불놀이와 돌싸움이 한강을 중심으로 전승되었고, 단오에는 대규모 씨름대회와 그네뛰기가 있었다."[64]라며, 전쟁 이후에 지역 공동체가 해체되면서 놀이문화가 급격히 사라지게 되었다고 밝히고 있다. 이처럼 도시민속학이라고 하여도, 분단 이전과 이후, 새마을 운동 이전과 이후, 70년대 이전과 이후, 90년대 이전과 이후 등 좀 더 세분화하여 분석할 필요가 있다. 따라서 1920년대와 1930년대의 도시의 풍경과 지금 현재의 도시의 풍경은 그 급격한 도시 모습의 변모로 세시풍속 또한 당대의 모습과는 현저한 차이를 보이는 것이 당연하겠지만, 지금이라고 하는 현재적 관점에서 당시의 경성과 서울 모습을

---

63 정형호, 앞의 책, p.183.
64 정형호, 앞의 책, p.185.

생각해볼 때, 복날에 먹는 음식문화가 지속되고 있는 것에 반해, 대보름날에 달맞이하는 풍속은 좀처럼 찾아보기 어렵게 되었다. 이처럼 도시민속학적인 관점에서 근대 한국의 도시민속학의 모습을 살필 때 조선총독부에서 간행된 자료들은 비록 타자의 눈을 통해 기술된 자료이기는 하지만 그 지속과 변용을 살필 때 일말의 단초를 제공하고 있다고도 볼 수 있다.

세시풍속과 관련해서 『조선의 습속』에서, "옛 기록에는 일본의 축제와 유사한 축제 형태도 기록되어 있지만"라고 기술되어 있는 것처럼[65] 홍석모의 『동국세시기』, 김매순의 『열양세시기』, 유득공의 『경도잡지』등을 비롯한 조선시대의 세시풍속 관련 서적과의 구체적인 내용 분석을 통한 영향관계 및 조선총독부 간행물 중, 『조선의 습속』이후에 간행된 『조선의 연중행사朝鮮の年中行事』 등과 연계한 고찰을 통한 동시대적인 관점에서의 분석은 앞으로의 과제라 할 수 있다. 특히나 민속학적 관점에서 보았을 때, "민속과 민속학은 주로 전통적인 문화를 다루게 되기 때문에 그 역사적 중요성을 무시할 수 없다"[66]라는 지적에서 알 수 있는 것처럼 광의의 의미에서의 역사학적 관점에서의 고찰 또한 과제로 남는다. 아울러 『조선의 습속』이 일본인을 위한 조선의 풍속에 대한 입문서였던 점을 감안하면, 1920년대 이후 일본 및 일본인들에게 수용된 과정을 살피는 것도 앞으로의 과제이다.

---

65 「13. 제사와 기도」, 『조선의 습속』, p.66.

66 이정재, 「1. 민속과 민속학」, 『한국 민속학 개론』, 민속원, 1998, p.13.

| 참고문헌

1. 기본자료

조선총독부 편, 장두식· 김영순 옮김, 『조선의 습속』, 민속원, 2014.

(『朝鮮の習俗』, 朝鮮總督府編纂, 1925)

村山智順 엮음, 朴銓烈 옮김, 『朝鮮의 鄕土娛樂』, 集文堂, 1992.

(村山智順, 『朝鮮の鄕土娛楽』, 朝鮮総督府刊行, 1941)

2. 참고 논문 및 단행본

과학원 고전 연구실 편, 『역주 동국세시기』, 한국문화사, 1999.

김난주, 「무라야마지준(村山智順)의 『朝鮮의 服裝』과 조선복개량론」, 동양학연구소 편, 『한국 근대 의식주와 일상의 제도』, 단국대학교출판부, 2010.

김명자·최운식, 「세시풍속(歲時風俗)과 일생의례(一生儀禮)」, 『한국 민속학 개론』, 민속원, 1998.

노무라 신이치, 고운기 역, 「무라야마 지준(村山智順)론」, 『한국, 1930년대의 눈동자 무라야마가 본 조선민족』, 이회문화사, 2003.

野村伸一, 「村山智順論」, 『自然と文化』(第66号), 2001.

박환영, 『도시 민속학』, 도서출판 역락, 2006.

吳晴, 『朝鮮の年中行事』, 1931.

呂博東, 「조선총독부 중추원의 조직과 조사편찬사업에 관한 연구」, 『日帝時代 한 漁村의 文化變容』(上), 아세아문화사, 1992.

李杜鉉, 「韓國 歲時風俗의 研究」, 『韓國民俗研究論文選』, 一 潮閣, 1982.

이정재, 「민속과 민속학」, 『한국 민속학 개론』, 민속원, 1998.

정승모, 「세시관련 기록들을 통해 본 조선시기 세시풍속의 변화」, 『세시풍속의 역사와 변화』, 민속원, 2010.

정형호, 『한국 민속문화의 지속과 변화』, 민속원, 2008.

崔吉城, 「日帝時代의 民俗·風俗 調査 研究」, 崔吉城 편저, 『日帝時代 한 漁村의 文化變

容』(上), 아세아문화사, 1992.

최인학, 「민속학 새로 읽기」, 『한국민속학 새로 읽기』, 민속원, 2001.

『韓国地理風俗誌叢書(224)朝鮮の服裝/朝鮮の衣食住/朝鮮半島の天然』, 경인문화사,

　　1989.

『임하필기』에 나타난 세시풍속과 민속놀이

송재용_단국대학교 교수

* 이 글은 『東아시아古代學』 26집(東아시아古代學會, 2011. 12.)에 게재되었던 것을 재수록한 것임을 밝혀둔다.

1. 서언

굴산橘山 이유원李裕元(1814~1888)은 조선 후기 헌종-고종 때의 대표적인
관인·학자·문인 가운데 한 사람이다.[1] 『임하필기』(한문. 필사본 39권)는 이유
원의 대표적인 저술 가운데 하나로, 정치·경제·사회·문화·역사·사상·제도·
지리·금석 및 서화·음악·문학·민속학 등 각 분야를 박물학적·백과전서 식
으로 기술한 책이다. 뿐만 아니라 이 책은 단순한 기록만이 아닌, 사회 전
반에서부터 국사國事와 개인 신변잡사에 이르기까지 다방면에 관한 내용
과 견문, 체험까지도 기록하고 있어 그 가치가 높이 평가된다.[2] 『임하필기』
의 중요성과 가치에 대해서는 이미 연구자들에 의해 언급된바 있다. 정병
학은 "『임하필기』는 광범위한 분야에 걸쳐 이유원의 해박한 식견을 전개한
것으로, 우리나라의 전고典故·습속·시문 등등 손대지 아니한 것이 없으리만
큼 넓어, 이러한 점에서 볼 때 이규경의 『오주연문장전산고』와 필적할만한
것[3]이라 평하였고, 이민홍은 "『임하필기』는 대단히 중요한 저술로 필기체
가 갖는 모든 점을 포용하고 있으며, 국가와 민족이 갖는 제반사항들을 빠
짐없이 수렴하여 논술한 역저로서 귀중한 문헌이다."[4]라고 평하였다. 또 안
대회는 "『임하필기』는 18~19세기의 풍속사를 이해하는데 매우 풍부한 자
료를 담고 있을 뿐 아니라, 조선 후기의 문물제도와 민간의 생활모습, 특히
사대부의 생활에 대하여 많은 정보가 담겨 있다."[5]고 하였다.

---

1 이유원의 생애에 대해서는 함영대, 「임하필기 연구-문예의식을 중심으로」, 성균관대대학원 석사학
   위논문, 2001, pp.7~10; 남형일, 「임하필기 연구」, 단국대학원 석사학위논문, 2002, pp.9~14을
   참고할 것.

2 졸고, 「임하필기에 나타난 의례 연구」, 『동아시아고대학』 24집, 동아시아고대학회, 2011, p.300. 참
   고로 18~19세기에는 많은 지식인들이 자신들의 견문과 학문을 필기(筆記)라는 형식에 담아 博物學
   的·百科全書 식으로 출판하는 풍조가 성행하였다. 이러한 시대적·학문적 풍조는 이유원이 『임하필
   기』를 저술하는데 하나의 동기가 되었던 것으로 보인다.(졸고, 같은 논문, pp.302~304 참조.)

3 정병학, 「해제」, 『임하필기』, 성균관대 대동문화연구원, pp.1~16.

4 이민홍, 「굴산 이유원론」, 『한국한문학연구』 24집, 한국한문학회, p.339.

5 안대회, 「해제」, 『국역 임하필기』, 민족문화추진회, p.15.

이상에서 보는 바와 같이, 『임하필기』의 가치와 중요성에 대해서는 재론할 필요가 없다. 그럼에도 불구하고 『임하필기』에 대한 연구는 문학 분야를 제외하고는 매우 미진한 실정이다. 특히 민속학 분야에 대한 본격적인 연구는 필자의 의례 관련 연구를 제외하고는 거의 전무한 실정이라 해도 과언이 아니다.[6] 그러므로 필자는 『임하필기』의 종합적 연구의 일환으로, 민속 분야 그 중에서도 특히 세시풍속과 민속놀이에 주목하였다. 『임하필기』에는 세시풍속과 민속놀이 관련 내용들이 많을 뿐 아니라, 자료적으로도 가치가 있다.

그런바 이 글에서는 『임하필기』에 나타난 세시풍속과 민속놀이에 초점을 맞추어 논의하겠다. 이러한 논의는 민속학적으로 의미가 있다고 본다.

2. 세시풍속과 민속놀이

이 글에서는 먼저 『임하필기』의 편차 내용 등에 대하여 간단히 살펴본 후, 세시풍속과 민속놀이에 대하여 고찰하겠다.[7]

『임하필기』의 편차 내용을 살펴보면, 16편 39권(권1 사시향관편, 권2 경전화시편, 권3-4 금해석묵편, 권5-6 괘검여화, 권7 근열편, 권8 인일편, 권9-10 전모편, 권11-24 문헌지장편, 권25-30 춘명일사, 권31-32 순일편, 권33-34 화동옥삼편, 권35 벽려신지, 권36 부상개황고, 권37 봉래비서, 권38 해동악부, 권39 이역죽지사)으로 구성되어 있고, 제각기 독립적인 내용을 담고 있다. 전체적으로 짤막한 기사와 자료로 구성되어 있지만, 그 내용은 대단히 폭이 넓어 일일이 거론할 수 없을 정도이다.

---

6 현재 조선시대 양반들이 서술한 세시풍속과 민속놀이에 대한 자료는 적을 뿐만 아니라, 이에 대한 연구도 적은 편이라 그 성과를 논의하기 어려운 실정이다.

7 『임하필기』의 저술배경과 과정 등에 대해서는 필자가 자세하게 언급하였는바 여기서는 생략한다.(졸고, 앞의 논문, pp.302~304 참조.) 『임하필기』는 1884년 가오곡에서 완성된 것으로 보인다.

이유원은 세시풍속과 민속놀이에 대하여 관심이 많았던 것으로 보인다. 그러므로 그는 『임하필기』에 세시풍속과 민속놀이 관련 기록들을 많이 남기고 있다. 세시풍속과 민속놀이는 「문헌지장편」, 「화동옥삼편」, 「춘명일사」, 「순일편」 등에 주로 수록되어 있는데, 특히 「문헌지장편」과 「화동옥삼편」에 많이 실려 있다.

1) 세시풍속

『임하필기』를 보면, 1월부터 12월까지의 세시풍속에 대한 내용이 실려 있다. 그런데 그 내용이 간단해 다소 아쉬운 점이 있다. 그러나 나름대로 의미가 있다고 본다. 그러면 월별 순으로 살펴보겠다.[8]

(1) 원조元朝

원조는 정월 초하루, 설날을 말하는데, 원단元旦·원일元日·세수歲首·연수年首·정조正朝 등이라고도 한다. 모두 그 해의 첫날이라는 뜻이다.

> 정월 초하룻날 참언을 듣는 일은 당송唐宋의 고사故事이다. 고려의 풍속에서는 18일에 참언을 들었고, 우리 조선에서는 초하룻날 자정에 맨 먼저 듣는 말을 참언이라 하였다. 연운硏耘 서헌순徐憲淳은 젊은 시절에 지패紙牌 놀이를 하는 자가, '다 죽었다盡死.'고 하는 말을 들었다. '진사盡死'를 공은 '진사進士'로 풀이하였는데, 이해에 과연 사마司馬에 올랐다. 또 한 인척 집에서는 어떤 여자가 그 집 아이더러, '아버지 곁으로 가라.'고 재촉하는 말을 듣고 그 뜻을 해석하지 못한 일이 있었는데, 이 해에 그 아이가 죽어서

---

8 立春·寒食·仲秋節·重陽節·冬至 등은 그 내용이 매우 간단하고 일반적이라 논의에서 제외하였다. 일례를 들어 "중추절에는 달맞이를 한다.", "9월 9일 중양절에는 높은 곳에 오른다.", "동짓날에는 팥죽을 쑤어 먹는다."(『국역 임하필기 3』, 「문헌지장편」, 〈節日〉, 민족문화추진회, 1999, p.4.)고 매우 소략하게 기술되어 있다. 이유원이 왜 이처럼 간단하고 일반적인 사실만 기록하였는지 밝히지 않고 있어 파악하기 어렵다.

그 어버이의 곁에 묻었다. 그러나 이런 참언을 풀이하는 일은 모두 과거 공부하는 선비들의 궁한 계책이고, 현달한 사람의 일은 아니다.[9]

『동국세시기』를 보면, "정월 초하룻날 첫새벽에 거리에 나가 맨 처음 들려오는 말소리로 그해 길흉을 점치는 풍속이 있는데, 이것을 청참聽讖이라고 한다."[10]는 기록이 있다. 위의 인용문에서 정월 초하룻날 자정子正에 맨먼저 듣는 말을 참언이라고 한 기사, 이는 청참이다. 원문에 "아국원일자야반我國元日子夜半"이라는 기록이 있는데, 여기서 '자야子夜'는 0시로, 이는 섣달 그믐날 밤에 잠을 자지 않는 풍속인 수세와 관련이 있는 것으로 보인다. 그러니까 '원일자야반'은 섣달 그믐날 밤이 지난 정월 초하룻날이다. 다시 말해『동국세시기』의 정월 초하룻날 첫새벽과 같은 의미로 볼 수 있다. 그리고 참언이 당송唐宋의 고사와 연관이 있고, 특히 고려 때에는 18일에 참언을 들었다는 기록을 주목할 필요가 있다. 이유원이 참언 풀이 풍속을 듣고 이를 기록으로 남긴 점으로 보아 19세기까지도 이 같은 풍속이 전해졌던 것 같다. 위의 인용문에서 청참의 유래와 변모를 엿볼 수 있다. 이유원은 이러한 참언 풀이 풍속에 대해 비판적인 입장을 취하고 있다.

(2) 상원上元

상원은 정월 대보름을 말하는데, 원석元夕·오기일烏忌日 등이라고도 한다.

정월 보름날에 약밥藥飯을 먹는 것은 신라에서 시작되었다.[11]
더위팔기賣暑라는 것이 있다. 당唐·송宋 사람들은 어리석음을

---

9 『국역 임하필기 7』, 「화동옥삼편」, 〈聽讖〉, 민족문화추진회, 2000, p.143.
10 최대림 역해, 『신역 동국세시기』, 홍신문화사, 2006, p.26.
11 『국역 임하필기 3』, 「문헌지장편」, 〈節日〉, 민족문화추진회, 1999, p.3.

팔았으니, 이것은 더위팔기와 같은 것이다. 다리밟기踏橋라는 것
이 있는데, 고려의 풍속에서 다리 병을 물리치는 놀이로 하였던
것이다. 속담에, '하룻밤에 열두 다리를 밟으면 열두 달의 재액을
없앨 수 있다.' 하였는데, 임진왜란 후에 이 풍속이 점점 사라졌
다. 보름달의 두껍고 엷은 상태를 가지고 그해의 풍흉을 점쳤는
데, 그 유래가 오래되었다. 곡식 이삭 늘어놓기, 부럼 깨물기, 줄
다리기의 놀이는 모두 신라와 고려의 옛 풍속이자 명절놀이의 한
행사이다.[12]

정월 보름날 약밥藥食을 먹는 유래와 더위팔기·답교놀이·보름달의 두껍
고 엷은 상태를 보고 풍흉 점치기·곡식 이삭 늘어놓기·부럼 깨물기·줄다리
기의 유래에 대하여 간단히 기술하고 있다. 이러한 풍속은 완전히 사라지지
않고 조선 후기까지도 이어져 내려온 것으로 보인다. 그리고 곡식 이삭 늘
어놓기가 눈길을 끄는데, 이는 화간禾竿의 일종인 듯하다.

(3) 화조花朝
화조는 2월 초하루를 말하는데, 중화절中和節·삭일朔日·노래기 날 등이라
고도 한다.

　　2월의 초하룻날에 새벽에 일어나서 솔잎을 문간과 뜰에 뿌리
는데, 세속에서 말하기를, 냄새나는 벌레들이 싫기 때문에 이와
같이 바늘 같은 것을 뿌려 벽제辟除를 하는 것이라고 한다.[13]
　　측천무후則天武后가 화조花朝에 궁녀에게 여러 가지 꽃을 따서 쌀

---

12 『국역 임하필기 7』, 「화동옥삼편」, 〈上元雜事〉, 민족문화추진회, 2000, p.144.
13 『국역 임하필기 3』, 「문헌지장편」, 〈節日〉, 민족문화추진회, 1999, p.3.

과 함께 빻아 떡을 찌게 하였는데, 그것을 '화고花糕'라고 하였다.[14]

화조花朝는 원래 중국에서 유래된 것인데, 그 내용은 중국의 세시풍속과는 다르다.[15] 『용재총화』를 보면, 위의 인용문과 유사한 내용이 수록되어 있다.[16] 화조 풍속은 중국 세시풍속의 영향을 받았지만, 그 내용이 다른바 토착적인 것이라 할 수 있다.

(4) 상사上巳

상사는 3월 3일·삼짇날·삼질을 말하는데, 원사元巳·상사절上巳節·상제上除·중삼일重三日·답청절踏靑節 등으로도 부른다. 상사·원사·상사절은 3월 중 첫 사일巳日을 명절로 했던 중국에서 붙인 이칭이고, 우리나라에서는 상제·중삼·답청절 등의 별칭으로 부르기도 했다. 이 날은 제비 오는 날로 부르기도 하는데, 화전花煎놀이와 같은 꽃구경놀이, 들에 나아가 새로 돋은 풀을 밟으며 나물을 캐는 답청이 유명하다.

> 3월 3일을 상사上巳라 하는데 세속에서 이를 답청절踏靑節이라고 한다. 사람들이 모두 야외野外로 놀러 나가는데, 꽃이 있으면 그 꽃술을 따서 술자리를 벌인다. 또 갓 돋은 쑥을 뜯어서 설기떡雪糕을 만들어 먹기도 한다.[17]

상사 풍속은 중국의 영향을 받은 것으로, 고려시대에는 9대 속절 중의 하나였다. 『송사宋史』에 보면, "고려에는 상사일의 쑥떡을 제일 맛있는 음식으로 친다."고 하였고, 『조선부朝鮮賦』에는 "쑥떡은 중국에는 없는 것"이라 하

---

14 『국역 임하필기 6』, 「춘명일사」, 〈花糕〉, 민족문화추진회, 2000, p.89.

15 졸고, 「용재총화에 나타난 민속 연구」, 『동양고전연구』 38집, 동양고전학회, 2010, p.242.

16 『慵齋叢話』, 第二卷. "二月初一日花朝 乘曉散松葉於門庭 俗言惡其臭 蟲而作針群"

17 『국역 임하필기 3』, 「문헌지장편」, 〈節日〉, 민족문화추진회, 1999, p.3.

였다.[18] 위의 인용문을 보면, 답청과 설고雪糕에 관한 내용을 간략하게 소개하고 있는데, 여기서 설고를 만들어 먹는 풍속은 우리 고유의 것이라 할 수 있다.

(5) 초파일

초파일은 4월 8일, 석가탄일을 말한다.

> 4월 8일에는 등불을 밝힌다. 아이들이 종이를 잘라 깃발을 만들고 물고기의 껍질을 벗겨 북을 만들어서 마을을 돌아다니면서 등불을 켜는 데 쓸 경비를 걸립乞粒을 하는데, 이를 이름 하여 호기呼旗라고 한다. 이날이 되면 집집마다 깃대를 세우고 여기에 등불을 단다.[19]

조선시대는 유교를 국시로 하고 억불숭유정책을 시행했음에도 불구하고, 초파일이 되면 연등을 달고 행사를 했다. 이러한 행사는 비록 고려시대보다는 못하지만, 조선 후기까지 계속되었다. 초파일은 불교가 우리나라에 들어와 오랜 역사를 관류하면서 불교에 국한하지 않고 우리 고유의 전통 명절이 되었다고 볼 수 있다. 그리고 호기呼旗는 오랫동안 풍속으로 전해져 내려온 것이다.

(6) 단오端午

단오는 5월 5일을 말하는데, 단양端陽·중오절重五節·천중절天中節·수릿날 등이라고도 한다.

---

18 국립민속박물관 편, 『한국세시풍속사전(봄편)』, 국립민속박물관, 2005, pp.186~187.
19 『국역 임하필기 3』, 「문헌지장편」, 〈節日〉, 민족문화추진회, 1999, pp.3~4.

5월 5일을 단오端午라고 한다. 이날에는 문 위에 쑥호랑이艾虎
를 매달고 술에 창포菖蒲를 띄워서 먹으며, 도회都會의 사람들은
저잣거리에다 시렁棚을 만들어 세우고 그네뛰기 놀이를 한다.[20]

위의 인용문을 보면, 애호艾虎와 창포주, 추천 등에 대한 내용이 있는데,
애호는 벽사의 상징적 의미를 내포하고 있어 주목할 만하다. 그리고 창포주
마시는 풍속은 중국의 영향에서 생겨난 것이다. 그런데 성현의 『용재총화』
에 보면, 그네뛰기가 당시 조정의 금지 명령으로 인해 성행하지 않는다고
했지만,[21] 이는 조선 전기의 경우이고(조선 전기에도 완전히 금지된 것은 아닌 듯
하다.), 조선 후기에도 행한 것으로[22] 보아 완전히 금지된 것은 아니었던 것
같다.

(7) 유두流頭

유두는 6월 15일을 말하는데, 소두梳頭, 수두水頭라고도 부른다. 소두란
머리를 감는다는 의미이며, 수두란 물 마리(마리는 머리의 옛말임), 즉 물맞이
라는 뜻이다.

6월 15일을 유두流頭라고 한다. 고려에서는 이날 환관宦官의 무
리들이 동쪽 시내에 나가서 더위를 피하였는데, 머리를 풀어 헤
치고 물속에 들어가서 자맥질을 하며 술을 마시면서 상서롭지 못
한 일들을 물리쳤다. 그래서 이날에 물단자떡水團餅을 만들어 먹
었다.[23]

---

20 『국역 임하필기 3』, 「문헌지장편」, 〈節日〉, 민족문화추진회, 1999, p.4.
21 졸고, 앞의 논문, 「용재총화에 나타난 민속 연구」, p.244.
22 국립민속박물관 편, 『한국세시풍속사전(여름편)』, 국립민속박물관, 2005, p.121.
23 『국역 임하필기 3』, 「문헌지장편」, 〈節日〉, 민족문화추진회, 1999, p.4.

유두는 '동류수두목욕東流水頭沐浴'의 약자로, 동쪽으로 흐르는 물에 머리를 감고 목욕을 한다는 뜻이다. 이렇게 하는 것은 부정을 가신다는 의미를 지니고 있기 때문이다. 그런데 동류수東流水에 머리를 감는 까닭은 동방이 청(青)으로 양기가 왕성한 방향이기 때문이다. 그런바 물로 몸과 마음을 통해 정화하는 날이 유두이다. 유두는 신라 때부터 있어 온 명절이다. 이익의 『성호사설』에 보면, "유두는 고려시대에 재앙을 없애려고 기도하던 풍속"[24]이라고 하였다. 그리고 액막이로 모여서 술을 마시는 계음禊飮을 유두연流頭宴이라고도 한다.[25]

한편, '괴엽냉도槐葉冷淘'를 하는 것은 더위를 먹지 않는다는 중국의 풍속에서 유래한 시식時食이다. 그리고 '수단병水團餠'은 흔히 수단이라고도 하는데, 멥쌀가루를 쪄서 구슬같이 만든 다음, 그것을 꿀물에 넣고 얼음에 채워서 먹는 것으로 벽사의 의미를[26] 지니고 있다.

(8) 백종百種

백종은 7월 15일을 말하는데, 백중百中·백중白中·백중百衆·백종절百種節·중원中元·망혼일亡魂日 등이라고도 한다. 불가에서는 우란분재盂蘭盆齋·우란분재일盂蘭盆齋日이라고 한다.

> 7월 15일을 세속에서 백중날百種이라고 부르는데, 승가僧家에서는 이날에 백 가지의 화과花果를 모아서 우란분盂蘭盆 불사佛事를 배설排設한다.[27]

백종은 불가에서 비롯된 것이다. 백종은 석가탄일과 함께 우리의 의식 속

24 『星湖僿說』 제10권, 「人事門」, 〈俗節〉.

25 국립민속박물관 편, 앞의 책, 『한국세시풍속사전(여름편)』, p.290.

26 李杜鉉 外 2人, 『新稿版韓國民俗學槪說』, 一潮閣, 1993, pp.241~242.

27 『국역 임하필기 3』, 「문헌지장편」, 〈節日〉, 민족문화추진회, 1999, p.4.

에 뿌리깊이 박혀있는 불교적 사고에서 이어지는 세시풍속의 하나라고 할 수 있다. 백종은 조선 후기까지도 계속 이어졌다.[28]

(9) 제석除夕

제석은 12월(섣달) 그믐날 밤을 말하는데, 제야除夜·제일除日·세제歲除·세모歲暮·세말歲末·세진歲盡 등이라고도 한다.

> 제석除夕에 악공樂工 한 사람이 창사唱師가 되어 붉은 옷에 가면假面을 쓰고, 방상시方相氏 4인이 황금빛 나는 네 개의 눈이 달린 가면에 곰 가죽을 쓰고, 지군持軍 5인이 붉은 옷에 화립畵笠을 쓰고, 판관判官 5인이 연두색 옷에 화립을 쓰고, 조왕신竈王神 4인이 청포靑袍에 목홀木笏을 들고, 초라니小梅 몇 사람이 여자 모습의 가면을 쓰고 대가 긴 깃발을 들고, 12신神이 각각 자신들의 가면을 쓰는데 예를 들어 자신子神은 쥐 모양의 가면을 쓰고 축신丑神은 소 모양의 가면을 쓰는 것이다. 또 악공 10여 인이 도열桃茢(복숭아나무로 만든 지팡이와 갈대 이삭으로 만든 비)을 들고 이들을 따른다. 그리고 아이들 수십 명을 가려 뽑아서 이들에게 붉은 옷에 가면을 씌워서 아이 초라니侲子를 만들어서 의식이 끝날 무렵에 징을 울리며 역귀疫鬼를 몰아내도록 한다. 섣달의 대나大儺는 광화문光化門과 도성의 흥인문興仁門, 숭례문崇禮門, 돈의문敦義門, 숙정문肅靖門에서 행하는데, 아이 초라니와 방상시의 복색服色과 주사呪辭는 고려高麗의 의식과 같다.[29]

구나의식驅儺儀式은 일 년 동안의 묵은 잡귀를 쫓아내고 새해를 깨끗하게

---

28 국립민속박물관 편, 『한국세시풍속사전(가을편)』, 국립민속박물관, 2006, p.68.
29 『국역 임하필기 3』, 「문헌지장편」, 〈儺禮〉, 민족문화추진회, 1999, p.391.

맞이하려는 의도에서 행하였던 것이다. 이러한 풍속은 고려 정종 때 들어와 조선 후기까지 행해졌다. 대궐과 관아에서의 이와 같은 풍속은 고려와 조선 초기에 관상감에서 행했던 대나의식大儺儀式의 유속이라 할 수 있다.[30]

2) 민속놀이

『임하필기』에 나타난 민속놀이는 세시풍속보다 그 내용이 구체적이다. 이에 대하여 살펴보기로 하자.[31]

(1) 지연紙鳶

연날리기는 정초에 많이 행하는 놀이의 하나이다. 그 내용을 제시하면 다음과 같다.

> 대성臺城이 적군에게 포위당했을 때 양梁나라 무제武帝가 지연으로 성 밖에 위급을 알렸으나 지원병이 오지 않았다. 김수변金守 汴이 말하기를, '지연을 만든 다음 그 위에 문서를 얹어서 띄워 보내되 북영北營에 이르면 줄을 끊어서 사로잡혀 간 자들을 이끌어 냅시다.' 하니, 식자識者들이 재상宰相에게 이르기를, '그 방법으로 적을 물리치기는 어렵습니다.' 하였다. 그러나 당나라의 장비張 伾는 임명臨洺을 지키고 있다가 전열田悅에게 공격을 당했을 때에 마수馬燧 등의 구원병이 오지 않자 장비가 급히 지연을 띄웠는데, 그 지연이 전열의 진영을 지나갈 때 전열이 활을 쏘았으나 지연에 미치지 못하였으므로 그 지연은 무사히 마수의 진영에 떨어졌다. 그 지연에 '3일 이내에 구원해 주지 않는다면 임명 사람들이 전열에게 궤멸당할 것이다.'라는 말이 있는 것을 보고 마수 등이

---

30 국립민속박물관 편, 『한국세시풍속사전(겨울편)』, 국립민속박물관, 2006, p.233.

31 민속놀이의 경우, 궁중놀이와 민간놀이로 나누어 논의할 수도 있지만, 여기서는 편의상 구분하여 다루지 않았음을 밝힌다.

드디어 진군하여 포위를 풀었으니, 이 지연도 때로는 구제용으로 쓰인다. 우리나라에서는 지연으로 놀이를 하는데, 정월 초하룻날 시작하여 대보름에 끝낸다.[32]

중국의 고사와 우리나라의 연날리기에 대하여 간단히 언급하고 있는데, 우리나라의 연날리기에 대한 내용은 자료적 가치가 없다. 그러나 전쟁 때 구제용으로 사용했다는 중국의 고사는 참고할 만하다.

(2) 답교踏橋놀이

정월 보름날 밤에 사람들이 거리로 나와 다리를 밟는데, 이를 답교 또는 다리밟기라고 한다.

영묘조英廟朝에 일찍이 대궐 안에 실록청實錄廳을 설치하여 당상 관과 낭청이 병직竝直하였는데, 대제학은 백하白下 윤순尹淳이고, 낭청은 충정공忠靖公 김재로金在魯, 충헌공忠憲公, 송인명宋寅明, 풍 원豐原 조공趙公, 오천梧川 이종성李宗城이었다. 상원일上元日 밤을 맞아 금천교禁川橋에서 답교놀이를 하기로 약속하였는데, 마침 문 형文衡을 입시入侍하게 하라는 명이 있어 윤공은 함께하지 못하였 다. 여러 낭청들이 '사모답교紗帽踏橋'로 제목을 내어 시를 지어 서 로 보여 주었다. 뒤에 네 낭청은 서로 이어 입각하였는데 윤공만 은 들지 못하였으니, 정승이 되지 못할 운명이어서 답교 모임에 함께하지 못한 것인가. 내가 일찍이 갑진년(1844, 헌종10) 상원일 에 한각翰閣의 동료들과 함께 금천교를 밟으면서 그 일을 들어 우 스갯소리를 하였다. 함께 놀던 사람은 규재圭齋 남병철南秉哲, 주 계周溪 정기세鄭基世, 송간松磵 조병준趙秉駿, 풍계楓溪 김세균金世均,

32 『국역 임하필기 7』, 「화동옥삼편」, 〈紙鳶〉, 민족문화추진회, 2000, pp.147~148.

양곡暘谷 조봉하趙鳳夏 등 제공諸公으로서 모두 경재卿宰에 올랐고, 나 혼자만 먼저 정승이 되었다. 전후의 일이 현격하게 다르게 된 것을 스스로 부끄럽게 여겼다.[33]

다리밟기踏橋라는 것이 있는데, 고려의 풍속에서 다리 병을 물리치는 놀이로 하였던 것이다. 속담에, '하룻밤에 열두 다리를 밟으면 열두 달의 재액을 없앨 수 있다.' 하였는데, 임진왜란 후에 이 풍속이 점점 사라졌다.[34]

영조 때 사대부들의 금천교에서의 답교놀이 일화와 이유원과 동료들의 금천교에서의 답교놀이, 그리고 고려의 풍속에서 다리 병을 물리치는 놀이로 다리밟기를 하였다는 기록과 속담에 '하룻밤에 열두 다리를 밟으면 열두 달의 재액을 없앨 수 있다'는 내용이다. 이유원은 문헌에 나타난 답교놀이와 자신이 금천교에서 실제로 행했던 다리밟기를 기록으로 남기고 있다. 원래 다리밟기는 중국의 한나라나 당나라 때부터 있어 왔던 고대의 풍습이다.[35] 그런데 『동국세시기』를 보면, "이수광의 『지봉유설』에는 정월 보름날 밤의 다리밟기는 고려 때부터 시작되었다."[36]고 하였는데, 이는 잘못인 듯하다. 위의 인용문에 있는 다리밟기 기사는 자료적으로 가치가 있다고 하겠다.

(3) 처용무處容舞
처용놀이는 매년 제야 전날 밤에 궁중에서 한다.

처용놀이는 신라에서 시작된 것이다. 헌강왕憲康王 때에 어떤

---

33 『국역 임하필기 6』, 「춘명일사」, 〈紗帽踏橋〉, 민족문화추진회, 2000, pp.128~128.

34 『국역 임하필기 7』, 「화동옥삼편」, 〈上元雜事〉, 민족문화추진회, 2000, p.144.

35 이강로, 『세시풍속과 민속놀이』, 세종대왕 기념 사업회, 1988, p.78. 다리밟기는 고려 때 성행되고 풍기가 문란해서 금지한 일도 있었다.(같은 책, 같은 곳.)

36 최대림, 앞의 책, p.53.

신인神人이 개운포開雲浦에 나타나서 왕도王都로 들어왔는데 그가 이 가무歌舞를 잘하였다고 한다. 세종世宗 때에는 그 가사를 고쳐 짓고서 이름하여 봉황음鳳凰吟이라 하였으며, 세조世祖 때에는 그 제식制式을 늘려서 연주하였다. 처음에는 승도僧徒들의 불공드리는 것을 모방하여 여러 기생들이 함께 영산회상靈山會相을 제창齊唱하고 악공樂工들이 각기 악기를 가지고 연주를 하며 한 쌍의 학인鶴人과 다섯의 처용處容과 열 사람의 가면假面들이 모두 이를 따른다. 또 연화대희蓮花臺戲를 하는데 연못 앞에 큰 연꽃봉오리를 만들어 놓고는 작은 기생이 그 안에 들어가서 보허자步虛子를 음악으로 연주한다. 그리고 쌍학雙鶴이 그 곡을 따라서 춤을 추다가 나아가서 연꽃봉오리를 터뜨리면 한 쌍의 작은 기생이 연꽃 속에서 뛰쳐나와 뛰면서 춤을 춘다. 그리고 또 다른 기생이 나무아미타불을 부르다가 다시 관음찬觀音贊을 하면서 세 바퀴를 두루 돌아서 밖으로 나오는 것이다. 그런데 창경궁에서는 기악妓樂을 쓰고 창덕궁에서는 가동歌童을 쓰는바, 먼동이 틀 때까지 음악을 연주하고 악공과 기생들에게 각각 포물布物을 내려 주어서 벽사辟邪를 하도록 한다.[37]

위의 인용문을 보면, 처용놀이의 유래와 처용가무의 형성, 궁중에서의 행사 등을 기록으로 남기고 있다. 그런데 위의 기록은 『용재총화』에 실린 내용보다 더 자세하지도 않을 뿐만 아니라, 그 내용도 유사하다.[38] 아마 이유원이 성현의 『용재총화』에 수록된 내용이나 아니면 『용재총화』의 내용을 보고 기록으로 남긴 다른 문헌을 참고하여 기술한 듯하다.

37 『국역 임하필기 3』, 「문헌지장편」, 〈處容舞〉, 민족문화추진회, 1999, pp.51~52.
38 졸고, 앞의 논문, 「용재총화에 나타난 민속 연구」, pp.249~250 참조.

(4) 관화觀火

관화는 불꽃놀이를 말하는데, 처용놀이와 연관이 있다.

> 관화례觀火禮는 군기시가 주관하는데, 두꺼운 종이를 겹겹이 겹
> 쳐 만든 포통砲筒 안에 석유황石硫黃, 염초焰硝, 반묘斑猫, 유회柳灰
> 등을 채우고는 그 끝에 불을 붙이는 것이다. 그러면 연기가 나고
> 불길이 치솟아서 포통의 종이가 모두 파열하면서 그 소리가 천지
> 를 진동한다.[39]

불꽃놀이 과정을 간단하게 소개하고 있는데, 앞서 언급한 처용놀이와 마
찬가지로 『용재총화』에 수록된 내용이나 아니면 『용재총화』의 내용을 보고
기록으로 남긴 다른 문헌을 참고하여 기술한 것 같다. 『동국세시기』를 보
면, "관화는 궁중에서 하던 나례儺禮의 역질 귀신을 쫓는 행사의 유풍으로
중국의 풍습을 모방한 것인데, 우리나라에서는 궁중 안에서만 이런 행사를
한다."[40]고 하였다. 위의 기록으로 짐작컨대, 조선 후기에는 조선 전기 보다
그 행사가 축소된 듯하다.[41]

(5) 나례儺禮

구나驅儺 의식은 섣달 그믐날 밤인 제석의 전야에 하는데, 관상감에서 주
관한다.

---

39 『국역 임하필기 3』, 「문헌지장편」, 〈處容舞〉, 민족문화추진회, 1999, p.52.

40 최대림, 앞의 책, p.128.

41 졸고, 앞의 논문, 「용재총화에 나타난 민속 연구」, pp.250~251 참조. 『동국세시기』에는 "대궐 안에
서 제석 전날부터 대포를 쏘는데, 이를 年終砲라 한다. 火箭을 쏘고 징과 북을 올리는 것은 곧 大儺
의 역질 귀신을 쫓는 행사의 남은 제도이다."라고 하였다. 이로써 보면, 『동국세시기』 저작 당시에는
이미 변형되었던 것을 짐작할 수 있다.(李杜鉉 外 2人, 앞의 책, p.259.) 觀火는 조선 후기에 이르면
축소 뿐 아니라 변형되었을 가능성도 있다. 그러나 위의 인용문만으로는 변형되었다고 언급하기가
어렵다.

구나驅儺에 관한 일은 관상감觀象監이 이를 주관한다. 제석除夕에 악공樂工 한 사람이 창사唱師가 되어 붉은 옷에 가면假面을 쓰고, 방상시方相氏 4인이 황금빛 나는 네 개의 눈이 달린 가면에 곰 가죽을 쓰고, 지군持軍 5인이 붉은 옷에 화립畫笠을 쓰고, 판관判官 5인이 연두색 옷에 화립을 쓰고, 조왕신竈王神 4인이 청포靑袍에 목홀木笏을 들고, 초라니小梅 몇 사람이 여자 모습의 가면을 쓰고 대가 긴 깃발을 들고, 12신神이 각각 자신들의 가면을 쓰는데 예를 들어 자신子神은 쥐 모양의 가면을 쓰고 축신丑神은 소 모양의 가면을 쓰는 것이다. 또 악공 10여 인이 도열桃列(복숭아나무로 만든 지팡이와 갈대 이삭으로 만든 비)을 들고 이들을 따른다. 그리고 아이들 수십 명을 가려 뽑아서 이들에게 붉은 옷에 가면을 씌워서 아이 초라니侲子를 만들어서 의식이 끝날 무렵에 징을 울리며 역귀疫鬼를 몰아내도록 한다. 섣달의 대나大儺는 광화문光化門과 도성의 흥인문興仁門, 숭례문崇禮門, 돈의문敦義門, 숙정문肅靖門에서 행하는데, 아이 초라니와 방상시의 복색服色과 주사呪辭는 고려高麗의 의식과 같다. 관상감 관원이 나자儺者를 거느리고 새벽에 근정문勤政門 밖에 나아가면 승지가 역귀를 쫓을 것을 계청한다. 그러면 내정內庭으로 들어가서 서로 창화唱和하며 사방에다 대고 부르짖기를 마친 뒤 북을 치고 떠들면서 광화문으로 나오는데, 매 대隊마다 횃불을 든다. 마침내 사문四門의 성곽 밖에 이르면, 봉상시奉常寺의 관원이 미리 수탉과 술을 준비하고 있다가 나자가 문을 나오려고 하면 문 가운데에 신석神席을 펴고 희생犧牲의 가슴을 벽고璧辜하여 찢어서 신석의 서쪽에 자리를 깔고 제사를 지낸 뒤, 끝나면 닭과 축문을 땅에 묻는다.[42]

42 『국역 임하필기 3』, 「문헌지장편」, 〈儺禮〉, 민족문화추진회, 1999, p.391.

구나의 주관 관청 및 의식 행사에 대한 기록은 『용재총화』의 내용[43]과 유사하다. 그러나 위의 인용문 중 "관상감 관원이 나자儺者를 거느리고~끝나면 닭과 축문을 땅에 묻는다."는 부분은 『용재총화』에는 없는 내용이다. 그러므로 이 기록은 자료적 가치가 있다고 하겠다.[44] 조선 후기에 나례 의식이 변모되었을 가능성도 있는 듯하다. 그리고 앞에서 언급한 처용무와 관화는 나례와 관련이 있다.

(6) 가면假面과 산붕희山棚戲·동환희橦絙戲

『임하필기』에는 가면과 산붕희와 동환희에 대한 기록이 있다. 이를 제시하면 다음과 같다.

> 가면은 『주례周禮』 방상시方相氏에서 기원하니, 황금 눈이 네 개 달린 가면을 만들어 귀신을 쫓았던 것이다. 『후한서後漢書』 「예의지禮儀志」에 '대나人儺의 의식이 있으며, 짐승을 그린 나무 가면으로 나儺를 행한다.'라고 한 것이 그 시초이다. 북제北齊 난릉왕蘭陵王 고장공高長恭이 가면을 쓰고 주周나라 군대와 금용성金塘城 아래에서 전투를 하였는데, 제齊나라 사람들이 그것을 장하게 여겨 난릉무蘭陵舞라 하였다. 송宋나라 적청狄靑은 전투를 할 때마다 철면鐵面을 휴대하였다. 철로 만든 것은 군중에서 사용하는 것이었기 때문이다. 우리나라에 있는 산붕희山棚戲·동환희橦絙戲는 모두 목원木楥을 사용하였으며, 삼남 지방에 많이 있다. 옛날에 칙사를 맞이할 때 길 왼편에 도열하였다. 또 절구에 옷을 입혀 문 앞에 서 있는 부인의 자태를 형상한 것이 있었는데, 지금은 모두 없어

---

43 驅儺의 주관 관청과 의식 행사 등에 대한 자세한 내용은 『용재총화』제1권(南晩星 譯, 『慵齋叢話』, 良友堂, 1988, pp.50~51)에 실려 있다.

44 儺禮는 『오례의』에도 있지만, 중요한 것은 당시 실제로 행했던 내용을 기록으로 남기고 있어 자료적 가치가 있다.

졌다.[45]

가면假面의 기원과 시초에 대하여 중국 문헌을 참고·인용하고, 중국의 고사를 예로 든 후, 우리나라의 산붕희山棚戲와 동환희橦絙戲의 재질과 많이 행하는 지역 등을 언급하고 있다. 『미암일기』에 산대山臺놀이·채붕綵棚놀이·윤붕輪棚놀이·오산잡희鰲山雜戲 등의 기록이 있는바, 궁중이나 민간에서 성행한 것으로 보인다. 특히 중국의 사신들이 올 때마다 공연장을 마련하여 (주로 궁궐이나 4대문 대로大路에서 공연한 듯함.) 이 같은 놀이와 재인才人들의 공연을 실시하게 하였다는 기사가 있다.[46] 이로써 짐작컨대 이러한 놀이들이 16세기까지 행해졌던 것으로 보인다. 그런데 위의 인용문을 보면, 산붕희·동환희의 경우 이유원이 생존했던 19세기에는 사라진 듯하다. 위의 인용문의 내용은 자료적으로 가치가 있다.

(7) 투호投壺

투호投壺는 화살을 병 속에 던져 넣어서 승부를 가리는 놀이이다.

> 성현成俔이 이르기를, '조정에서는 매번 상사일上巳日과 중양절重陽節에 기로연을 보제루普濟樓에서 베풀고 또 기영연耆英宴을 훈련원訓鍊院에서 베푸는데, 모두 술과 음악을 하사한다. 기로연은 전함前啣의 당상堂上들이 나아가고, 기영연은 정1품 이상의 종실, 70세 이상이면서 2품 이상인 재신宰臣, 경연經筵 당상관이 나아간다. 예조 판서가 살펴 잔치를 주도하고 승지도 명을 받들고 나아간다. 짝을 지어 투호投壺 놀이를 하는데, 진 자가 술잔을 가져다가 이긴 자에게 주어 그 자리에서 마시도록 한다. 악장樂章을 연

---

45 『국역 임하필기 7』, 「순일편」, 〈假面〉, 민족문화추진회, 2000, p.20.
46 졸고, 「미암일기에 나타난 민속 일고찰」, 『동아시아고대학』 15집, 2007, pp.384~386.

주하여 흥을 돋운다. 마침내 잔치를 열게 되면 사죽絲竹으로 만든 여러 악기를 크게 벌이되 각각 차례대로 하며, 술잔을 서로 전하여 반드시 취한 뒤에야 그만두었다. 날이 저문 뒤에 부축을 받고 나오니, 이 모임에 참석할 수 있는 것을 사람들이 모두 영예로이 여겼다.' 하였다.[47]

투호는 조정에서 매년 上巳日과 중양절에 耆老宴과 耆英宴을 베풀고 술과 풍악을 하사할 때 하던 놀이이다. 위의 기록은 이유원이 성현의 『용재총화』에 수록된 내용을 인용한 것으로 보인다. 『예기』에 보면, 투호는 주인이 손님을 대접하는 한 방법으로 했다고 한다. 이 놀이는 대개 궁중이나 상류층에서 하던 놀이로, 삼국시대에 중국에서 들어와 널리 행하게 되었다.[48]

(8) 승관도陞官圖·선선도選仙圖·승경도陞卿圖

승관도는 높고 낮은 벼슬자리를 종이 위에 벌여 놓고 명경明瓊을 던져서 점수의 많고 적음에 따라 올라가고 내려가는 것을 정하는 놀이이다. 선선도는 주사위를 사용하여 색깔을 견주어 열선列仙에 이르는 놀이이다. 승경도는 일명 종정도從政圖라고도 하는데, 하륜河崙이 만든 것으로 벼슬의 종류를 품계에 따라 차례로 넓은 종이에 써놓고 주사위를 굴려서 정한 규칙에 따라 올라가기도 하고 내려가기도 하게 만든 놀이이다.

세속의 대국對局 놀이에 승관도라는 것이 있다. 높고 낮은 벼슬자리를 종이 위에 벌여 놓고 명경明瓊을 던져서 점수의 많고 적은 것을 가지고 올라가고 내려가는 것을 정한다. 상고하건대, 당나라 방천리房千里의 『투자선격서骰子選格序』에 이르기를, '혈격穴

---

47 『국역 임하필기 4』, 「문헌지장편」, 〈耆老宴〉, 민족문화추진회, 1999, p.110.
48 이강로, 앞의 책, p.223.

牌을 가지고 쌍쌍이 짝을 지어 놀이를 한다. 번갈아 가며 판 위에 던져서 숫자의 많고 적은 것을 가지고 관직에 나아가는 차등을 정한다. 숫자가 많으면 귀하게 되고 숫자가 적으면 천하게 된다. 그래서 하급 관리가 되고 만자도 있고 귀하게 장상將相이 되는 자도 있다.' 하였다. 일명 백관탁百官鐸이라고도 하는데, 명나라 예홍보倪鴻寶(예원로倪元璐)가 만들었다 하나 당나라 이래로 이미 있어 왔다. 또 송나라 때에 선선도選仙圖가 있었는데, 또한 주사위를 사용하여 색깔을 견준 결과 제일 나은 자가 산선散仙이 되고 그다음이 상동선上洞仙이 된다. 이러한 식으로 점점 봉래蓬萊·대라大羅 등 열선列仙에 이르니, 역시 채선격彩選格의 일종이다. 『요사遼史』에 의하면, '흥종興宗이 사람을 쓸 때 자신이 직접 고르지 않고 각자 주사위를 던지게 해서 이긴 자를 뽑아서 벼슬을 시켰다.' 하였으니, 정말로 주사위를 가지고 벼슬아치를 뽑았던 것이다. 우리나라에는 승경도陞卿圖라는 것이 있는데, 일명 종정도從政圖라고도 한다. 또 남승도覽勝圖라는 것도 있는데, 이와 비슷하게 판을 늘어 놓는다.[49]

위의 내용을 보면, 승관도와 선선도의 중국(唐·宋)에서의 유래와 놀이 방식, 그리고 승관도를 만든 사람과 우리나라에서 행했던 승경도에 대하여 언급하고 있다. 그런데 우리나라에서도 극락과 지옥 사이의 도정道程을 종이에 도면으로 그려 놓고 주사위를 던져 올라가고 내려가게 하여 승부를 결정하는 불가의 놀이인 성불도가 있다.[50] 승경도는 승관도와 성불도, 특히 승관도를 참고 모방하여 만든 것으로 추정된다. 위의 기록은 자료적으로 가치가 있다.

---

49 『국역 임하필기 7』, 「화동옥삼편」, 〈陞官圖〉, 민족문화추진회, 2000, p.147.
50 졸고, 앞의 논문, 「용재총화에 나타난 민속 연구」, p.252 참조.

(9) 석전石戰

석전은 정월 대보름날 사람들이 양쪽으로 나누어 서로 돌팔매질을 하는 편싸움이다.

> 안동安東과 김해金海 두 부府의 풍속에, 매년 정월 16일이 되면 돌을 던져 놀이를 함으로써 승부를 겨룬다. 정덕正德 경오년(1510)에 왜적이 침입하여 노략질을 하자, 방어사防禦使 황형黃衡과 유담년柳聃年이 두 부의 돌팔매질을 잘하는 자를 모집하여 선봉先鋒을 삼아 마침내 왜적을 대파하였다.[51]

위의 내용은 문헌을 참고하여 1510년에 있었던 사실을 기록한 것이다. 석전은 본래 우리의 고유한 세시풍속의 하나이다. 석전은 고대의 농경의례에서 비롯된 것으로, 고구려시대에는 상무적尚武的 의례로 시행되기도 하였다고 한다.[52] 위의 내용은 왜구의 침략을 물리친 실화를 기록한 문헌을 참고하여 쓴 것이다.

(10) 선화패宣和牌

선화패는 골패骨牌를 말하는데, 두 사람 혹은 네 사람이 둘러앉아서 한 짝을 내고 한 짝을 맞추고 하는 놀이이다.

> 선화패는 바로 골패骨牌이다. 『홍서鴻書』에 이르기를, '아패牙牌는 서른두 짝에 모두 227점을 기록하였으니 성신星辰을 살피는 것이고, 천패天牌는 두 짝에 24점을 기록하였으니 하늘의 24절기를 형상화한 것이고, 지패地牌는 두 짝에 4점이니 땅의 동서남북

---

51 『국역 임하필기 5』, 「문헌지장편」, 〈嶺南三邑石戰〉, 민족문화추진회, 1999, p.407.

52 李杜鉉 外 2人, 앞의 책, p.223.

을 형상화한 것이고, 인패人牌는 두 짝에 16점이니 사람의 인의예
지仁義禮智는 인성人性의 벼리로서 측은惻隱히 여기고 부끄러워하
고[羞惡] 사양辭讓하고 시비是非를 가리는 마음으로 발로됨을 형상
화한 것이다. 화패和牌는 두 짝에 8점이니 태극 원기太極元氣가 여
덟 절기 사이에 유행하는 것을 형상한 것이다.' 하였다.[53]

위의 내용은 『홍서鴻書』를 인용하여 선화패의 아牙·천天·지地·화패和牌의
점수와 그 의미를 기술한 것이다. 자료적 측면에서 나름대로 참고할만한 것
같다.

(11) 엽자희葉子戲와 투전投牋

엽자희와 투전에 대한 내용인데, 우리나라에서 행했던 투전은 노름의 일
종이다.

구양공歐陽公이 이르기를, '당나라 사람들이 모이는 자리에는
엽자격葉子格이 성행하였다. 원문袁文이 이르기를, 이것은 당나라
의 운명을 예언한 말이다. 하였는데, 엽자葉子라는 두 글자를 분
석해 보면, 엽葉 자의 절반은 입세卄世라는 글자이고 나머지는 목
木 자이다. 이 목 자에 아래의 자子 자를 보태면 이李 자가 되니,
이것은 바로 입세이卄世李로서 당나라 20제帝의 숫자와 일치한
다.' 하였다. 『남당서南唐書』에는, '이후주李後主의 비妃 주씨周氏가
또 금엽자격金葉子格을 만들었다.' 하였는데, 바로 오늘날의 지패
紙牌이다. 우리나라에서는 투전投牋을 지패라고 하는데, 중국의 제
도와 같으면서도 약간 다르니, 내가 일찍이 보았던 것이다.[54]

---

53 『국역 임하필기 6』, 「춘명일사」, 〈宣和牌〉, 민족문화추진회, 2000, p.107.
54 『국역 임하필기 7』, 「화동옥삼편」, 〈葉子戲〉, 민족문화추진회, 2000, p.146.

엽자희의 일화와 지패의 시초, 그리고 우리나라 투전에 대한 간단한 언급과 함께 이유원이 실제로 보았다는 기록이다. 여기서는 엽자희의 일화와 지패의 시초에 대한 내용이 참고할만한 듯하다.

(12) 골자骨子와 소골희小骰戲
골자와 소골희는 주사위로 하는 놀이이다. 그 내용은 다음과 같다.

> 주사위는 본래 위魏의 진사왕陳思王(조식曹植)이 만든 것인데, 사기를 구워서 만든 것이다. 『설부說郛』에 이르기를, '박투博骰는 본래 질박하게 만들었는데, 당나라 때에 와서 뼈를 파서 구멍을 내고 거기에 주묵朱墨을 섞어서 칠한 다음 다시 붉은 상사자相思子를 취하여 구멍 속에 넣었다. 지금 주사위는 네 개의 구멍 위에 붉은색이 가해졌는데, 역시 본받은 바가 있는 것이다.'하였다. 『언청言鯖』에는 이르기를, '당나라 때의 투경投瓊은 한 점만 붉은색을 칠하고 나머지 다섯 점은 모두 검은색을 칠하였다. 이동李洞의 시구에 여섯 개의 붉은색은 도장을 던져 놓은 듯 [六赤重新投印成]이라는 말이 있다. 또 혈격穴格이라 이름하고, 혹은 명경明瓊이라고도 하며, 혹은 투자投子라고도 하는데, 대개 투척投擲의 뜻을 취한 것이다. 남당南唐 때 의조義祖 앞에서 박희博戲를 하면서 여섯 개의 주사위를 손에 거머쥐고는, 정말 지지 않으시려거든 공은 한 번 던져서 모두 붉은 면이 나오게 하시오. 하였는데, 주사위를 던지자 과연 여섯 개의 주사위가 모두 붉은 면이 나왔으니, 이른바 육홍六紅이다.' 하였다. 우리나라에는 소투희小骰戲가 있으니 12조각에 2·4·7은 붉은색으로 만들고 상격上格이라 칭하는데, 위의 놀이에 가깝다.[55]

---

55 『국역 임하필기 7』, 「화동옥삼편」, 〈骰子〉, 민족문화추진회, 2000, p.146.

골자를 만든 사람, 재질, 만드는 방법 및 일화, 그리고 우리나라 소골희에 대하여 간단하게 언급한 내용이다. 골자를 만든 사람, 재질, 만드는 방법 및 일화에 대한 기록은 참고할만한 것 같다.

3. 결어

이 글은 지금까지 『임하필기』에 나타난 세시풍속과 민속놀이에 대하여 살펴보았다. 앞에서 논의한 사항들을 종합하여 결론으로 삼겠다.

세시풍속의 경우, 내용도 간단할 뿐만 아니라, 19세기에 행했던 세시풍속 보다는 주로 조선 전기나 후기 문헌들에 수록된 세시풍속을 참고 인용하여 기록으로 남기고 있다. 그리고 이유원이 참고한 문헌들을 밝히지 않은 부분도 있어 출전을 확인하기가 어렵다. 이런 점에서 한계를 노출시키고 있다. 그럼에도 불구하고 원조元朝 때 행했던 청참聽讖의 유래와 변모, 상원上元 시 행했던 곡식 이삭 늘어놓기 행사, 화조花朝 풍속 행사의 토착성, 상사일上巳日에 설고雪糕를 만들어 먹는 풍속의 고유성, 제석除夕 때 행했던 나례의식儺禮儀式 등은 주목할 만하다.

민속놀이의 경우, 내용이 세시풍속보다는 길지만, 전체적으로 볼 때 간단한 편이다. 그리고 19세기에 행했던 민속놀이보다는 주로 조선 전기나 후기 문헌들에 수록된 민속놀이를 참고 인용하여 기록으로 남기고 있다. 아울러 필자가 본 논문에서 언급한 민속놀이의 반 정도가 중국의 문헌을 인용하고 있을 뿐만 아니라 우리 민속놀이보다 먼저 제시하고 있고, 내용소개도 우리 것보다 길다. 또 세시풍속보다는 덜 하지만 참고한 문헌들을 밝히지 않은 부분도 있어 출전을 확인하기도 쉽지 않다. 이로 인해 아쉬움을 주고 있다. 그러나 지연紙鳶을 전쟁 때 구제용으로 사용했다는 중국의 고사, 이유원의 금천교에서의 다리밟기, 나례 의식 행사 중 새벽 근정문 밖에서 승지가 역귀 쫓는 계청서부터 끝나는 부분, 가면假面의 기원과 시초, 산붕희山棚

戱와 동환희橦綯戱의 재질과 많이 행하는 지역, 승관도陞官圖와 선선도選仙圖의 중국(唐·宋)에서의 유래와 놀이 방식, 승관도를 만든 사람, 선화패宣和牌의 아牙·천天·지地·화패和牌의 점수와 의미, 엽자희葉子戱의 일화와 지패紙牌의 시초, 골자骰子를 만든 사람, 재질, 만드는 방법 및 일화 등은 참고가 되거나 자료적으로 가치가 있다.

그러므로 『임하필기』에 나타난 세시풍속과 민속놀이는 민속학적으로 의미가 있다.

| 참고문헌

『林下筆記』(영인본), 성균관대 대동문화연구원, 1961.

『국역 임하필기』, 민족문화추진회, 1999·2000.

『星湖僿說』.

국립민속박물관 편, 『한국세시풍속사전(봄·여름·가을·겨울 편)』, 국립민속박물관, 2005·2006.

_____ , 『한국세시풍속자료집성-조선후기문집』, 국립민속박물관, 2005.

남만성 역, 『용재총화』, 양우당, 1988.

최대림 역해, 『신역 동국세시기』, 홍신문화사, 2006.

남형일, 「임하필기 연구」, 단국대대학원 석사학위논문, 2002.

송재용, 「미암일기에 나타난 민속 일고찰」, 『동아시아고대학』 15집, 2007.

_____, 「용재총화에 나타난 민속 연구」, 『동양고전연구』 제38집, 동양고전학회, 2010.

_____, 「임하필기에 나타난 의례 연구」, 『동아시아고대학』 24집, 동아시아고대학회, 2011.

안대회, 「해제」, 『국역 임하필기 1』, 민족문화추진회, 1999.

이강로, 『세시풍속과 민속놀이』, 세종대왕 기념 사업회, 1988.

이두현 외 2인, 『신고판한국민속학개설』, 일조각, 1993.

이민홍, 「귤산 이유원론」, 『한국한문학연구』 24집, 한국한문학회, 1999.

정병학, 「해제」, 『임하필기』, 성균관대 대동문화연구원, 1961.

함영대, 「임하필기 연구-문예의식을 중심으로」, 성균관대대학원 석사학위논문, 2001.

근대에 등장한 이중과세의 지속과 변용

서종원_단국대학교 동양학연구원 연구교수

서영수_단국대학교 교수

1. 서론

오늘날까지 행해오고 있는 우리네 풍습 가운데는 그 역사가 오래되지 않은 것들이 의외로 많다. 신식 결혼식은 물론이거니와 우리가 먹고 있는 다양한 음식, 즐겨 입는 의복 등 여러 분야에서 이런 모습을 확인할 수 있다.

민속학이라는 학문을 접하기 전인 어린 시절부터 궁금했던 것 중에 하나가 바로 이중과세이다. 정확하게 말하자면 그 때는 이중과세라는 용어 자체를 몰랐다. 궁금함을 해결하고자 어떤 연유로 설을 두 번 쇠는 지를 어른들께 물으면 항상 오래전부터 있었다는 말만 들을 수 있었다. 본격적으로 민속학을 공부하면서 마을의 어른들이 해주었던 말이 완벽한 답이 아님을 알았지만, 관심이 없었던 탓에 이 문제에 천착하지 못하였다.

민속학 연구자가 아니더라도 누구나 한 번쯤 관심을 갖는 주제가 바로 이중과세다. 설이라는 풍습이 우리네 생활에서 중요한 연유도 있겠지만 짧은 기간(일 년) 동안 두 번 설을 쇠는 현상을 바람직한 것으로 보는 사람이 드물기 때문이다. 필자가 어린 시절 가졌던 생각도 이와 비슷했으리라 생각된다. 하지만 막상 자료를 찾고 연구를 진행하는 과정에서 결코 쉽지 않은 주제임을 체감할 수 있었다.

이중과세는 한 해에 두 번 설을 쇠는 것을 의미한다. 우리가 흔히 신정과 구정이라 부르는 용어가 그것인데, 양력설이 신정新正이고, 음력설이 구정舊正이다. 이런 점에서 이중과세는 양력이 등장한 근대부터 생겨났을 가능성이 농후하다. 실제로 오늘날까지 영향을 주고 있는 이중과세는 바로 근대에 생겨난 문화현상이다. 보다 정확하게 말하자면 양력과 음력이라는 대립선상에서 생겨난 근대의 부산물이다.

적지 않은 이들이 이중과세에 관심을 가지고 있음에도 불구하고 이중과세만을 집중적으로 다룬 연구물을 그리 많지 않다. 특히 민속학에서 이중과세를 다룬 연구가 생각보다 적다는 사실에서 놀라움을 감출 수 없었다. 몇몇 연구를 통해 이중과세에 대한 전반적인 내용, 가령 등장시기, 이중과세로 인한 근대의 설날(양력, 음력) 분위기 등이 소개되었다는 점에서 아쉬움을 달랠 수 있었다. 민속학에서는 안주영이 2010년 한국민속학회 동계학술대회에서 발표한 「일제강점기 경성의 이분화 된 설-양력설과 음력설을 둘러싼 갈등을 중심으로-」[1]가 대표적이다. 그리고 김명자는 「근대화에 따른 세시풍속의 변동과정」이라는 글에서 이중과세가 등장하게 된 당시의 시대적 배경을 간략하게 언급하였다.[2]

본격적인 논의는 아니지만 근대의 이중과세 실상을 엿볼 수 있는 자료 가운데 당시의 잡지와 신문이 있다. 잡지와 신문에 소개된 세시풍속 자료를 선별하여 자료집으로 엮은 국립민속박물관의 『한국세시풍속자료집성 신문·잡지 편(1876~1945)』에는 당시의 이중과세를 엿볼 수 있는 자료들이 실려 있다. 특히 후반부에 실린 강정원의 「근대 신문 및 잡지에 나타난 세시풍속」 4장(근대 세시풍속의 특성)에서 이중과세를 간략하게 다루고 있다.

하지만 민속학에서 이중과세를 집중적으로 논의한 연구물은 생각보다 많지 않다. 많지 않다는 표현보다 거의 없다는 표현이 적절한 것 같다. 위에서 소개한 자료 이외에 개략적으로 이중과세 문제를 다룬 연구가 더 있을 수 있겠지만, 분명한 사실은 집중적으로 이 문제만을 다룬 연구는 안주영의 연구 이외에 찾아보기 어려웠다. 다행스럽게도 역사학을 비롯해 여타의 학문에서 이루어 놓은 연구 성과를 통해 근대시기 이중과세의 등장 배경을 정리할 수 있었다.

그런데 현 시점에서 우선적으로 해결해야 할 과제가 남아 있다. 본격적으로 이중과세가 언제 시작되었으며, 어떤 연유로 이러한 문화가 생겨나게 되었는지를 보다 명확하게 정리할 필요가 있다는 점이 그것이다. 왜냐하면 이중과세의 등장과 정착 과정을 보면 개화기와 일제강점기라는 두 시기의 양

---

1 안주영, 「일제강점기 경성의 이분화 된 설-양력설과 음력설을 둘러싼 갈등을 중심으로-」, 『2010년 한국민속학회 동계학술대회발표자료집』, 2010.
2 김명자, 「근대화에 따른 세시풍속의 변동과정」, 『세시풍속의 역사와 변화』, 서해숙 엮음, 민속원, 2010, pp.252~253.

상이 사뭇 달랐기 때문이다. 무엇보다 이중과세는 이 시기에 전통과 근대가 충돌 과정에서 만들어진 새로운 형태의 문화라는 사실을 부정해서는 안 될 것이다.[3] 그런 점에서 이중과세가 생겨나게 된 당시의 시대적 배경 등을 보다 면밀히 분석하여 이중과세의 실체를 밝혀내는 일은 무척 중요하다고 생각된다.

이중과세가 생겨난 근대는 분명 여러 가지 면에서 이전 시기와는 달랐다. 외부에서 새로운 문물이 유입되고 일본이 본격적으로 우리나라를 통치하던 때도 바로 이 시기이다. 물론 개화기와 일제강점기는 시대적으로 볼 때 많은 차이가 있다. 하지만 중요한 것은 이중과세가 두 시기에 걸쳐 형성되고 정착되었다는 점이다. 그런 점에서 이중과세의 등장과 정착은 이 시기의 이러한 특징과 밀접하게 관련되어 있다 해도 과언이 아니다. 하지만 이 시기의 특징을 한 마디로 정의하기 어렵고, 워낙 다양한 요소들이 근대에 생겨났기에 어떤 요인이 직접적으로 영향을 주었는지에 대해서는 단정하기가 쉽지 않을 것이다.

본 연구는 이중과세에 있어 핵심적인 내용 중에 하나인 어떤 배경에서 근대에 이중과세가 생겨났으며, 어떤 과정을 거쳐 이중과세가 정착되었는지를 중점적으로 파악하는데 목적이 있다. 후자의 경우에는 이중과세가 근래까지 이어져 오고 있었던 시대적 배경을 집중적으로 살펴보고자 한다.

2. 이중과세의 등장 배경

이중과세의 가장 핵심적인 내용은 설을 두 번 지내는 것이다. 전통사회에

---

[3] 필자는 이중과세를 근대시기 신구 간의 대립의 결과물이 아닌가 하는 생각을 하였다. 전통을 지키려는 자들은 음력설을 쇠었고, 새로운 문화를 보급시키고자 했던 사람들과 일본인들은 양력설을 지내고자 했다. 결국 이중과세가 근래까지 행해졌다는 점에서 보면 어느 한쪽도 확실하게 그들이 원하는 설을 뿌리내리지 못한 것으로 이해할 수 있다.

서는 음력설만을 지냈지만 양력이 도입된 근대시기에 오면서 음력설 이외에 양력설도 지내게 된 것이 이중과세의 출발점이다.[4] 이런 관점에서 보면 이중과세는 근대의 부산물이라 해도 과언이 아니다.

역사적으로 볼 때 근대에는 외부에서 다양한 사상과 문물이 유입되었을 뿐만 아니라 전통적으로 행해오던 생활방식이 새로운 형태로 바뀌었다. 이중과세 역시 이러한 시대적 흐름 과정에서, 음력을 기준으로 하던 전통의 시간체제가 오늘날처럼 태양력 중심으로 변화하던 시기에 생겨난 풍습으로 이해할 수 있다.

근대 이전까지 사용하던 우리네 역법은 음력[시헌력]이었다. 하지만 강화도 조약 이후인 1896년에 서양력이라 할 수 있는 태양력이 외부에서 유입된다. 전통의 역법이 1896년에 태양력으로 개력된 것은 단순히 역법상의 문제만이 아니었다. 당시의 국제 정세와도 밀접한 관련이 있었다.[5] 중국과 밀접한 외교 관계를 맺고 있었던 조선은 청일전쟁에서 승리한 일본에 의해 갑오개혁을 실시하였는데, 이 과정에서 중국 중심의 역법 질서가 서양 중심의 역법 질서로 재편되기 시작한 것이다.[6] 그러다 1895년에 을미개혁이 단행되고 대한제국이 선포되면서 1896년 1월 1일(음력 1895년 11월 17일)부터 "새로운 양력을 세운다."는 뜻의 建陽이란 연호를 사용하고 공식적으로 양력 1월 1일을 양력설로 지정하였다. 당시 고종은 대신들과 서울에 주재하는

---

4 근대 이전의 시간체제는 소위 음력이라 부르는 태음력이 기준이었다. 우리가 세시풍속이라 칭하는 내용들 대부분은 태음력과 관련되어 있다. 양력설이 등장하기 전의 설날과 단오를 비롯해 추석, 섣 달그믐 등이 모두 음력을 기준으로 한 세시풍속이다. 물론 입춘과 동지와 같은 24절기는 태양력을 기준으로 한다는 점에서 볼 때 전통의 세시풍속, 정확히 말하자면 근대 이전의 세시풍속은 태음력을 중심으로 태양력을 함께 사용한 것임을 알 수 있다.

5 한편 시간 체제(관념)의 변화는 근대 이전과 이후의 시간(력)의 인식 문제이기도 하다. 봉건시대에 력은 하늘이나 신을 대신하여 세속적일 최고의 권력이 사람들에게 우주의 운행원리를 사람에게 알려주는 것, 조선시대에도 력은 왕실이 신하들에게 나누어주는 것으로 지배질서의 정당성과 깊은 관련을 갖는 것이었다. 그러나 근대에 이르러 역법의 문제는 국가를 넘어서서 세계의 공통의 문제였다. 1920년대 전반기에는 세계의 공통의 역법을 마련하는 데 많은 관심이 있었고 이를 위한 국제회의도 자주 열렸다(정근식, 「시간체제와 식민지적 근대성」, 『문화과학』41, 문학과학사, 2005, p.151).

6 정성희, 「대한제국기 太陽曆의 시행과 曆書의 변화」, 국사관논총 103, 국사편찬위원회, 2013, p.31.

외국공사들로부터 신년 하례를 받고, 모든 공문서에 양력을 표기하도록 하였다. 이런 사실을 통해 오늘날까지 우리가 부르는 이중과세는 이 무렵부터 시작된 것으로 볼 수 있다.[7]

하지만 이러한 변화의 흔적은 이보다 앞선 시기부터 있었다. 개항과 함께 서양의 요일 주기에 대한 인식이 확산되었을 뿐만 아니라 1888년에는 일본과 '辨理通聯萬國電報約定書'를 체결하면서 외교 문서에 양력을 사용할 것을 다음과 같이 합의를 하였다.

〈제7관〉
두 나라 사이에서 넘겨주는 세계 각국 전보 및 그 이용 문서에 기재하는 월, 일은 모두 양력을 사용한다. 위의 조항에 대하여 두 나라의 위원들은 모두 정부의 위임을 받아 서로 이름을 쓰고 도장을 찍어서 증명문건으로 삼는다.
대조선국 개국 大朝鮮開國 497년 8월 18일
통훈대부 전보국주사 김관제(고종실록 권 25, 고종 25년 8월 18일)[8]

위의 기사만을 놓고 본다면 우리나라에서 양력을 사용하기 시작한 시기는 1890년대가 아닌 1880년대 후반일 가능성이 높다. 그렇지만 서민들의 일상생활에서 곧바로 양력이 시행되지 않았을 가능성이 농후하다. 경성과 같은 대도시와 농촌 지역의 경우도 차이가 있었다. 그런 점에서 이중과세가 본격적으로 시작된 정확한 시점을 추정하기란 쉽지 않다. 다만 1800년대 후반 전후로 이중과세라는 새로운 풍습이 생겨난 것만은 사실인 것 같다.

맨 처음 시작된 시기에 대한 문제는 추후 보다 명확하게 밝혀야 하겠지

---

7 안주영, 「일제강점기 경성의 이분화 된 설-양력설과 음력설을 둘러싼 갈등을 중심으로-」, pp.90~91.
8 정성희, 「대한제국기 太陽曆의 시행과 曆書의 변화」, pp.31~32 재인용.

만, 중요한 사실은 변화된 시간체제를 이해하지 못하고 반강제적으로 양력만을 사용할 것을 강요하던 풍토에서 이중과세가 생겨난 것으로 보인다. 물론 초기에는 이중과세가 잘 시행되지 않은 것으로 보인다. 우체국이나 경찰서 등의 관공서에서는 양력이라는 시간체제에 맞게 업무를 봤겠지만 오랫동안 음력을 사용하던 일반인들이 음력이 아닌 태양력을 곧바로 사용하기에는 많은 어려움이 있었기 때문이다. 실제로 시간체제의 변화가 상당히 진척된 일제강점기(1920년대 후반)에도 양력을 사용하는 일이 쉽지 않음을 아래 기사를 통해 확인할 수 있다.

> 오늘에 있어서 양력을 잘 실행하자는 말은 너무나 평범하고 시대에 뒤진 말 같습니다. 그러나 실제에 우리 조선 사람들은 그것이나마 잘 실행을 못합니다. 구식 가정이나 기타 무식계급에서 양력설은 왜 일본설이라 하고 음력설은 조선설이니까 조선사람들로서 왜 설 명절도 적 일 수가 없다고 하고 맹목적으로 반대하는 사람이야 다시 문예도 업지만은 소위 지식계급의 신진인식들도 입이나 글로는 양력이 옳으나 어쩌나 떠돌며 또 형식으로는 다 실행을 하면서도 실제가 더해서는 실행을 하지 않으나 그것이 무슨 모순된 일입니까? 더구나 언론 기관이나 청년단체 같은 데서 양력설 때에는 심심히 지내다가 음력설 때가 되면 척사대회나 연날리기 같은 대회를 주최하는 것을 보면 참으로 통탄함을 마지 않습니다. 우리가 형식이나마 양력을 실행한지가 벌서 다섯 해입니까? 건양 원년서부터 치면 삼십 여 년이나 되는 오늘날에도 그저 그대나 한 가지일 뿐 아니라. 어찌 보면 다시 실행하는 사람이 감소한 것 같으나 그 한 가지 일을 본 다하여도 우리가 조선 사람이 남보다 실행력이 적은 것을 짐작할 수 있습니다. 거기에는 물론 실행하랴 하야도 못하는 난관이 더러 있을 터이니, 내가 광무 칠년부터 이래 실행하여 보아도 그다지 곤란한 것은 없습니다.

과거는 어찌 되었든 명년부터는 그것이나마 일차하게 실행하였으면 좋을까 합니다. 그 외에도 여러 가지로 실행할일이야 만치마는 이러 한일을 잘 실행하지 못한다면 다른 일도 역시 실행하기가 어려울 줄로 압니다.[9]

어쩌면 양력 사용이 본격적으로 시행된 개화기에 이런 양상이 더욱 두드러졌을지 모르겠다. 양력을 사용한 지 1년이 지난 1887년도에 中樞院 二等議官이었던 지석영(1866~1935)이 "한 나라에 정월이 두 개일 수 없다"고 주장한 다음의 상소는 이를 잘 보여 준다.

대체로 정월이란 것은 나라에서 첫 번째 힘써야 할 달입니다. — 우리나라의 종묘 사직, 殿閣에 지내는 제사와 경사스러운 명절, 기원절을 음력으로 쓰는 것은 음력 정월 초하룻날을 한 해의 머리 달로 쓰기 때문이며 행정의 詔書, 勅書 및 각 항목의 중앙과 지방에 보내는 공문은 양력으로 쓰고 있는데 이것은 양력 1월 1일을 한 해의 정월로 삼기 때문입니다. 이렇게 놓고 본다면 정월달은 두 가지가 있습니다. 어찌 한 개 나라 안에 두 가지 정월달을 쓸 수 있겠습니까, — 무엇 때문에 양력 월일을 섞어 쓰면서 마침내 정월달로 하여금 정한 것이 없어 나라의 체모에 손상을 주고 민심을 현혹시키는 것입니까. — 폐하는 결연히 영단을 내려 양력 사용을 없애고 전적으로 음력을 사용하게 해서 정월달을 완전히 하고 나라의 체모를 높이기 바랍니다.[10]

위의 기사를 통해 알 수 있듯이 태양력의 등장은 일상생활에 많은 혼란을

---

9 朴勝彬, 「양력을 잘 실행하자」, 『별건곤』10, 1927. 12. 20.
10 정성희, 「대한제국기 太陽曆의 시행과 曆書의 변화」, p.34.

가져다 주었다. 여러 가지 이유가 있겠지만 무엇보다 음력을 기준으로 생활하던 방식을 쉽게 바꿀 수 없었기 때문이었다.

정책적으로 양력만을 사용하도록 권장했음에도 당시 대다수의 국민들은 양력을 사용하지 않았다. 대다수의 국민들이 어떤 연유로 양력을 사용하지 않았는지는 현재로선 정확히 알 수 없다. 다만 1928년도에 연기군 면서기였던 배상철의 『조선(조선문)』에 '음력전폐론'이라는 글을 통해 몇 가지 이유를 엿볼 수 있을 것이다. 그는 이 글에서 당시의 많은 사람들이 양력을 사용하지 않는 이유를 첫째, 양력이 서양역서라는 관념, 둘째 일진이 없어서 길흉법을 추진할 방도가 없다는 점, 셋째, 절후가 없다는 점[11]이라고 언급한 바 있다.

개화기의 이러한 분위기는 일제강점기에도 마찬가지였다. 우리나라를 지배하고 있던 일본은 보다 적극적으로 음력을 폐지하고 양력을 보급시키기는 데 심혈을 기울였다. 하지만 그들의 노력은 기대만큼 큰 성과를 거두지 못하였다. 양력이 본격적으로 보급된 이후에도 대다수의 조선인들은 음력을 사용하였다. 1920~1930년대까지도 이런 분위기는 크게 달라지지 않았다. 실제로 민력 개정 이후인 1937년부터 총독부에서는 각종 행사에 양력을 사용할 것을 강요했지만 이를 따르는 민중들은 거의 없었다. 결국 총독부에서는 이 문제를 해결하기 위해 관측소로 하여금 양력·음력 대조표를 만들어 각 관공서와 학교에 비치하도록 하였다.[12]

여러 가지 이유가 있겠지만 근대에 이중과세가 등장하게 된 일차적인 이유는 외부에서 유입된 서양의 시간 체제인 양력이 제대로 정착하지 못했기 때문이다. 조선인들의 입장에서는 오랫동안 유지해오던 관습을 그만둔다는 것이 결코 쉽지 않았을 것이다. 다른 한편으로는 음력을 기반으로 행해오던 전통의 농업 방식이 이 시기까지 이어져오고 있다는 측면도 배제할 수

---

11 정근식, 「시간체제와 식민지적 근대성」, p.151.
12 新曆使用徹底期하야 陽陰曆對照表編纂, 『매일신보』, 1937. 12. 18.

없다. 또한 설이라는 세시풍속이 한 해를 시작한다는 의미에서 여느 세시 풍속보다 주목을 많이 받았다는 점도 고려할 필요가 있다.[13] 그리고 양력을 보급시키고자 했던 사람들은 음력설보다 일찍 시작되는 설을 시행함으로써 그들이 바라는 바를 확실하게 장악해 나갈 수 있었을 것이다. 일제강점기에 일본이 음력설을 폐지하고 양력설만을 쇨 것을 강요한 이유도 결국 이러한 맥락과 일치할 것으로 보인다.

이중과세가 생겨날 수 있었던 배경에서 반드시 주목해야 하는 내용은 외부에서 유입된 다양한 서구 사상이다. 실제로 강화도 조약 이후 서양과의 교류가 본격적으로 진행되면서 전에 볼 수 없었던 다양한 서구 사상이 우리나라에 소개된다. 앞에서 소개한 태양력을 비롯해 서구의 종교·과학·교육·자유주의·개인주의 등 이루 말할 수 없는 내용이 이 시기에 유입된다. 그런 점에서 근대는 여느 때보다 문화의 변화가 격렬하였다. 전통적으로 행해오던 문화가 사라진 경우도 있으며, 반대로 외부에서 새로운 문화가 들어오기도 하였다. 또한 두 문화가 충돌하여 전혀 새로운 문화가 생겨난 시기도 바로 이 무렵이다.

그런데 외부에서 서구 사상이 유입되는 과정에서 우리 것을 부정하거나 미신시하는 풍조가 생겨나기 시작하였다. 이러한 경향은 개화기보다는 일제강점기에 두드러졌지만, 개화기 무렵에도 전통적으로 행해오던 풍습을 없애고자 했던 사례들을 쉽게 찾을 수 있다. 일생의례의 경우에는 제사를 지내지 못하게 하거나, 허례의식을 철폐하고 개량해야 한다는 논의가 본

13 설 명절은 근대화에 따라 가장 많은 변화를 겪어 오고 가장 많은 혼란을 겪어온 세시풍속이라고 할 수 있다. 한 해의 시작이라고 할 수 있는 설날은 세시풍속의 시작점으로 그 중요성이 크다. 그렇기 때문에 많은 세시풍속 중에서도 가장 논쟁이 많이 되어 왔으며 민족의 수난사에 가장 큰 영향을 받은 세시풍속이다. 양력설이 근대화된 달력에 공식적으로 한해의 시작으로 표시되었지만 음력설은 도시인들에게도 여전히 전통적인 세시로서 의례를 행해야 할 중요한 명절이라고 인식되고 있다(안주영, 「일제강점기 경성의 이분화 된 설-양력설과 음력설을 둘러싼 갈등을 중심으로-」, p.93).

격적으로 진행되었다.[14] 우리의 것을 부정하는 사례는 특히 서양의 종교라할 수 있는 기독교에서 펼친 일련의 개선운동에서 확연히 드러난다. 유일신을 섬기고 있는 기독교에서는 전통의 관습 대부분을 미신으로 치부하였는데,[15] 신앙적인 요소를 포함하고 있는 전통의 세시풍속도 이러한 대상이었다.

> 아직도 구습에 젖은 중노 이상의 사람은 음력 정월을 지내야
> 나희도 정말로 한 살이 더한다고 생각하며 더욱이 나이 부녀자들
> 에 있어서는 더 그러한 듯합니다. 오래 오래 지켜내려 오고 아주
> 조물 젖은 인습을 일도에 폐를 하고 일제히 양력을 지키자 하는
> 것은 대단히 어려울 것 같습니다.[16]

비록 이러한 양상이 개화기와 일제강점기에 차이를 보이긴 하나 일제강점기에 본격적으로 시작된 '계몽운동' 역시 일정 부분 이러한 흐름과 맥을같이한다. 계몽운동을 추진한 단체들이 외쳤던 대표적인 구호가 '구습 타파'인데, 이 단체들은 전통의 풍습을 모두 근대화의 저해요인으로 평가하였다.[17] 음력을 바탕으로 오랜 기간 이어오던 전통의 세시풍속, 그 중에서도음력설은 여러 가지 연유로 세시풍속 중에 일차적으로 타파해야 할 대상이었다. 앞서 언급했듯이 설이 지니고 있는 의미가 특별했기 때문이다. 당시

---

14 관혼상제의 헛된 예문화 풍속을 개량하는 안건을 중추원에서 내각에 누차 건의한 사어 대하야 한 번
　도 대답이 없다하니 내각에서 회원의안을 가하면 가타하고 불가하면 불가타할 터인대 의안을 보고
　도 보지 아니 한 것과 같이함을 중추원을 엄숙히 역임인가 알 수 없는 일이로고(『대한매일신보』, 시
　사평론, 1907. 11. 13.)

15 「耶蘇敎側의 觀察」, 『동아일보』, 1920. 9. 4.

16 대표적인 기사가 바로 韓基岳, 「생활개선동맹을 조직」(『별건곤』26, 1930. 2. 1)이다. 이 기사에서는
　경성종단남 감리교회 목사 양주삼이 작성한 것으로 여기에는 예수교와 제사문제를 이야기하면서 제
　사를 지내지 말고 하나님만을 믿고 공경하기를 당부하고 있다. 특히 그는 과학이 발달되어 하나님만
　이 신으로 입증되었으므로 낙후한 조선인들이 조상님께 지내는 제사를 지내는 것은 비과학적이라
　언급하고 있다.

17 김명자, 「근대화에 따른 세시풍속의 변동과정」, p.251.

서구사상을 추종하던 사람들은 음력설을 폐지하고 양력과 관련된 양력설을 지내고자 하였다. 하지만 대다수의 조선인들은 음력설을 버리지 못하였다. 결국 일제강점기에 오면서 이중과세로 인해 계층 간 혹은 신구新舊 세대 간 갈등이 심해졌다.

앞서 살펴본 내용을 볼 때 일 년에 설을 두 번 지내는 이중과세 풍속이 등장할 수 있었던 것은 서구의 다양한 문물이 유입되고 시간 체제가 변화하는 과정에서 양력과 음력 모두 완벽하게 보급되지 못한데 이유가 있음을 알 수 있다. 신구의 대립이라는 틀 속에서 이중과세는 우리 것을 부정하던 사람들과 옛것을 지키고자 했던 사람들 사이의 대립 과정에서 만들어진 근대의 전유물로 보아도 무리가 없을 것이다.

3. 이중과세의 정착 과정

근대에 시작된 이중과세는 오늘날까지 우리네 일상생활에 영향을 미치고 있다. 실제로 해방 이후는 물론이거니와 근래까지 이중과세에 대한 논의는 끊임없이 있었다. 대한민국 정부 수립 후에는 양력설만을 공휴일로 지정하였으나 1985년에 처음으로 음력설을 공휴일로 제정하였다. 이 일이 있은 후부터 우리는 양력설보다 음력설을 명절로 인식하기 시작하였는데, 1989년부터 원래의 명칭인 '설날'로 개칭되었고, 1999년부터는 양력설은 하루만 쉬고 음력설은 사흘을 쉬게 되었다.[18] 하지만 이중과세 논란은 쉽게 사라지지 않았다. 아직까지도 일부 국민들은 어떤 설을 쇨 것인가를 고민하고 있는 모습에서 그런 모습을 엿볼 수 있다.

개화기에 시작된 이중과세는 일제강점기에 오면서 다른 양상으로 변화

18 안주영, 「일제강점기 경성의 이분화 된 설-양력설과 음력설을 둘러싼 갈등을 중심으로-」, p.20 요약 정리.

한다. 우리나라를 통치하고 있던 일본은 우리의 음력설을 부정하고 양력설만을 쉴 것을 강요하였다. 이런 점에서 일제강점기는 개화기보다 강압적으로 양력설만을 쉴 것을 강요받았던 시기인데, 이후에 소개할 여러 사례에서 이런 모습을 확인할 수 있다. 또한 일제강점기는 여느 때보다 이중과세에 대한 논란도 많았다. 그리고 이 시기에 이중과세라는 풍습이 확고하게 자리를 잡았다는 점이 무엇보다 중요하다.[19]

이중과세에 대한 논의가 일제강점기에 활발하게 진행된 이유는 일제가 우리 것을 말살하기 위해 보다 적극적(정책적)으로 이 정책을 펼쳤기 때문이다. 일제에 의해 정책적으로 실시된 이러한 흐름은 개화기 무렵에 진행된 여타의 것들과는 여러 면에서 많은 차이를 보인다.

일본이 음력설을 부정하고 양력설만을 쉴 것을 강요하기 시작한 시점은 우리나라를 지배하기 전부터이다. 공식적으로 우리의 주권이 일본으로 넘어간 1910년대부터 일본은 조선인들이 오랫동안 사용해온 음력을 폐지하고 양력만 사용할 것을 강요하였다. 이것이 소위 말하는 '음력폐지론'이다. 근대에 음력폐지론이 대두된 연유는 외부에서 유입된 서양의 사상의 영향을 무시할 수 없지만 우리 것을 부정하기 위해 음력을 없애고자 했던 일본의 영향 또한 간과할 수 없다. 이런 흐름에서 한 해의 시작을 알리는 설을 음력으로 지낼 것인지 양력으로 지낼 것인지에 대한 논의가 활발하게 진행되었다. 이 시기에 일본이 음력설을 부정하고 양력설만을 강조한 연유는 다음에 소개하는 몇 가지 내용을 통해 유추해 볼 수 있을 것이다.

---

19 일본은 19세기에 서양에서 태양력을 받아들여서 세시도 이에 따라 시행하도록 하는 정책을 펼쳤고, 일반 서민들은 이를 받아들였다. 일본의 세시풍속은 이후에는 태양력이 기준이 된 것이다. 일제 총독부의 기관지인 매일신보의 1915년 2월 14일자에는 공식적인 설날은 양력설이지만 조선인들은 아직 음력설을 더 기쁘게 맞이한다는 내용의 사설이 실려 있다. 급속하게 폐지하지는 못한다는 지적에는 급속히 폐지하고 싶다는 욕구와 쉽게 되지는 않는다는 현실 인식이 함께 들어가 있는 것으로 보인다. 1916년 1월 85일자 기사에는 이제는 양력설이 진짜 설이 되었으며 따라서 아주 서울의 분위기가 아주 들뜨고 있다는 내용을 담고 있는데, 이는 신문사의 주관적 욕심에 따른 판단에 지나지 않는다. 총독부가 여전히 지속되는 음력설에 대해 가지고 있는 초초함 등이 드러난다고 생각되나(국립민속박물관, 『한국 세시풍속 자료집성 신문·잡지편(1876~1945)』, 2003, pp.632~633 요약정리).

우선 우리나라를 지배하고 있던 일본은 계몽운동의 일환으로 음력을 부정하고 양력설을 적극적으로 부각시켰을 가능성 높다.[20] 계몽운동은 1920년대 후반에 본격적으로 진행되었는데, 계몽운동가(YMCA·YWCA)들의 입장에서는 여러 가지 명절 행사와 의례를 납득하기 어려웠다. 이러한 내용들은 전근대성의 증거요, 미개한 것이기에 이를 탈피해야만 조선이 가난과 억압에서 벗어날 수 있다는 것이 그들의 논리였다. 특히 정월의 차례·안택·홍수매기·농점農占, 삼짇날·단오·유두·칠석·백중·추석·중구·동지 등의 의례적인 행위를 그들은 이단으로 보았다.[21]

또한 일본은 가장 조선다운 것, 조선인의 전통이 남아 있는 것부터 없애고자 하였다. 특히 조선인이 과거로부터 현재까지 지켜오고 있는 세시풍속이 일차적인 대상이었는데, 그 중에서도 조선인의 설, 즉 음력설을 적극적으로 없애고자 하였다.[22] 일부 친일파들은 이러한 의도를 숨기기 위해 음력설을 버리고 양력설을 지내야 하는 이유를 세계적인 흐름으로 소개하였다. 아래의 글을 보면 양력설을 지내는 행위는 친일親日과 배일排日의 문제가 아니라 세계사적으로 볼 때 자연스러운 현상임을 강조하고 있다.

(전략) 그 중에서도 가소로운 것은 소위 친일파라고 자충하고 다니는 분이다. 친일이니 배일이니 하는 문제에 양력과세 음력

---

20 이러한 운동이 일어나게 된 배경은 여러 가지 측면에서 고민할 수 있겠지만 무엇보다 서구 사상의 하나인 합리적 사고의 영향을 무시할 수 없을 것이다. 실제로 이러한 운동은 초창기 개조의 중요한 목표를 '현대문명의 수립' 같은 추상적이고 일반적인 방식으로 설정하였다. 개조의 목표를 위한 방법으로는 낡은 사회의 관습과 가치를 개혁하면서 다른 한편으로는 신사상, 신지식을 수용·보급하고 근대적 교육제도를 수립하며 산업과 실업을 진흥할 것을 주장하였다. 1920년대 전반기의 문화운동에서는 전통은 근대의 달성을 위한 장애로 인식되었는데, 근대를 열렬하게 추구한 만큼이나 전통은 혐오했기 때문이다. '구악(舊惡)한 사회를 벗고 신선한 사회를 作'한다는 표현에서 보듯[동아일보, 1920년 4월 7일, "世界改造의 劈頭를 當하야 朝鮮의 民族運動을 論하노라"]이 낡은 것과 새로운 것은 대조는 선과 악이라는 윤리적·도덕적 가치판단으로 발전했던 것이다(서종원, 「근대적 사고를 통해 본 일생의례의 변화 양상 고찰」, 『일생의례로 보는 근대 한국인의 삶』, 채륜, 2013, pp.54~55).

21 김명자, 「근대화에 따른 세시풍속의 변동과정」, pp.252~253.

22 안주영, 「일제강점기 경성의 이분화 된 설-양력설과 음력설을 둘러싼 갈등을 중심으로-」, p.108.

과세가 무슨 상관이나 있을지 모르겠지만 '大福餅'을 '내지떡'이라는 분의 생각에는 양력과세를 하지 않는 것은 마치 총독정치에 불만이나 같은 것 같했던지 집안 식구가 자미도 없고 신도나 지낸 다는데 혼자 야단을 처서 양력과세를 하는 분이 있다. '호록 코-트'를 입고 제사를 지내는 어느 집 대감과 가튼 의미에 있어서 조선근세에서나 볼 수 있는 희극자료이다. 조선의 정치문제야 어느 곳으로 어떻게 구르든지 굴러 왔던지 어쨌든 세계대세에 합류되어야 문명의 첨단에 서서 사라갈면 우리는 어쨌든 음력을 폐지하고 양력을 택하여 쓸 것은 나 명확한 사실이다. 그것을 가지고 부질없이 이러니 저러니 정치적 색채를 가미하야 가지고 움직이는 것은 어리석은 일이다. 과세하는 문제-더욱이 음력을 바리고 양력을 쓰는데 무슨 딴 의미 딴 필요 딴 이유가 있으랴 다만 남과 같이 사라가자는 필연적 요구에서 이 가튼 개혁이 생겼을 뿐이요 이론과 실제와는 항상 거리가 잇는 관계로 이론으로 임의 작정된 일이 오래 동안 지켜 오든 습관을 차마 못 버려 음력을 아직도 중히 여길 뿐이다. 이런 것은 구타야 애를 써서 고치려고 할 것도 업다. 임의 公用에는 전부 시행이 되고 오직 떡치고 설부임하는 명절문제에만 꼬리가 잡긴 문제이니 내버려 두면 우리의 다음에 이 땅에 생겨나는 주인에게는 강요치안아도 양력설이 보급될 것이다.[23]

일제강점기에 일본이 적극적으로 음력설을 부정하고 양력설만을 지내도록 한 이유는 앞서 언급했던 것처럼 조선을 원활하게 통치하기 위한 목적이 강하다. 하지만 당시 일본이 처한 시대적 배경 또한 간과할 수 없다. 이점이 바로 두 번째 이유인데, 특히 1차 세계대전이 끝난 이후 일본이 처한 시대

---

23 李瑞求, 「이중과세 기타」, 『신민 64호』, 1931.

적 상황과 관련이 있다.

1차 세계대전이라는 전쟁 이후 미가米價를 비롯한 물가폭등이 일어나면서 일본인들은 무엇인가를 해야 한다는 생각에 사로 잡혔다. 이런 현실을 타계하기 위해 일본은 생산수단의 개혁 등 적극적 수단보다는 소비 절약 등 소극적 수단을 선택하였다. 당시의 현실을 벗어나기 위해 시작된 대표적인 것이 바로 생활개선운동이다. 이 운동의 일환으로 1919년 11월부터 1920년 1월까지 도쿄 오차노미즈에 있는 교육박물관에서는 생활개선전람회가 개최되었고, 이를 계기로 지명도가 높은 사람들이 생활개선동맹회를 만들어 실천하였다.[24]

일본의 생활개선운동은 1920년대 후반엔 우리나라에서도 시행되었다. 경제적으로 몰락한 조선을 구제할 자구책의 하나로 일본인들을 중심으로 이 운동이 시작된 것이다. 우리나라에서는 특히 합리적인 소비를 통해 생활을 개선하는 중요한 문제로 이어졌다. 절제의 범위와 내용이 확장되면서 생활 전반을 절제 개선·개량하는 것이 절제 운동의 사명으로 여겼다.[25] 1929년부터 진행된 조선일보의 '생활개선운동' 대상에는 단발운동, 건강증진운동, 소비절약운동, 허례폐지가 포함돼 있었다.[26]

당시의 생활개선운동에서 눈여겨 볼 내용 중에 하나는 바로 절약이다. 절약에서도 특히 시간절약을 주목해야 한다. 시간을 잘 사용하고 절약하는 것이 결국 생활개선운동을 실천하는 기본적인 원칙이라는 것이 일제강점기 일본의 생각이었다. 이러한 사고에서 볼 때 조선인들이 사용했던 음력은 일정하지 않다는 문제를 안고 있었다. 그래서 일본은 본인들이 일찍부터 사용한 양력이라는 시간적 개념을 도입하여 널리 퍼트렸다. 실제로 당시의 학교와 관공서 등에서는 철저히 시간을 준수할 것을 지시하였다. 아동들에게도

---

24 정근식, 「시간체제와 식민지적 근대성」, pp.156~157.

25 윤은순, 「1920~30년대 한국 기독교 절제 운동연구」, 숙명여자대학교 박사학위논문, 2008, pp.151~152.

26 위의 논문, p.158.

시간관념을 인식시키는 것이 중요하다고 생각하여 시간의 문제를 여러 교과목에서 다루었다.[27]

이런 점에서 볼 때 일제강점기 일본은 적극적으로 양력을 보급했음을 알 수 있는데, 일차적인 이유는 조선을 원활하게 통치하기 위한 측면이 강하였다. 그래서 일본은 오랫동안 조선인들이 사용해온 음력을 무시하고 적극적으로 양력을 보급하기 위해 노력하였다.

그런데 어떤 설을 지내느냐 하는 문제는 일본인들은 물론이거니와 이를 행하는 조선인들에게 있어서도 중요하였다. 오랜 기간 유지해온 전통의 문화를 버리고 일본이 요구하는 새로운 형태의 시간 체제를 받아들여 사용해야 하는 현실을 받아들일 수 없었기 때문이다. 그런 현실을 타계하기 위해 일본은 보다 적극적으로 양력설을 쇨 것을 강요한다.

하지만 일본의 이러한 노력은 크게 성공하지 못하였다. 그들이 원하는 대로 조선인들은 따라주지 않았다. 일제강점기 거문도 지역에서는 일본인들이 음력설을 폐지하고 양력설을 지낼 것을 요구했지만 대부분의 조선인들은 눈가림으로라도 음력설도 지냈다. 패전이 될 무렵에는 일본인들이 음력설 문제에 더욱 민감해져서 항간에 떠도는 소문에까지 집착하여 심한 단속을 하였다.[28] 이런 양상은 현지 조사를 하는 과정에서도 확인할 수 있었다. 필자가 강화도와 동해시에서 만난 80세 이상의 노인들 대다수는 일제강점기에 일본이 양력설만을 쇨 것을 가용하였으나 대부분의 조선인들은 음력설을 지냈다[29]고 한다. 일본인들의 감시가 심했던 1930년대 후반에도 일본인들 몰래 음력설에 차례를 지내고 떡국을 먹었다는 이야기를 들을 수 있었다. 이런 사실은 설날 풍속을 기록한 당시의 신문 자료를 통해서도 확인할 수 있다.

---

27 정근식, 「시간체제와 식민지적 근대성」, p.160.

28 최길성, 『일제시대 한 어촌의 문화변용』, 아세아문화사, 1992, p.79.

29 강○자(여,88 강화도 선원면 신정리, 2012.10.13), 최○석(남,82, 동해시 천곡동, 2013. 8. 28).

음력으로 과세하는 세력은 점점 같이 하고 양력으로 과세하는 세력은 점점 늘어간다. 이 말이 사실을 사실이나 아직까지도 조선 사람은 음력설이라야 설같이 양력설은 설 같이 아니한 모양이라 그러면 양력 음력의 구별이 없이 세왕이 대단히 좋은 해인데 지나간 양력세미에 난 길에 나오는 사람의 수효도 하던지[30]

작일은 정월 초하룻날 떡국 먹고 세배 다니는 날 세상을 몇 번 변하야 통치하는 사람들이 양력을 쓴다 하여도 수 백 년 인습이 든 이 음력설을 용이히 버리지 못하는 모양이다. 양력설에 쓸쓸하든 조선사람 많이 사는 북촌도 이 음력 설날만은 명절다운 기분이 나도록 어른도 새 옷 입고 다례 지내고 세배를 다니려니와 암만해도 명절을 조하하고 질기는 것은 어린이들이다.[31]

물론 위의 양상만 있었던 것은 아니다. 전통적으로 해오던 음력설을 지낼 것인가, 새로운 양력설을 지낼 것인가, 혹은 양력과 음력설 모두를 지낼 것인가라는 문제로 조선인들 사이에 논란과 갈등도 있었다.[32] 논란의 중심에 있었던 사람들이 아니더라도 적지 않은 사람들조차 설 문제로 혼란을 겪은 것으로 보인다. 아래 기사는 당시의 실상을 잘 보여주는 자료이다.

우리 조선 사람의 생활은 무엇이나 모순되는 생활을 많이 하지만 이 이중과세처럼 모순되는 일은 없는 것 같습니다. 학교, 은행, 회사, 신문, 잡지사, 기타관공서의 공적생활은 모두 양력과세를 지내면서도 자기 가정, 즉 사적 생활에 있어서는 依然히 음력과세를 그대로 합니다. 그것은 지식계급이거나 무식계급이거나

30 「歲時掉尾의 大盛況」, 『매일신보』, 1917. 1. 23.

31 「정월 초하로날이다」, 『조선일보』, 1928. 1. 24.

32 다만 시대별로 양력설과 음력설을 쇠는 비율을 정확히 알 수 없어 아쉬움으로 남는다.

대개가 그런 것 같습니다. 그러나 사적생활은 항상 공적 생활의 지배를 받는 까닭에 음력의 세력이 해마다 줄어 가는 것은 사실입니다. 가령 金錢의 去來로말하더라도 前日에는 정월십이일이내에는 남에게 債金請求를못하는 관습이 잇기 때문에 음력세말에 모다 淸帳을하엿지만은 지금은 양력을 표기하니까 비록 정월일일이라도 관청은행 같은 데는 지불할 것이 있다면 그 습관을 이류로 하야 지불치안이치 못하게 되고 학교기타 공공사무도 정월 일일에 휴무를 않은 즉 역시 궁리를 아니 볼 수가 없게 되였습니다. 그리해서 자연 음력 관념이 없어져 갑니다. 다만 문제는 조상제례에 관한 문제임이다. 지금이라도 음력에 지내는 제례를 양력으로 실행만한다면 이중과세의 폐가 없어질 것 같습니다. 천도교에서는 이미 실시하야 오는 것이니까 다시 문제도 없거니와 그 단체에뿐 그럴 것이 안이라 일반단체에서도 기회가 잇는 대로 宣傳하고 動誘하야 일반이 음력을 폐지하게하고 또 우리 언론계에서도 이 앞으로 특별히 그 문제에 대하야 노력할 것 가트면 큰 효과가 있을까 합니다.[33]

일본이 의도한 바대로 음력설이 폐지되지는 않았지만 어떠한 설을 지내야 하는지를 두고 조선인들 사이에 갈등이 많았음을 이 기사는 명확히 보여준다. 그런데 이런 양상은 처음부터 일본이 의도한 것은 아닌 것으로 보인다. 그렇지만 이중과세는 조선인들을 와해시키는데 있어 일정 부분 도움이된 셈이다. 일제강점기 초기보다는 1920년대 후반에 오면서 이중과세를 다룬 신문기사가 증가하였다는 사실에서 3.1운동 이후 일본이 적극적으로 우리를 통제하기 위한 목적으로 이중과세라는 문제를 노골적으로 이용했을 가능성도 배제할 수 없다. 초기에는 양력설을 보급시키는 것이 주된 목적이

---

33 宋鎭禹, 「음력제사를 양력으로」, 『별건곤』20, 1930. 2. 1.

었지만 양력설이 보급되지 않은 현실에서 일본은 조선인들을 와해시킬 목적으로 이중과세를 적극 활용한 것으로 보인다.

　이 장에서 살펴본 내용을 보면 이중과세는 비록 개화기 때 생겨난 것이지만 일제강점기에 오면서 이중과세라는 새로운 풍습이 확고하게 정착되었음을 알 수 있다. 다만 여기에서 고려해야 하는 부분은 일제강점기에 이중과세가 정착될 수 있었던 데에는 당초 일본이 바라던 바가 아니었다는 사실이다. 그런 점에서 이중과세는 일본이 실시한 정책이 실패했음을 보여주는 것이라 생각된다. 다만 이 문제가 근래까지 영향을 주었다는 점에서 식민지 시기의 잔재가 우리의 일상생활에 영향을 미치고 있음을 보여주는 것은 아닌가 싶다.

4. 결론

　본 연구는 근래까지 영향을 준 이중과세가 언제 생겨나고 어떤 연유로 오늘날까지 영향을 주게 되었는지를 살펴보는 데 목적을 둔 것이라 할 수 있다. 이중과세의 핵심은 일 년에 두 차례 설을 지내는 것이긴 하나, 이중과세가 등장한 개화기와 정착된 일제강점기의 실상을 보면 양력을 보급하고자 했던 과정에서 생겨난 문화현상임을 알 수 있었다.

　개화기 무렵에 이중과세가 등장할 수 있었던 데는 근대화 과정에서 시간 체제가 변화하였기 때문으로 보인다. 또한 근대적 사고(사상)이 유입되는 과정에서 우리네 전통문화를 부정하는 인식이 널리 퍼지는 과정에서 생겨난 새로운 풍습이라는 사실을 확인할 수 있었다. 특히 오랜 기간 유지해온 생활 방식을 한순간에 버릴 수 없었던 당시의 시대적 상황과 관련이 있는 것으로 보인다. 지배층의 입장에서 음력설을 없애고 새로운 형태의 양력설만을 쇨 것을 강요하였지만 서민들은 오랜 기간 유지해온 풍습을 쉽게 버릴 수 없었다.

개화기에 등장한 이중과세가 근래까지 영향을 줄 수 있었던 것은 일제강점기라는 시대적 상황과 관련이 있다. 이 시기에 일본은 적극적으로 양력설을 보급하고 음력설을 폐지하고자 노력하였다. 그들은 조선인들을 교화시킬 목적으로 음력설을 없애고 양력설을 보급시키고자 심혈을 기울였다. 하지만 자기들 의도대로 양력설을 보급시키지 못하였다. 그 이유는 여러 가지 측면에서 고민할 수 있겠지만 무엇보다 오랜 동안 행해오던 습관을 하루아침에 버릴 수 없었기 때문이다. 이런 현실을 반영하듯 필자가 여러 지역에서 만난 제보자들은 일제강점기에는 일본인들 몰래 설날 차례를 지냈다고 한다. 그런 연유로 일제강점기에는 어떤 설을 쇠는 것이 바람직한 것인지에 대해 논란이 끊이지 않았다. 양력설만을 보내야 한다고 주장하는 경우가 있는 반면, 음력설만을 쇨 것을 주장하는 경우도 있었다. 이 과정에서 조선인들 사이에 갈등이 생겼다.

그런데 일제강점기의 이러한 논의가 근래까지도 이어져 왔다는 점에서 이중과세에 대한 논란은 완벽하게 정리되지 않은 듯하다. 개화기에 일제강점기에 등장하고 정착된 이중과세를 우리가 어떻게 바라볼 것인가 문제를 두고 논란이 벌어지는 작금의 현실은 많은 걸 생각해 준다. 민속학을 연구하는 한 사람으로서 과연 어떤 게 옳은지 고민해 봤지만 쉽게 답을 내릴 수 없어 안타까울 뿐이다. 다만 분명한 사실은 이중과세는 우리에게 전통을 어떻게 규정하고 계승시킬 것인가를 고민하게 해주는 문화가 아닌가 싶다.

이중과세를 연구 주제로 삼아 논의를 펼치는 것이 정말 어렵다는 사실을 다시 한 번 느낄 수 있었다. 어떠한 문제의식을 가지고 어떤 이야기를 펼치는 것이 바람직한가에 대해 많은 고민을 하였지만 쉽게 확정지을 수 없었다. 왜 그런 것인가를 글을 진행하는 과정에서 피상적으로 느낄 수 있었는데, 그러다 보니 본 연구는 여러 가지 면에서 많은 한계를 지닐 수밖에 없었다. 앞으로 이중과세가 생겨나게 된 배경에서부터 오늘날까지 이어져 오는 이중과세 문제를 역사적으로 정리하는 일이 필요하다고 생각된다. 많은 관심을 가지고 이점을 좀 더 천착할 계획이다.

| 참고문헌

『매일신보』, 『동아일보』, 『조선일보』, 『별건곤』, 『신민』

국립민속박물관, 『한국 세시풍속 자료집성 신문·잡지편(1876~1945)』, 2003.

김명자, 「근대화에 따른 세시풍속의 변동과정」, 『세시풍속의 역사와 변화』(서해숙 엮음), 민속원, 2010.

서종원, 「근대적 사고를 통해 본 일생의례의 변화 양상 고찰」, 『일생의례로 보는 근대 한국인의 삶』, 채륜, 2013.

안주영, 「일제강점기 경성의 이분화 된 설-양력설과 음력설을 둘러싼 갈등을 중심으로-」, 『2010년 한국민속학회 동계학술대회발표자료집』, 2010.

윤은순, 「1920-30년대 한국 기독교 절제 운동연구」, 숙명여자대학교 박사학위논문, 2008.

정근식, 「시간체제와 식민지적 근대성」, 『문화과학』41, 문학과학사, 2005.

정성희, 「대한제국기 太陽曆의 시행과 曆書의 변화」, 『국사관논총』103, 국사편찬위원회, 2013.

최길성, 『일제시대 한 어촌의 문화변용』, 아세아문화사, 1992.

일제강점기 한식의 지속과 변화

이영수_단국대학교 동양학연구원 연구교수

* 이 글은 「아시아문화연구」 32집(가천대학교 아시아문화연구소, 2013. 12.)에 게재되었던 것을 재수록한 것임을 밝혀둔다.

1. 서론

세시풍속은 일반적으로 음력 정월부터 섣달까지 같은 시기에 반복되는 주기전승의례[1]를 의미하는 것으로, 일상생활과 구별하여 매년 일정한 시기에 행해지는 특별한 생활을 지칭하는 용어이다.[2] 이런 세시풍속은 세시·세사·월령 등으로 일컬어지며, '시기성·주기성·역사성·전통성'을 특징으로 한다. 우리에게 있어 주요 세시풍속이 행해지는 날은 명절로 인식되고 있다.

우리나라에서 행해지던 세시풍속은 그 종류가 광범한데, 고문헌에 보이는 것 중에는 그 이름만 남아 있고, 현재 일반적으로 행해지지 않는 것도 또한 그 수가 적지 않다.[3] 이러한 사정을 『조선인정풍속』[4]에서는 "50~60년 이후로 중후하고 순박하며 예스러운 풍속이 날로 쇠퇴하고, 경박하며 부화浮華 무실한 세태가 점차 성하여 옛날의 풍속이 남아있지 않다. 아직도 오랫동안 전해져 내려온 풍속이 남아있어 말할 수는 있지만 행할 수는 없"다고 한다. 개항과 함께 서구 문물이 유입되면서 당시까지 전래되던 우리의 풍속에 많은 변화가 일어나게 된다. 이러한 현상은 일제강점기에 들어 더욱 심화된다. 1917년 6월 6일자 『매일신보』에서 단오대회를 개최하는 이유로 "아름다운 풍속과 선량하던 습관도 따라서 점점 쇠미하야 수년래로난 거의 그 형적도 모를 디경"에 이르렀다고 하면서 예전의 풍속 습관을 유지하기 위해 "룡산의 한강텰교로브터 마포까지사이에서 락화대회洛火大會를 개최하"게 되었음을 알린다. 그리고 여러 독자들과 하루 저녁을 유쾌

---

1 최운식 외, 『한국 민속학 개론』, 민속원, 2004, p.55.

2 김택규, 『한국농경세시의 연구』, 영남대학교출판부, 1991, p.4.

3 최상수, 『한국 민속학 개설』, 성문각, 1988, p.71.

4 『조선인정풍속』은 동양문고 소장의 저자불명의 필사본이다. 본문의 내용을 검토한 결과, 1890년대를 전후해서 쓰인 것으로 보인다.

히 즐기고자 하니 많이 참석해 줄 것을 당부하고 있다.[5] 개화기에서 일제 강점기를 거치면서 선래의 세시풍속은 많은 변화를 수반하게 되었던 것이다. 이러한 변화 양상이 오늘날의 세시풍속에도 지대한 영향을 미친다는 점에서 이 시기의 세시풍속의 지속과 변용 양상을 살피는 것은 중요하다 하겠다.

세시풍속 전반에 걸쳐 고찰하는 일은 너무나 광범위하기에 이 글에서는 한식에 국한하여 논의를 진행하고자 한다. 한식은 동지로부터 105일째 되는 날로, 금연일禁烟日, 숙식熟食, 냉절冷節이라고도 부른다. 『동국세시기』 한식 조에, "지금의 설날·단오·추석과 더불어 이 한식이 네 개의 절사節祀로 된 것이 곧 우리의 풍속이"라 하고, 조정에서는 여기에 동지를 더하여 5대 명절로 삼았다고 한다.[6] 이런 한식은 청명절과 같은 날이거나 하루 뒤에 들기도 한다. 그래서 우리 속담에서 "한식에 죽으나 청명에 죽으나 매일반"이라고 한다.

1924년 4월 5일자 『동아일보』에서 "오늘이 청명淸明이오 래일이 한식寒食인데 례년마다 이때가 되면 피는 개나리꼿은 그만두고 할미꼿도 볼수가업고 때안인눈이 작사일새벽에는 나붓기며 전일부터는 바람은 굿칠줄모르고 의연히 풍셰가 험악하여젓다."[7]고 하여 청명과 한식을 하나로 묶어 기사화하고 있다. 이 시기의 신문에서는 '어제는 청명 오늘은 한식', '오늘은 청명 내일은 한식', '오늘이 청명이자 한식'이라는 식으로 청명한식을 한꺼번에 다루고 있다. 1940년 8월 일제에 의해 신문이 강제로 폐간되기 전까지 청명과 한식에 대한 기사는 매년 꾸준히 등장하고 있다.

지금까지 진행된 기존의 세시풍속에 대한 연구는 세시 풍속 일반에 관한

---

5 「한강에서 落火大會」, 『매일신보』, 1917. 6. 6(국립민속박물관 편, 『한국세시풍속자료집성 - 신문·잡지편(1876~1945)』, 민속원, 2003. p.278에서 재인용). 인용문 중에서 고어(古語)투는 문맥에 지장이 없는 범위 내에서 현대식으로 표기하며, 한자는 한글로 변환하고 필요한 경우에만 한자를 병기한다.

6 홍석모·이석호 옮김, 「동국세시기」, 『조선세시기』, 동문선, 1991. p.73.

7 「시절(時節)에 풍설(風雪), 격변하는 근일의 긔후」, 『동아일보』, 1924. 4. 5.

연구로 개별적인 세시에 대한 연구는 극히 드문 편이다.[8] 이 글에서 다루고자 하는 일제강점기의 한식에 대한 논의는 기존 연구에서 개괄적으로 언급되었을 뿐, 본격적인 논의를 찾아보기 어렵다. 기존의 한식에 대한 연구로는 이은성의 「한식의 청명일에 대한 주기성과 일진의 변동」[9]과 김승심의 「한·중 시가 속에 표현된 세시문화」[10]가 있다. 이은성의 연구는 과학적인 관점에서 한식일이 청명일과 겹치는 날의 법칙성을 규명한 것이다. 그리고 김승심의 연구는 한식과 청명을 주제로 한 한시를 통해 중국과 한국의 세시풍속의 차이를 고찰한 것이다. 문학작품을 통해서 본 것이기는 하지만 한식 청명에 주안점을 둔 본격적인 연구라는 점에서 의의가 있다. 김승심의 연구는 '조선전기와 당대'라는 부제에서 알 수 있듯이, 이 글에서 논하고자 하는 일제강점기에 관한 언급은 미미한 편이다.

이 글은 일제강점기 신문잡지에 나타난 한식의 유래를 살펴보고, 신문잡지에 나타난 한식 자료를 통해 한식명절이 어떻게 변모되어 가는지에 대해 고찰하고자 한다. 이를 위해 이 글에서는 1920년대와 1930년대의 신문잡지 기사를 수록한 『한국세시풍속자료집성 – 신문·잡지편(1876~1945)』[11]를 비롯하여 『동아일보』, 『조선일보』, 『조선중앙일보』 등의 신문과 『별건곤』, 『삼천리』 등의 잡지에 수록된 한식 관련 자료를 활용한다. 이 글에서 논의

---

8 김명자, 「세시풍속 연구 50년」, 『전통문화연구 50년』, 이화여대 한국문화연구원 편, 도서출판 혜안, 2007의 참고문헌을 참조할 것.

9 이은성, 「寒食의 淸明日에 대한 週期性과 日辰의 變動」, 『한국과학사학회지』 1-1, 한국과학사학회, 1979.

10 김승심, 「한·중 시가 속에 表現된 歲時 文化 – 朝鮮前期와 唐代의 寒食淸明詩 中心으로」, 『중국인문과학』 37집, 중국인문학회, 2007.

11 국립민속박물관 편, 『한국세시풍속자료집성 – 신문·잡지편(1876~1945)』, 민속원, 2003. 이하 『자료집성』으로 약함.

의 대상으로 삼은 자료는 모두 30편이다.[12]

2. 한식명절의 유래

1) 문헌자료에 나타난 한식의 유래

우리나라에 한식풍습이 언제 들어왔는지 정확한 기록이 없어 분명치 않다. 다만 문헌상 고려 초기에 한식절에 대한 기록이 있는 것으로 보아 이미 신라 때는 우리나라에 들어왔을 것으로 추정된다.[13] 기존의 세시풍속 연구와『동국세기기』를 비롯한 세시기류, 그리고『조선왕조실록』등의 자료를 종합하면, 한식의 유래는 크게 1) 개자추설, 2) 개화의례설, 3) 화재예방설 등으로 세분할 수 있다.

첫째, 개자추설은 중국 진나라의 충신인 개자추가 불에 타 죽은 것을 애도하기 위해서 한식에 불의 사용을 금했다는 것이다.『형초세시기』2월조 한식의 유래에서 "개자추介子推가 3월 5일 불에 탔는데 나라 사람들이 그를 애도하여 매해 늦은 봄 불을 지피지 않아 금연禁煙이라 하였다. 그것을 어기

---

12 구한말과 일제강점기에 발행된 신문과 잡지에서 세시풍속 관련 기사와 논문, 에세이를 취합한『자료집성』에는 모두 17편의 한식관련 자료가 수록되어 있다. 이 책에 수록된 자료 이외에 신문과 잡지에서 모두 13편을 새로 확인할 수 있었다. 자료명은 다음과 같다. 「時節에 풍설風雪, 격변하는 근일의 기후」,『동아일보』, 1924. 4. 5; 「寒食의 哀愁를 따라서(三)」,『동아일보』, 1924. 4. 9; 「寒食이자 첫 공일인昨三月三日」,『시대일보』, 1924. 4. 7; 「蹴球大會開催, 寒食節을 機會로, 臨溟靑年會」,『동아일보』, 1927. 4. 3; 「봄풀은푸르건만 님은가고아니와」,『동아일보』, 1928. 4. 7; 「나물먹이 켜는 부인네 봄빛까지 딴다, 今日淸明 明日寒食」,『동아일보』, 1933. 4. 5; 「부인, 내일은 한식, 옛날부터 전해오는 이날의 여러 가지 습관, 한식제에는 송편을 쓴다」,『조선중앙일보』, 1933. 4. 6; 「淸明이자 寒食 강남 갓든 제비 오는 날 掃墳하는 날도 내일(寫)」,『동아일보』, 1935. 4. 5; 「淸明時節雨紛紛, 來日은 淸明 모래는 寒食」,『동아일보』, 1936. 4. 5; 「來日은淸明이자寒食, 앞으로는春寒도解消된다」,『동아일보』, 1939. 4. 6; 「명일이 한식, 차게음식먹는날」,『동아일보』, 1940. 4. 6 등 모두 11편과 잡지의 경우 「寒食祭의 來歷-俗歌 방아타령의 개자추 이약이」,『별건곤』38호, 1931. 3. 1; 「朝鮮の寒食日」,『조선』(제107호), 1924. 3. 1. 등이다.

13 최상수,『(한국의 미) 세시풍속』, 서문당, 1988, pp.100~101.

면 비와 우박으로 논밭이 상"하였다.[14] 『동국세시기』 한식 조에서도 "중국 춘추시대 제齊나라 사람들은 한식을 냉절冷節이라 불렀고, 또 숙식熟食이라 고도 하였으니, 이는 개자추介子推가 타서 죽은 것을 마음 아파하고 가련히 여겨 불을 금하는 유속遺俗"이라고 하여 중국과 마찬가지로 한식의 유래를 개자추와 관련해서 설명하고 있다.

한식의 유래를 개자추에서 비롯된 것으로 여기는 것은 오늘날에도 마찬 가지이다. "이날(한식 - 필자 주)은 더운밥을 먹지 않고 찬밥을 먹는데, 이것은 중국 진나라의 충신 개자추의 혼령을 위로하기 위해서라고 전한다."[15]고 하 거나 "중국의 진나라 때 충신 개자추의 넋을 추모한 데서 유래"[16]한 것이라 거나 "중국 진나라 충신 개자추의 설화가 전하고 있는데, 그래서 성묘일로 되었다"[17]고 한다. 민속학 입문서와 자료집에서 한식의 유래를 개자추와 연 계해서 설명하는 것은 『형초세시기』를 비롯한 세시기의 기록을 그대로 수 용한 결과이다.

둘째, 개화의례설은 구화의 소멸과 신화의 점화 과정 사이에서 불을 사용 할 수 없었던 관계로 찬밥을 먹게 된 것에서 한식이 유래하였다는 것이다. 최남선은 옛날에 종교상의 이유로 일 년에 한 번 봄에 새로운 불을 만들어 서 대궐 안으로부터 민간에 새 불을 반포하고 그에 앞서 묵은해에 써오던 불을 금단하여 이 날은 불이 없어 지어 두었던 밥을 찬 채로 먹게 되었는데, 여기서 한식이 생겼다는 것이다.[18]

그런데 최남선이 지적한 것처럼 개화의례는 1년에 한 번 봄에 행해진 것 이 아니다. 태종 6년 3월 24일에 『주례』를 상고하면 "하관夏官 사관司爟이 행화行火의 정령政令을 맡아 사철에 나라의 불國火을 변하게 하여 시질時疾

---

14 종름, 상기숙 역, 『荊楚歲時記』, 집문당, 1996, p.95.

15 임동권, 『한국 세시풍속』, 서문당, 1974, p.121.

16 민속학회, 『한국민속학의 이해』, 문학아카데미, 1994, p.114.

17 최인학 외, 『한국민속학 새로 읽기』, 민속원, 2002, p.164.

18 최남선, 『조선상식문답』, 삼성문화재단, 1972, p.102.

을 구제한다."고 하면서 "제철에 맞는 방위색의 나무로 불씨를 만들어 음식을 끓이면 음양이 절후가 순조롭고, 역질과 같은 재앙이 없어"진다고 하였다.[19] 이것은 중국의 경우도 마찬가지였다. 『주례』하관 사관조 이외에 후한 때 왕충의 『논형』에는 5월에, 『주례』춘관에는 동지에, 『회남자』에는 맹동에, 『후한서』예의지 중에는 동지에 새 불을 불사르는 것이 보인다.[20] 매년 계절에 맞춰 주기적으로 개화의례가 행해진 것은 새 불을 통해 전염병과 같은 질환을 물리칠 수 있다고 믿었기 때문이다. 여기서 불은 정화를 의미한다. 새로운 불을 일으켜서 에너지가 떨어진 묵은 불을 대신하여 인간을 재액으로부터 보호하고자 했던 것이다.

셋째, 화재예방설은 한식에 불을 금하는 것은 화재를 예방하기 위한 사전조치라는 것이다. 민속학 입문서와 백과사전류에서는 한식의 유래를 개자추설과 개화의례설에 빗대어 설명하고 있는 것으로 보아 그동안 화재예방설은 크게 주목받지 못하였다. 화재예방설에 처음으로 주목한 사람은 이규경이다. 이규경은 「한식춘추이사복랍변증설寒食春秋二社伏臘辨證說」[21]에서 한식은 24절기와 72후에 들지 않으면서도 曆에 들어간 이유에 대해 반증하였다. 이규경은 여러 정황상 한식의 금화는 춘절의 마지막 절기에 불을 지피는 일이 많아 화재가 날 우려가 있기 때문에 생긴 것으로 결론을 내린다. 『형초세시기』에 동지冬至가 지나 105일이 되면 바람이 심하고 큰 비가 있어 불 지피는 것을 3일 금하였다는 기록과 함께 중춘에 목탁으로써 나라 안의 불을 금했는데, 이것은 "계춘季春에는 불을 내기 쉽기 때문이"라고 한다. 즉 화재의 예방을 위해서 나라에서 불을 금했다는 것이다. 『형초세시기』에서는 개자추설 이외에 화재예방설을 통해 한식의 유래를 설명하고 있다. 다만 개자추설이 장황하게 열거되어 있을 뿐이다.

---

19 태종 6년(1406) 3월 24일(갑인).

20 최상수, 『한국 민속문화의 연구』, 성문각, 1988, p.98.

21 주영하, 「19세기 세시 풍속에 대한 지식인의 인식」, 『19세기 조선, 생활과 사유의 변화를 엿보다』, 돌베개, 2005, p.145.

2) 일제강점기 신문잡지에 나타난 한식의 유래

1925년 『동아일보』에 「학창산화, 한식」에서 개자추설이 언급된 이후, 일제강점기의 신문잡지에 한식의 유래가 집중적으로 거론된 시기는 1930년대이다.

「학창산화, 한식」[22]에서 "한식의 유래는 왕석삼대往昔三代때에 은나라 충신 개자추가 간신에게 방추를 당하여 금산錦山에 숨어잇엇다 주문왕이 주왕紂王을 토멸하고 자추의 고충을 생각하고 채용하랴고 차자 보앗스나 보이지 안키 때문에 산에 방화하면 나아오려니 하고 방화하엿스나 자추는 이군봉사二君奉仕를 조와하지 아니하야 그대로 나오지 아니하고 분사焚死하엿다 이것을 보고 국인國人은 자추의 충성에 감복되야 해마다 이날에는 불을 삼간다는 뜻으로 그날은 밥도 짓지 아니하고 전날 지은 소위 찬밥을 먹는데서 기원되엿다 그러나 그것은 그 실 진나라 문공때 일이다"고 한다. 개자추가 타죽는 이유를 '이군봉사二君奉仕'로 설명하고 있다는 점에서 기존의 개자추 설화와는 차이를 보인다. 그러나 한식의 유래가 개자추의 분사한 것에서 비롯되었다고 하는 점에서는 일맥상통한다.

1939년 4월 6일자 『동아일보』에 "한식의 기원起源을 진晉나라의 개자추介子推가 면산綿山에서 타 주근 것을 문공文公이 몹시 애도하야 이 날이면 불을 금하고 차게 먹어 이날을 기념하엿다는 것은 누구나 잘 아는 사실이"다. 그러면서 『형초세시기荊楚歲時記』의 "동지로부터 백오일이나 육일경에는 흔히 질풍과 폭우가 잇으므로 삼일동안 불을 금하고 이를 한식이라 일넛다 하였다."거나 『유향별록劉向別錄』을 근거로 한식을 부인하는 것에 대해 "이날에는 선조의 문묘에 주과를 가춰가지고 가서 성묘드리고 오는 풍속으로 보와도 이날은 애도哀悼 추모追慕의 뜻으로 보내는 기념명절이 되엇으니 아마도 한식이란 만고의 원한을 품고 불 가운데 고혼이 된 개자추를 조상하는 의미

---

22 「學窓散話, 寒食」, 『동아일보』, 1925. 4. 6.

로서의 생긴 것이라고 믿는 것이 가장 올을 줄 안다."고 한다.[23] '질풍과 폭우'로 인해 3일 동안 불을 피우지 못하게 했다는 화재예방설을 통해 한식의 개자추설을 부정하는 논지를 강하게 비판한다. 1940년 4월 6일자 『동아일보』에서도 "먼산에서 법국이 소리가 들여온다 한식을 한로 앞둔지라 개자추介子推 넋을 추도追悼하는 듯"[24] 구슬프게 운다고 하였다.

「한식제의 내력」[25]에서 '방아타령'의 노랫말 중에서 "먼-산에 봄이 들어 불탄 잔디에 새속 입나니 개자추의 넉이로다…"라는 구절을 인용하면서 한식이 중국 진나라 충신인 개자추에서 비롯되었다고 한다. 이 글의 필자는 "비록 속가俗歌라 하지만은 그 말의 내력으로 말하면 참으로 장열하고 비절悲絶함"이 있다고 하면서 개자추가 문공을 위해 행했던 일과 산에서 타죽게 되는 과정을 흥미롭게 재구성한다. 그리고 결말에 "진나라의 상하가 함께 우리가 잘 살게 되는 것은 개자추의 덕이라는 것을 깁히 깨닷고서는 그의 고덕高德을 갑기 위하야 숨어가 잇든 산일음을 개산介山이라 곳치고 그의 죽은 날에는 매년 엄숙한 제전을 행하야 하로 동안 화기를 끈코 명복을 빌엇다고 합니다. 이것이 한식날에 제지내는 시초가 되엿다"고 한다.

1935년 4월 6일자 『동아일보』에서 "한식은 동지 지낸지 백오일 만이다. 그러므로 백오절百五節이라고도 한다." 이런 한식의 출처를 예전에는 개자추의 충성에서 비롯된 것이라고 하는데, 조선에서는 그런 관념이 무슨 소용이 있겠느냐고 반문한다. 그러면서 "조선에서는 예로부터 조상에 대하야 위선하는 성의가 만음으로 이 청명시절을 당하면 조상 산소에를 가는 것이 정례"화 되었다고 한다.[26] 한식이 중국의 개자추에서 유래되었다는 설에 대해 부정적인 태도를 보이면서 조선에서의 한식은 조상을 위하는 마음에서 비롯된 것으로 보고 있다. 비록 한식이 중국에서 유입된 풍속일지 모르지

---

23 「來日은 淸明이자 寒食 앞으로는 春寒도 解消된다」, 『동아일보』, 1939. 4. 6.
24 「明日이 寒食 차게 음식 먹는 날」, 『동아일보』, 1940. 4. 6.
25 「한식제의 내력」, 『별건곤』 38호, 1931. 3. 1, p.33.
26 「淸明이자 寒食 강남 갓든 제비 오는 날 掃墳하는 날도 내일」, 『동아일보』, 1935. 4. 6.

만, 그 기저에는 조선 특유의 조상숭배사상이 깔려있다는 것이다.

1936년 4월 5일자 『동아일보』에서 "예전풍속에 이 날이 되면 불을 가는 때改火이니, 한식 때는 유류화榆柳火로 고쳐 쓰게 한다. 이날을 냉절冷節, 숙식熟食, 금화禁火라고 한다. 냉절로 인함인지 금년 한식은 상당한 치위로 동복을 벗기 어렵게 되엇"[27]다고 하면서 한식날 찾아온 추위를 한식의 이칭에 빗대어 설명하고 있다. 유류화란 한식(청명절)에 새로운 불씨를 나눠주는 것으로, 한식의 유래를 개화의례에서 찾고 있다.

이상의 신문잡지에서 한식을 다룬 내용을 종합해보면, 기존의 문헌에서 다루고 있는 개자추설, 개화의례설, 화재예방설이 모두 등장한다. 그리고 기존의 문헌에 수록된 내용을 거의 그대로 답습하는 경우가 대부분이다. 이 시기의 신문잡지에서 한식의 유래는 개자추와 연계시켜 설명하는 방식이 가장 일반적이다. 이것은 『형초세시기』와 『동국세시기』에서 한식의 유래를 억울하게 죽은 개자추에서 비롯되었다고 하는 것과 무관하지 않은 듯하다. 특히 『형초세시기』에서는 한식의 유래를 개자추의 일화와 연계하여 장황하게 설명하고 있다. 이러한 영향으로 우리나라에서도 한식은 개자추와 연관지어 설명하였던 것이다.

위의 신문기사에서 눈에 띄는 것은 한식을 우리의 조상숭배사상에서 비롯되었다고 하는 1935년 4월 6일자 『동아일보』 기사이다. 한식을 조상숭배와 연관시킨 것은 한식의 주요 행사가 '차례와 성묘'이기 때문이다. 이에 대해서는 다음 장에서 자세히 언급하겠다. 우리 고유의 문화와 한식을 결부시키는 것은 김택규의 경우도 마찬가지이다. 김택규는 한식의 중국 기원설에 대해, '불열한식不熱寒食'의 관념은 파종 전의 금기와 결부시켜 한국 재래의 춘계春季 파종의례에서 비롯된 것으로 보았다. 그는 한식의 절사, 청명의 답청, 상사上巳의 계욕禊浴 등이 중국에서 전래된 풍속으로 말미암아 중국 전래의 명칭과 개념을 갖게 되었지만, 이것은 어디까지나 농신이 조령과 밀접

---

27 「淸明時節雨紛紛, 來日은 淸明 모레는 寒食」, 『동아일보』, 1936. 4. 5.

해 있는 한국 재래의 춘계 파종의례라고 하였다.[28]『조선대세시기 Ⅰ』에서 한식에 "불을 금하는 것은 파종기播種期에 화기火氣로 인하여 곡식이 상하는 것을 피하려는 의미"[29]라고 한 것은 김택규의 견해를 수용한 것으로 보인다. 하지만 이에 대한 논의가 너무 소략하다는 점은 지적하지 않을 수 없다. 한식이 우리의 파종의례에서 유래되었다거나 조상을 추모하는 마음에서 비롯되었다고 하는 지적은 좀 더 깊이 있는 성찰을 필요로 한다.

3. 일제강점기 한식의 지속과 변화

1) 한식 차례와 성묘

한식날을 맞이하면 각 가정에서는 음식을 장만하여 차례를 지내고 성묘를 간다. 1921년 4월 6일자『동아일보』에 "금륙일은 음력 이월 이십팔일이니 곳 한식寒食날이다 년래에 의하야 우리 조선 사람의 가뎡에서는 한식다례를 지내고 성묘省墓도 할 것이니 오날 오전 아홉시부터 정오까지 광희문 밧과 기타 공동묘디에는 성묘하는 사람으로 사람의 산을 이루을 것"이라고 한다. 당시의 한식은 오늘날에 비해 중요한 세시의 하나였다.

한식을 맞아 각 가정에서 준비한 절식은 '송편'이었다. 1921년 4월 7일자『동아일보』에 "일반 가뎡에서는 아참에는 집에서 갓익은 송편으로 차례를 지나고 열시경부터 다각기 정성을 다한 제물을 가지고 문밧게 잇는 각 공동묘디로 향하야 나아가"서 묘지에 "송편을 끼언고 술을 부으면서 슬피우는 우름 소리는 자못 듯는 사람의 비회를 자아내엿"다고 한다.『동국세시기』에서 한식을 비롯한 4대 명절에 '술·과일·포·식혜·떡·국수·탕·적' 등으로 제사를 지내는데, 이것을 절사節祀라고 한다. 그런데 위의 기사에서 일반 가

---

28 김택규, 앞의 책, p.258.

29 이창희·최순권 역주,『조선대세시기』Ⅰ, 국립민속박물관, 2003, p.46. 이 책의 각주 73에서는 파종의례 이외에 화재예방과 개자추설에 대해 간략하게 언급하고 있다.

정에서는 아침에 집에서 갓 익은 송편으로 차례를 지내고 성묘를 간다는 것으로 보아 이 시기의 일반 가정집에서는 한식차례를 지내면서 술과 떡을 제외한 '과일·포·식혜·국수·탕·적'은 쓰이지 않았을 수도 있다. 절기상 한식에는 새 과일이 나는 시기가 아니기 때문이다. 『동국세시기』에서 '술·과일·포·식혜·떡·국수·탕·적' 등으로 명절에 제사지냈다는 것은 일반적인 현상은 아니며 사대부 양반가에 국한된 것으로 보아야 할 것이다.

한식차례뿐만 아니라 성묘할 때도 송편이 쓰였음을 알 수 있다. 유만공의 『세시풍요』에 수록된 「한식」이란 한시에서 "흰 송편을 찌고 막걸리를 처음 거르며" 밥을 새로 해서 조상의 산소를 찾아가 성묘하는 민가의 풍경을 소개하고 있다.[30] 1920년대 이전에도 송편은 한식명절에 중요한 시절음식이었던 것이다. 1933년 4월 6일자 『조선중앙일보』에 「부인, 내일은 한식, 옛날부터 전해오는 이날의 여러 가지 습관, 한식제에는 송편을 쓴다」는 기사가 있다. 지면상태가 좋지 못해서 그 내용을 파악하기가 곤란하지만, 한식차례와 성묘에서 '송편'이 주요한 음식이었음을 짐작할 수 있다.

집에서 송편을 빚을 여건이 되지 않았을 때는 떡집에서 송편을 구입하여 성묫길에 올랐다. 1918년 9월 20일자 『매일신보』에서 "사대문으로 나가난 길에난 젼대로 송편을 파난 가가가 젹지 안이하나 송편은 엇더케 자라젓난지 금년의 일젼자리만도 못하다고 마누라난 탄식하난대 쌀 빗싼 불통은 귀신의 압헤 흠양되난 송편까지 죠라지게 하얏더라"[31]고 한다. 쌀값이 올라서 그 불통이 귀신 앞에 흠향되는 송편에까지 영향을 미쳐 크기가 작아진 것을 한탄하고 있다. 「중추다운 중추절」에서도 "츄셕차례의 음식을 나르난 목판 근쳐 산소에 올너가난 마누라의 송편보퉁이 등이 뒤를 이어 왓다갓다 경셩의 츄셕은 이와 갓치 번화"[32]하였다고 한다. 한식과 추석의 성묘에서 송편

30 『조선대세시기』 II, 국립민속박물관, 2005, p.26.

31 「秋夕墓前에도 米價影響, 다행히 무스한 츄셕날 일긔」, 『매일신보』, 1918. 9. 20(『자료집성』, p.452에서 재인용).

32 「仲秋다운 仲秋節」, 『매일신보』, 1916. 9. 13(『자료집성』, p.450에서 재인용).

은 누구나 준비해야 하는 기본적인 제수용품이었던 것이다.

그런데 명절에 쓰는 송편은 평상시에 먹는 송편과는 크기와 모양에 있어서 차이가 있었던 것으로 보인다.

> 가튼 송편에도 조흔 날에 쓰는 것은 갈고 구진 날에 쓰는 것은 굴거야 하는데 추석송편은 좀더 크고 무식스러워 손짜국이 꾹꾹 저야 운치잇습니다 서울서는 추석송편도 □□송편 모냥으로 잔챙이를 맨들어 것도 얌전하게 빗고 소도 얌전하게 너흐나 그것은 도리어 운치를 상하는 날입니다.[33]

위의 인용문은 1935년 9월 13일자 『조선일보』 기사의 일부이다. 명절인 추석에 사용하는 송편은 소를 넉넉히 넣고 크기도 평소에 먹는 송편보다 커다랗게 만들었다. 서울의 경우는 평소와 마찬가지로 송편을 작게 만들고 소를 얌전하게 넣는데 이것은 명절의 분위기에 맞지 않는다는 것이다.

「경성명물집」[34]에서 경성 음식의 명물을 논하면서 "경성의 시식時食인 특색은 그대로 보존하야 봄에는 쑥송편 가피떡 송긔떡 빈대떡이요 4월8일에는 느트떡 5월 단오에는 취떡 6, 7월에는 증편 깨인절미 8월 추석에는 송편 겨울에는 시루떡(그 중에는 종류가 수다하다) 두투떡 등이 유명하다."고 한다. 송편은 추석뿐만 아니라 봄철에도 먹었던 대표적인 시절음식이었던 것이다. 오늘날에는 팔월 추석에 햅쌀로 송편을 빚어 차례를 지내고 묘소에 올리기 때문에 추석의 대표적인 절식으로 인식한다. 특히 추석을 앞두고 여러 날 전에 연한 솔잎을 뜯어 깨끗이 손질해 두었다가 갈피갈피 솔잎을 깔고 송편을 찌기 때문에 떡에 은은한 솔 내음이 묻어나고, 여기에 자연스럽게 솔잎 자국이 없혀져 무늬가 멋스러울 뿐만 아니라 멥쌀 떡의 쫄깃쫄깃한 맛

---

33 「오늘 하로는 송편朝鮮」, 『조선일보』, 1935. 9. 13(『자료집성』, p.496에서 재인용).
34 「京城名物集」, 『별건곤』 제23호, 1929. 09. 27, p.102.

과 각색으로 넣은 소의 맛이 한데 어울려 송편은 한국의 떡 맛을 대표하는 음식이라고 정의한다.[35] 하지만 한식날 차례와 성묘 때 송편이 사용된 것으로 보아 송편은 추석만의 시절음식이 아니었다. 따라서 기존에 송편을 추석 명절에 먹는 대표적인 시절음식으로 기술하는 것은 재고되어야 한다. 오늘날엔 계절에 관계없이 송편을 만들어 먹기 때문에 절식에 대한 개념이 점점 희박해져가고 있다.

한식에서 중요한 것은 성묘였다. 1920년 4월 7일자 『동아일보』에서 "우리 동포의 조상을 사모하는 특증은 족히 세계에 자랑할 바이라 매년 한식 때이면 왼조선 각디에 성묘가는 나근에가 끈치지 안튼터이라"고 하여 한식 때는 전국적으로 성묘가 성행했음을 밝히고 있다. 일제강점기까지의 한식은 "산소를 차자가 작년 팔월 추석이후에 처음 한번 설게 우는 날이엇다"[36] 1916년 9월 13일자 『매일신보』에서도 "한식 다음에 츄셕 일년 이차 성묘가 난 명절이라"[37]고 한다. 이것으로 보아 성묘는 주로 한식과 추석에 이루어졌음을 알 수 있다. 이것은 『동국세시기』와 『경도잡지』의 한식조에 도시 풍속에 산소에 올라가 제사를 올리는 것은 설날·한식·단오·추석의 네 명절에 행하는데, 성묘는 집안에 따라 약간 다르지만 한식과 추석에 가장 성하다고 한 것과 내용상 일치한다.

오늘날에는 설날에 집에서 차례를 지내고 조상의 묘를 찾아 성묘한다. 그런데 세시기류와 당시의 『동아일보』·『매일신보』 등에 수록된 신문기사를 종합해 볼 때, 오늘날처럼 설날에 성묘하는 것은 보편적인 현상이 아니었던 것이다. 최상수는 성묘하는 풍속에 대해 중국의 예교가 우리나라에 들어온 뒤부터 생긴 것으로 보았다. 고려시대 때 한식날에 성묘하는 것을 허락했던 것으로 보아 성묘는 원래 한식날에만 행했던 것인데, 이것이 훗

---

35 『한국세시풍속사전-가을편』, 국립민속박물관, 2006, p.223.

36 「寒食省墓, 작일의 가장 큰일, 묘디의 인산인해」, 『동아일보』, 1921. 4. 7.

37 「仲秋다운 仲秋節, 비는 긔이고 날은 쓸쓸ᄒ며 달빅죠코 셩묘가기도 됴타」, 『매일신보』, 1916. 9. 13(『자료집성』, p.450에서 재인용).

날 우리의 한가위 명절에도 성묘를 하게 되어 일 년에 두 차례씩 하게 되었다고 한다.[38]

1924년 4월 8일자 『동아일보』에서 "한식이 되엿다고 넓으나 넓은 공동묘디에는 사람이 뒤덥혀 울고불고 야단들이다 어버이를 부르는 작식의 우음, 남편을 부르는 소복한 과부의 울음"이라고 한다. '소복한 과부'처럼 한식성묘에 참여하는 사람들의 모습은 장례 때와 마찬가지로 상복차림이며, 죽은 이를 그리워하며 목놓아 우는 정경이 애달프기 그지없다. 마치 한식성묘의 모습이 초상 치룰 때를 연상케 한다. 이렇게 소복을 입고 죽은 사람을 그리워하며 애끓는 마음을 표현한 것은 1930년까지이며 이후의 기사에서는 이러한 정경을 찾아볼 수가 없다.

산소를 찾아가서 우는 것은 "절계節季의 정조에 딸아 자연히 돌아간 선조를 생각하는 맘이 생"[39]기 때문이다. 신림申琳은 「편상수제片想數題」[40]에서 "어느 명절보다도 추석秋夕, 한식寒食갓흔 때"에는 "평범하게 지날냐야 지날 수 업시 마음속 한구석에는 심상치 안은 감회를 자아내게 된다."고 한다. 그러면서 할아버지의 무덤에 찾아간들 너 잘 왔나 하는 말 한마디 없으련만 그래도 공경하는 마음으로 추모하는 뜻으로 무덤 앞에 나아가 술 한 잔 놓고 왔으면 마음은 편하겠다고 하면서 객지에서 추석을 맞이하는 자신의 처지를 한탄하고 있다. 소위 명절이라고 하는 날에는 그 감회가 남다를 수밖에 없다는 것을 우회적으로 표현하고 있다.

> 좃타고 하난 명절은 명절이지만은 슈구문밧 공동묘디에난 남녀로소 할 것 업시 울긋불긋한 새옷입은 사람들 한심하게도 느러잇난 묘소 압혜 업다려서 고흔 옷이 얼룩지난 줄도 모르고 흙흙

---

38 최상수, 『한국 민속문화의 연구』, 성문각, 1988, p.100.

39 「學窓散話, 寒食」, 『동아일보』, 1935. 4. 6.

40 申琳, 「片想數題」, 『삼천리』 7권 10호, 1936. 11, pp.183~185.

늦기어 가며 아이고! 아이고 우는 모양은 문득 알 수 업난 몽농하
늣김을 사람에게 준다[41]

　　오늘 묘디가 만흔 곳에들 가면 어대든지 남녀로소가 묘소에 와
서 처량스러운 소래로 우는 것을 볼 수 잇스며 어린 아해와 아가
씨들은 꼿가치 아름다운 추석비음을 입고 새실과를 주고 밧으며
노는 것도 자미잇스며[42]

　　한식과 추석의 성묘 정경을 묘사한 것을 보면 이 둘 사이에는 확연한 차
이가 있음을 알 수 있다. 한식과 추석에 묘소를 찾은 사람들이 구슬프게 우
는 모습은 별반 차이가 없으나, 성묘하는 분위기는 추석이 한결 여유롭다.
추석에는 "달이 밝아서 더위에 시달리든 몸과 마음이 새로운 긔운을 어들
뿐만아니라 새로운 곡식이 무르닉는 시절이라 하야 한식寒食 단오端午보다
도 더욱 질겁고 유쾌한 명절"[43]이었다. 「오늘은 팔월 가윗날 일년 제일 가
는 명절」[44]에서 "넷날에는 먹기는 팔월 한가윗날가치 한다고 하엿스니 이
명절은 잘 입기도 하려니와 그 보담도 잘 먹고 잘 노는 명절"이다. 이처럼
추석은 산 사람만 잘 먹고 잘 노는 것이 아니라 작고하신 조상님을 회상하
면서 그의 무덤을 돌아보는 날이기도 한 것이다. 추석명절에는 조상 산소에
가서 새 음식과 새 과일을 드리면서 절하고 묘에 풀도 베는 것이라고 하면
서 여러분도 오늘은 공일이니까 아버지나 형님을 따라 산소에 다녀와서는
유쾌히 잘 놀라고 당부한다. 추석은 "더도 말고 덜도 말고 한가위만 같아
라."는 말처럼 풍성한 과일과 곡식으로 사람들의 마음도 한결 여유가 있음

---

41 「歡喜의 秋夕=悲哀의 秋夕」, 『매일신보』, 1919. 10. 9(『자료집성』, pp.452~453에서 재인용).

42 「今日은 秋夕, 일년 중에 조흔철」, 『동아일보』, 1921. 9. 16.

43 「今日이 仲秋佳節」, 『조선중앙일보』, 1935. 9. 12.

44 「오늘은 팔월 가윗날 일년 제일 가는 명절」, 『조선일보』, 1937. 9. 19(『자료집성』, pp.499~500에서
　　재인용).

을 알 수 있다. 그리고 성묘객의 옷차림도 한식과는 달리 추석빔을 곱게 차려 입었다. 풍족함에서 오는 여유로움이 한식과 다른 성묘 분위기를 연출하였던 것이다.

2) 신문기사에 나타난 한식의 변화

1920년대의 한식 기사는 주로 차례와 성묘에 주안점을 두고, 이태원을 비롯한 서울 주변의 공동묘지에 성묘객으로 인산인해를 이뤘다는 식으로 보도한다. 그리고 성묘객의 서글픔 내지 애달픔을 표현한다.

> 맑고 밝은 청명淸明일에 피리소리는 더욱 곱게 들린다 어제가 청명이오 오늘이 한식寒食이니 치위는 다 지나고 일란풍화한 봄철은 젊은 혼을 고달프게 한다 압뜰의 개나리는 이미 피엇고 뒤ㅅ산 진달래는 붉으레 웃는다 한식날의 산야는 성묘省墓객으로 가득하게 되니 꽃은 철마저 다시 피건만 깰 줄 모르는 무덤우 곡성은 인생의 덧업슴을 말하지 안는가!

위의 인용문은 1929년 4월 6일자 『동아일보』에 실린 「한식」 기사의 전문이다. 청명한식을 맞아 추위가 지나가고 개나리와 진달래가 만개하였다고 하면서 날씨와 경치를 언급한다. 그리고 산야는 성묘객으로 가득 뒤덮이고, "꽃은 철마저 다시 피건만 깰 줄 모르는 무덤우 곡성은 인생의 덧업슴을 말하지 안는가!"라고 하면서 한식성묘를 통해 인생의 덧없음이나 허무함, 무상함 등을 부각시키고 있다. 이러한 정서적 표현은 한식을 다룬 다른 신문기사들에서도 찾아볼 수 있다. "눈과 얼음에 덥혓든 무덤에는 성묘객들의 울음꽃이 피게 될 것이건만 님자업는 무덤에는 오즉 종달새 우는 소리뿐!"[45]이라거나 "한번가고 다시 오지 안는 이를 생각하고 묵은 슯흠을

---

45 「淸明과 寒食」, 『동아일보』, 1928. 4. 6.

새로히 자아내어 목을 노코 통곡하는 부녀들도 많핫섯다"[46]거나 "묵은 등걸에 새싹과 새롭건만 한번가고 아니오는 이를 그리워 새눈물을 뿌리는 이도 얼마나 만흘가!"[47]라고 한다. 새봄의 푸름과 인생의 덧없음을 대비하여 슬픔을 극대화시키는 것이 1920년대 한식 관련 기사의 공식적인 어투인 듯하다.

그런데 1930년대 한식 관련 신문기사를 보면, 기사의 내용이 1920년대 와는 확연한 차이를 보인다.

> 때는 어느덧 모춘! 금잔디 속입 푸르니 종달새 창공을 갈고 날른다. 천자만홍의 맑고 새로운 대자연속에 이 강산의 봄은 깊어 간다.
>
> 입춘立春이 지난지 만이개월이요 또하로, 춘분이 지난지는 보름만인 금五일 오후 이시오십일분에 청명절이 닥쳐왔나 어제 낮 정오까지 실날 같이 뿌리는 봄비가 청명시절 우분분 노상행인욕단혼淸明時節雨紛紛 路上行人欲斷魂이란 시를 읊으며 행화초를 찾는 옛시인의 구슬픈 회포를 연상케하드니 어제밤 비 개고 구름 흩어진 하눌에 날아난 달빛이 더욱 맑고 밝아 청명절의 면목을 더욱 새롭게하엿다.
>
> 춘복춘주 경일망귀春服春酒竟日忘歸 이것은 구양수歐陽脩의 봄을 질겨 읊은 노래이어니와 양조장의 봄술을 얼마나 많이 비저넣는지 우리의 관심할바도 아니지만 봄옷까지도 준비 못된 우리의 봄노리는 무엇으로 질길가? 명일로 또다시 한식이 닥처오니 시근밥뎅이나 물고 개자추介子推의 불상한 혼이나 조상할가?
>
> 춘초년년록 왕손귀불귀! 옛사람의 애끊는 시속에 이봄은 저절

---

46 「봄풀은푸르건만 님은가고아니와」, 『동아일보』, 1928. 4. 7.
47 「今日淸明 明日寒食」, 『동아일보』, 1930. 4. 6.

로 깊어간다 귀촉도 두견의 우름소리 나기 시작하니 척촉화피는
봄빛은 아름답겟지만, 줄인배 움켜쥐고 나물깨는 새악씨들 봄빛
까지 따담을까, 우리는 애닯어한다.

위의 인용문은 1933년 4월 5일자 『동아일보』의 「나물먹이 켜는 부인네
봄빛까지 딴다, 금일청명 명일한식」 기사의 전문이다. 신문기사 전문을 인
용한 것은 1920년대와 1930년대 한식기사의 차이를 살펴보기 위해서이다.
위의 기사는 중국 당나라의 시인인 두목과 송나라의 문인인 구양수의 한시
를 인용하여 청명의 운치를 논하고 있다. 그리고 "명일로 또다시 한식이 닥
처오니 시근밥뎅이나 물고 개자추介子推의 불상한 혼이나 조상할가?" 하여
한식의 유래를 개자추의 죽음과 연계시켜 설명한다. 여기에 "춘초년년록
왕손귀불귀"라는 왕유의 한시를 인용하면서 "척촉화피는 봄빛은 아름답겟
지만, 줄인배 움켜쥐고 나물깨는 새악씨들 봄빛까지 따담을까, 우리는 애닯
어한다."고 하면서 당시의 암울한 시대상을 우회적으로 보여주고 있다.
　성묘하는 사진으로 대신한 1932년과 1934년, 1938년과 기사를 찾을 수
없는 1937년을 제외한 1930년대 한식을 다룬 신문기사는 1920년대와는 확
연하게 대비된다. 위에서 살펴본 것처럼 전체적으로 한식을 전후한 시기
의 날씨와 기후 등 생활상을 먼저 언급하고 난 다음에 한식의 유래나 한식
과 관련된 한시를 활용하고 있다. 1920년대와 비교할 때, 1930년대 신문기
사는 분량이 늘어나면서 내용적인 면에서 좀더 다양해진다. 대신 이 시기의
신문기사에서는 공동묘지를 찾아서 죽은 이를 생각하면서 목놓아 울고 애
간장을 태우는 성묘객의 모습을 거의 찾아볼 수가 없다. 성묘 하는 사진 속
의 인물들을 통해 예전과 마찬가지로 죽은 사람을 그리워하고 있음을 유추
할 수는 있지만, 한식 기사 내용에서는 이를 찾아보기가 어렵다. 1930년대
에는 한식의 풍경을 직접적으로 묘사한 신문기사를 찾아보기 힘들다.
　강정원은 「근대 신문 및 잡지에 나타난 세시풍속」에서 민족주의적 내지
계몽주의적 성격을 띠고 있던 신문과 잡지의 특성이 세시풍속에 관한 기사

에도 영향을 미친 것으로 보고 있다. 이들 신문과 잡지에 나타난 세시풍속 기사는 사실성에 기반을 둔 것보다는 해설적인 기사가 더 많고, 해설의 경우는 세시의 유래 문제나 역사적 변천 양상 등에 관심을 보이며 동시에 그 세시의 불합리함을 부각시키거나 미신으로 간주하는 기사를 통해 새로운 세시의 필요성을 역설하는 경우가 많다고 한다.[48] 이러한 강정원의 지적은 1930년대 한식과 관련된 신문 기사에는 유용한 것으로 보인다.

1930년대는 일제가 대륙침략을 재개하면서 침략전쟁을 수행하기 위해 식민지 조선을 대륙침략을 위한 병참기지로 개편하고 인력과 물자를 수탈하고 동원 체제를 구축한 시기이다. 대륙침략을 재개하면서 이를 한층 강화한 것이 이른바 '황국신민화정책'이다. 그리고 이것을 뒷받침하기 위한 이념이 '내선일체'였다.[49] 이러한 상황 하에서 1930년대에 들어 한식과 관련된 신문기사가 왜 양적으로 증가하고 내용적으로 깊이 있는 논의가 이루어졌는지 그 이유를 밝히는 것은 쉽지 않다.

일제는 식민지 지배 기간 동안 줄곧 언론을 통제하고 이용하려는 정책을 실시한다. 다만 시기에 따라서 지배방식이 변하면 그에 따른 언론통제방식에 변화가 있었을 뿐이다. 1920년대는 문화정치를 표방하며 표면적으로나마 어느 정도 언론의 자유를 허용했으나, 1930년대에 들어서서는 매우 강력한 언론 통제를 실시한다. 신문검열·기사삭제·배포금지·발간정지 등 총독부의 취제와 통제를 받는 상황에서 당시의 조선 언론기관들이 자신들의 의사대로 신문을 발행하기는 어려웠을 것이다. 신문의 존속을 위해서 때론 일제의 정책과 방침을 소개하고, 그 통치에 협조하는 논조의 글을 게재할 수밖에 없었다. 그런 가운데 1930년대 『동아일보』와 『조선일보』의 기사 가운데는 조선의 역사와 문화, 조선 문화의 발전에 관한 내용의 사설을 자주

---

48 강정원, 「근대 신문 및 잡지에 나타난 세시풍속」, 『한국세시풍속자료집성 - 신문·잡지편(1876~ 1945)』, 국립민속박물관 편, 민속원, 2003, p.624.

49 김승태, 『중일전쟁 이후 전시체제와 수탈』, 독립기념관 한국독립운동사연구소, 2009, pp.20~21.

실었다.[50] 1930년대 초반에는 이충무공, 권율 장군, 을지문덕과 같은 우리의 민족과 국가를 위해 헌신했던 위인들의 유적을 집중적으로 조명한다. 그러나 1937년 이후에는 세 인물의 유적에 대한 사설은 없고, 일반적인 고적과 문화유산의 보호에 관한 사설이 중심을 이룬다. 이것은 내선일체를 표방하며 동화정치를 강화한 것과 연관이 있다.[51] 1930년대 신문기사에서 한식이 비중 있게 다뤄지는 것은 '조선문화'를 강조한 신문사의 방침과 무관하지 않다.

1920년대 들어 일제는 무단통치에서 문화통치로 정책방향을 수정한다. 이때 '구관존중'과 '민풍개선'의 기치 하에 민족적인 명절놀이를 제한된 범위 내에서나마 허용하게 된다. 물론 명절놀이를 할 때에는 반드시 관청당국의 승인을 받아야 했으며, 당국의 승인을 받는 경우는 친일주구나 개량단체가 주관하는 것에 국한되었다.[52] 이러한 일제의 식민지 정책의 영향으로 우리의 전통문화는 단절과 왜곡, 축소의 과정을 밟으며 침체하게 된다. 여기에 외부에서 유입된 새로운 풍속이 빠르게 전파되면서 우리의 기존 세시풍속은 그 의미를 상실하게 된다. 그 중의 하나가 조선시대까지 한 해를 정리하는 시기로서의 의미를 지녔던 동지가 양력의 보급과 함께 크리스마스라는 새로운 연말문화로 대체된 것을 예로 들 수 있다. 신문매체에서는 매년 연말이 되면 크리스마스 관련 기사와 함께 동지의 풍속을 소개하는 신문기사를 게재하였다. 이때 신문기사의 문면만 보면, 동지가 낯선 풍속이고 오히려 크리스마스가 한국사회의 풍속처럼 느껴진다고 한다.[53] 1930년대 한식 관련 신문기사가 1920년대보다 분량이 늘어나고 내용이 다양해진 것은

---

50 조규태, 「1930년대 한글신문의 조선문화운동론」, 『한국민족운동사연구』 61, 한국민족운동사학회, 2009, p.216.

51 위의 논문, p.219.

52 김문겸, 『여가의 사회학』, 한울아카데미, 1993, p.130.

53 염원희, 「크리스마스의 도입과 세시풍속화 과정에 대한 연구 - 개화기에서 일제강점기를 중심으로」, 『국학연구』 22, 한국국학진흥원, 2013, p.321.

침체된 한식의 의미를 되새기고, 다시 명절로서 자리 잡게 하기 위한 노력의 일환으로 볼 수 있다.

3) 한식의 쇠퇴

1924년 『시대일보』에서 "어제가 일요일이닛가 성묘자가 만흘줄 알엇더니 작년 이날 이만때에 비하여서 사람이 어림업시 줄엇다 하고 년년이 줄어든다"고 하면서 그 원인이 "조선사람의 생활이 점점 구차해짐으로 그런 것이라 하니 조선사람의 백골은 일년 두번 어더먹는 것조차 점점 어더먹지 못하게 되"였다고 하면서 "일년에도 내 산수 차저주오하는 묘디 일허버린 사람이 몃치나 되는지 알 수 업다"고 한다.[54] 경제사정이 어려워 한식임에도 불구하고 성묘할 수 없는 사람이 점점 늘어나고 있다는 것이다. 이러한 현상이 앞으로 더 심화될 것으로 예견한다. 한식의 쇠퇴를 가져오는 원인의 하나로 경제적 빈곤을 거론하고 있다.

이처럼 한식의 쇠퇴는 경제적 원인에만 기인하는 것은 아니다. 일제는 조선에서의 수탈을 극대화하기 위해 조선인의 일상생활은 물론 정신신앙생활까지도 지배하고 통제하려고 하였다. 그래서 식민지 통치 초기부터 우리 민족의 특성을 말살하여 일본에 동화시키려는 정책을 추진한다. 이러한 정책의 일환으로 일제는 대한제국 초기까지 거행되던 국가제례를 축소 내지 폐지시킨다. 국가제례는 국가적 정체성을 가장 구체적이고 상징적으로 보여주는 공식 의례이다. 조선 초기부터 고종 때까지 한식을 맞아 종묘와 전殿, 능陵, 궁宮, 원園에서 제향하였다.

국가제례의 변천 사항을 종합·정리하면, 조선시대의 국가제례는 꾸준히 증가해 오다가 고종대에 정점에 이르고, 순종대에 들어와 급격히 축소된다. 고종황제의 뒤를 이어 즉위한 순종은 1908년 7월 23일에 칙령 제50호 「향

---

54 「寒食이자 첫 공일인 昨 삼월 삼일, 일년만에 주인을 만난 공동묘지의 愁雲, 매해 줄어가는 성묘자들 조선 사람은 백골마저 주려」, 『시대일보』, 1924. 4. 7.

사이정享祀釐正에 관한 건」을 발표하여, 대사에 속하는 환구단, 사직, 종묘, 영녕전과 중사에 속하는 문묘 등 4종의 제례만을 남긴다. 그리고 선농단과 선잠단의 신주는 사직에 합치고, 관왕묘는 따로 관리방법이 정해지고 나머지는 모두 폐지한다.[55] 식민지 시대를 겪으면서 국가제례는 제례 본연의 기능을 완전히 상실하고 이왕가의 집안 행사로 전락하고 만다. 그리고 제례를 거행하던 공간도 사직공원과 철도호텔이 세워지는 등 본래의 모습이 파괴되어 그 흔적을 찾기가 어렵다. 일제의 침탈이 본격화되면서부터 한식은 국가제례로서의 의미를 상실한다. 이렇게 국가제례로서의 의미를 상실하여 공식적으로 한식제례가 거행되지 않은 것도 사람들에게 한식을 명절로 인식하지 못하게끔 영향을 미쳤을 것이다.

그리고 한식의 쇠퇴원인을 일제의 공휴일 지정과도 연계시켜 볼 수 있다.[56] 조선에 들어와서 한식은 서울과 시골, 지위의 고하를 막론하고 이 날을 조상께 문안하는 명일로 깍듯하게 지키고 이를 감히 어기지 못하게 하였다.[57] 1921년 4월 7일자 『동아일보』에 한식을 맞아 사람들이 "디방에 산소가 잇는 사람들은 그적게 저녁차에나 어제 아참차에 남대문과 청량리 명거댱을 떠나 선산을 향하얏"다고 한다. 이것으로 보아 한식은 단오와 추석 명절에 버금가는 큰 명절로 여겼음을 알 수 있다. 한식을 맞아 사람들이 지방으로 내려갈 수 있었던 것은 공휴일의 지정과 무관하지 않다. 1909년의 「사립학교 규칙」[58] 제9조 휴업일과 관련된 항목에 따르면, 한식은 속절휴학에 속한다. 속절휴학은 한식 전일로부터 한식일까지, 추석 전일로부터 추석일까지, 음력 12월 28일로부터 익년 정월 7일까지이다. 「조선의 한식일朝鮮の

55 김문식·송지원, 「국가제례의 변천과 복원」, 『서울 20세기 생활·문화변천사』, 김문식 외저, 서울시정개발연구원, 2001, pp.680~681.

56 강정원은 일제강점기에 서울의 단오가 쇠퇴하게 된 원인을 국가의 시간정책, 특히 공휴일과 관련된 정책에 따른 것으로 보고 있다(강정원, 「일제 강점기 단오의 변화」, 『한국민속학』 47, 한국민속학회, 2008, p.175).

57 최남선, 앞의 책, p.102.

58 「私立學校 規則」, 『기호흥학회월보』 제7호, 1909. 2. 25.

^{寒食日}」에서 한식은 "옛날에는 촌락에서 이 날의 명칭처럼 종일 불을 때지 않고 지내기도 하였으나 오늘날에는 그렇게까지는 하지 않지만 일반적으로 휴업하는 걸로 되어 있다."[59]고 한다. 이렇게 볼 때, 한식은 대한제국시기에는 공휴일에 속했으며 1920년대 초반까지는 기존의 관습에 따라 공휴일에 준해서 쉬었음을 알 수 있다.

우리나라의 국경일 제도는 1895년부터 시작하여 약 10여 년간에 걸친 작업 끝에 대한제국기에 형성된다. 이때 황제와 황실관련 축일이 큰 비중을 차지하였으며, 1908년 황실의 경축일에서 국가의 경축일로 전환된다. 조선총독부는 1912년 칙령 19호로 축제일을 지정하는데, 원시제(1월 3일), 신년연회(1월 5일), 신무천황제(4월 3일) 등 일본의 천황제와 관련된 경축일을 조선에서 그대로 시행한다. 그 후 1927년 3월, 조선총독부는 칙령 25호인 '제일 및 축일, 일요일을 공휴일로 지정한다'를 통해서 국가경축일과 공휴일을 연계시키고 기념일의 의미가 강화하기 시작한다.[60] 국가 지정의 휴일은 사람들의 생활리듬을 표준화하고 시간관을 단일화시키는 역할을 하게 됨으로써 기존의 세시에 막대한 영향을 끼치게 된다. 특히 양력이 일상화되면서 6일을 일하고 7일째 쉬는 일주일 단위의 생활에서는 전통세시는 그 의미가 퇴색할 수밖에 없다.[61] 관습적으로 휴식일로 여겼던 한식이 공휴일로 지정되지 못함으로써 일상생활에서 차지하는 비중이 상대적으로 낮아졌던 것이다.

한식의 쇠퇴를 경제적 측면과 정책적 측면 이외에 놀이적 측면에서 접근해 볼 수 있다. 물론 놀이적 측면은 일제강점기에 국한된 것은 아니다. 「팔월 한가위가 되면」 「팔월 한가위가 되면」,[62]에서 "조선의 명절하면 정월 초하루 즉[설]날을 빼노코는 팔월 한가위와 오월 단오를 친다 인심이 후덕하

---

59 「朝鮮の寒食日」, 『조선』(제107호), 1924. 3. 1.

60 공제욱·정근식 편, 『식민지의 일상, 지배와 균열』, 문화과학사, 2006, pp.123~124.

61 강정원, 앞의 논문, p.175.

62 『매일신보』, 1938. 10. 8(『자료집성』, p.506에서 재인용).

든 옛날에는 춥지도 더웁지도 안흔 이 때를 달녀 춘추로 한번 식 노는 날을 만들어 노코 단오에는 부인네의 명절이라 하야 추천을 하게 하고 추석에는 농군들을 늘덧든 것이"다. 정월의 설과 대보름, 단오와 추석을 3대 명절로 생각하는 것은 이 날이 놀이와 밀접한 관련이 있기 때문이다. 우리나라에서는 한식 때 고려와 조선 초기에 조정에서 가끔 잔치를 거행한 정도였으며, 근세에 이르러서는 성묘 한 가지 일이 정성껏 지켜질 뿐 다른 것은 다 없어진다. 이에 비해 중국에서는 옛날부터 투계闘鷄, 타구打毬, 추천鞦韆, 시구施鉤 등 집밖의 놀이가 이날의 절속이었다.[63] 중국의 한식은 세시에 따른 놀이가 존재하였지만 우리의 한식은 차례와 성묘에 주안점을 두고 간혹 잔지만 베풀었던 것이다. 설이나 단오처럼 명절에 따른 놀이가 존재하지 않는다.

『한국의 민속놀이』[64]에 의하면, 우리나라의 민속놀이는 대강 211가지라고 한다. 김광언은 211가지의 민속놀이를 각종 명절을 비롯하여 계절에 따라 12가지로 구분하였다. 211가지 중에서 연중놀이와 봄놀이, 여름놀이, 겨울놀이를 제외하면 명절놀이는 모두 59가지이다. 이 중에서 정월놀이가 12가지, 대보름놀이가 24가지, 수릿날놀이가 8가지, 한가위놀이가 5가지, 이월놀이(영등놀이)와 사월파일놀이가 각각 4가지, 백중놀이가 2가지 등의 순이다. 이렇게 볼 때, 신문기사에서 지적한 3대 명절과 민속놀이의 분포가 대체로 일치하고 있음을 알 수 있다. 한식이 성묘 이외에 별다른 놀이를 수반하지 않고 가족단위로 행해졌던 것도 한식이 명절로서의 의미를 상실하게 되는데 일조하였다.

---

63 홍석모 편저, 태경환 역주, 『서울·세시·한시』, 보고사, 2003. pp.313~314.
64 김광언, 『한국의 민속놀이』, 인하대학교 출판부, 1982, p.7.

4. 결론

지금까지 일제강점기에 발행된 『동아일보』, 『조선일보』, 『매일신보』 등의 신문과 『별건곤』, 『삼천리』 등의 잡지에 수록된 한식 관련 자료를 중심으로 한식의 유래와 한식명절의 변모양상을 살펴보았다.

한식의 유래를 규명하기는 쉽지 않다. 『동국세시기』와 『형초세시기』를 비롯한 세시기류와 『조선왕조실록』 등의 문헌자료를 종합하면, 한식의 유래는 크게 1) 개자추설 2) 개화의례설 3) 화재예방설 등으로 세분할 수 있다. 일제강점기의 신문잡지에서 한식에 대한 유래가 집중적으로 거론되는 시기는 1930년대이었다. 이 시기의 신문잡지에 등장하는 한식의 유래는 기존의 문헌에서 다룬 개자추설, 개화의례설, 화재예방설을 거의 그대로 답습하였다. 문헌자료와 마찬가지로 한식을 개자추설과 연관시켜 유래를 설명하는 것이 가장 일반적인 방식이었다.

그런데 개자추설은 조선초기부터 논란의 대상이 되었던 것으로 보인다. 태종이 문소전文昭殿에 나아가 한식제寒食祭를 행하고, 한식의 유래에 관해 묻자 김여지金汝知는 개자추와 관련된 설은 이미 옛사람이 그르다고 여겼다고 하면서 다만 동지 후 105일째 되는 날이라고 대답한다. 그러면서 이때는 빠른 바람疾風과 심한 비雨가 있기 때문에 역가曆家에서 한식寒食이라고 한다는 것이다.[65] 화재예방설을 언급하며 개자추설을 부정하고 있다.

우리나라에서 한식이 들어 있는 봄철은 불이 일어나기 쉬운 계절이다. 관계습도가 가장 낮은 3~5월은 산불이 가장 많이 일어나는 계절로, 이 기간 중에 연간 산불 총건수의 78%가 일어났다.[66] 산림청에서 2002년부터 2011년까지 전국에서 일어난 산불을 계절별로 집계한 바에 의하면, 지난 10년

---

65 태종 10년(1410) 2월 22일(기미).

66 『두산백과』

간 평균적으로 봄철에 일어난 산불이 59%로 제일 많은 것으로 나타났다.[67] 최근 봄철에 일어나는 산불의 수가 상대적으로 줄어들었지만 여전히 다른 계절에 비해 산불이 일어날 위험성이 크다. 이 시기에는 건조한 날씨가 계속되고, 이동성 고기압의 영향으로 실효습도가 50%이하로 떨어지는 일수가 많다. 여기에 바람이 강하게 불기 때문에, 조그마한 불씨라도 삽시간에 큰 불로 확대될 수 있다. 세종 조에 "청명절淸明節에는 아침나절에는 바람이 없다가, 오후가 되면 바람이 비로소 일기 시작"[68]한다는 기록으로 보아 우리의 기상조건을 고려하여 한식에 불의 시용을 금지하였던 것이다. 이렇게 볼 때 우리나라의 한식의 유래는 개차추설보다는 화재예방설을 중심으로 논의하는 것이 좀더 현실적인 접근이라 하겠다.

일제강점기의 신문잡지에 수록된 한식 자료를 종합해 보면, 오늘날에 비해 한식이 중요한 세시로 인식되었음을 알 수 있었다. 일제강점기에는 집집마다 정성껏 음식을 장만하여 차례를 지내고 성묘를 하였다. 이때 각 가정에서 차례를 지내기 위해 준비한 음식은 '송편'이었다. 1920년대 신문기사에 의하면, 각 가정에서는 한식을 맞아 송편을 쪄서 차례를 지내고 성묘를 가서 무덤가에 송편을 흩어놓았다. 차례와 성묘에 쓰인 송편은 평소에 먹는 송편과 달리 소를 넉넉히 넣고 커다랗게 만들었다. 오늘날 추석의 절식으로 인식되고 있는 송편이 일제강점기까지만 하더라도 한식의 차례와 성묘를 위해 누구나 준비해야 할 기본적인 제수용품이었던 것이다. 따라서 송편을 추석명절에 먹는 대표적인 시절음식으로 기술하는 것은 재고되어야 한다. 적어도 이 시기까지는 한식차례가 보편화되었음을 확인할 수 있었다.

예나 지금이나 한식에서 중요한 것은 성묘였다. 그런데 일제강점기의 성묘 분위기는 오늘날과 사뭇 달랐다. 1920년 4월 7일자 『동아일보』에서 조선의 조상을 사모하는 특징은 세계에서 자랑할 만하다고 하면서 한식 때가

---

67 http://sanfire.forest.go.kr
68 세종 13년(1431) 2월 26일(신유).

되면 온 조선이 성묘객으로 인산인해를 이뤘다고 한다. 실제로 1920년대의 신문기사에서는 한식을 맞아 각 공동묘지를 찾은 성묘객들의 울음소리로 인하여 마치 딴 세계에 온 듯한 착각에 빠져든다고 표현하고 있었다. 소복 차림의 성묘객들은 죽은 이를 그리워하며 절규하였다. 한식성묘의 정경이 마치 초상을 치를 때의 모습을 연상시켰던 것이다. 이러한 한식의 성묘 분위기를 통해서 볼 때, 당시에는 고인에 대한 애틋함을 적극적으로 표현하는 것이 사회적 미덕이었다.

일제강점기의 신문잡지에 성묘는 한식과 추석에 한다고 했는데, 이것은 『동국세시기』와 『경도잡지』의 기록과 일치하였다. 그런데 1920~30년대 신문 기사를 보면, 한식과 추석의 성묘 분위기는 극명한 차이를 보이고 있었다. 묘소를 찾은 사람들이 구슬프게 우는 모습은 한식이나 추석이나 별반 차이가 없으나, "더도 말고 덜도 말고 한가위만 같아라."는 말처럼 성묘하는 분위기는 추석이 한결 여유로웠다.

신문의 경우, 1920년대와 1930년대 한식을 다룬 기사 내용에 차이를 보였다. 1920년대 신문에 실린 한식 기사는 주로 차례와 성묘에 주안점을 두고, 이태원을 비롯한 서울 주변의 공동묘지를 찾는 성묘객의 근황을 소개하고 있었다. 이에 비해 1930년대의 한식 기사는 전체적으로 한식을 전후한 시기의 날씨와 기후 등을 소개한 이후에 한식의 유래나 한식 관련 한시를 활용한 기사들이 늘어나는 추세를 보였다. 따라서 1920년대의 신문기사보다 분량은 늘어나고 내용이 다양해졌다. 1930년대 신문기사에서는 1920년대처럼 공동묘지를 찾아서 죽은 이를 추모하는 성묘객의 모습을 거의 찾아볼 수 없었다. 1920년대와 비교했을 때 한식풍경을 직접적으로 묘사한 신문기사를 찾아볼 수가 없었다. 이러한 현상은 1930년대부터 시작된 『동아일보』와 『조선일보』의 '조선문화'를 고취하고자 하는 신문사의 방침에 따른 경향으로 보았다. 즉, 일제의 탄압으로 쇠퇴해 가던 조선의 문화를 되살리기 위한 노력의 일환으로 한식기사의 내용이 풍족해졌던 것이다.

1920년대 이후 한식은 명절로서의 의미가 점차 축소되었다. 이 글에서는 한식의 쇠퇴 요인을 경제적 측면과 정책적 측면, 그리고 놀이적 측면으로 세분하여 살펴보았다. 1924년『시대일보』에서는 경제적인 궁핍으로 한식 명절을 챙기는 사람들이 점점 줄어들고 있으며, 이러한 현상이 경제적 여건의 악화로 더욱 심화될 것으로 전망하였다. 정책적 측면에서는 국가제례의 위축과 국가공휴일의 제정을 한식 쇠퇴의 한 요인으로 보았다. 한식은 고종 때까지 국가제례의 하나로, 각 능과 원, 묘에서 한식제사를 지냈다. 그런데 일제의 침탈이 본격화되면서 한식을 비롯한 국가제례가 축소 내지 폐지되고, 제례를 지내던 공간은 사직공원과 철도호텔이 들어서면서 본래의 모습이 파괴되고 말았다.

한식은 대한제국시기에는 국가지정 공휴일에 속했다. 1920년대 초반까지는 기존의 관습에 따라 한식이 공휴일로 인식되어 서울 근교나 지방으로 성묘를 떠날 수 있었다. 하지만 관습적으로 휴식일로 여겼던 한식이 국가 공휴일로 지정되지 못함으로써 일상생활에서 차지하는 비중이 상대적으로 축소될 수밖에 없었다. 놀이적 측면에서 볼 때, 중국에서는 한식에 따른 세시 놀이가 존재하지만, 우리나라의 경우는 설이나 단오처럼 명절에 따른 놀이가 존재하지 않는다. 성묘 이외에 별다른 놀이를 수반하지 않고 가족끼리 조촐하게 지냈던 점도 한식이 명절로서의 의미를 상실하게 되는데 일조하였다.

이 글은 일제강점기 신문과 잡지에 나타난 한식자료를 중심으로 살펴본 것이다. 따라서 다른 세시풍속 전반에 대한 고찰에까지는 이르지 못했다. 이것은 추후의 과제로 남긴다.

| 참고문헌

『매일신보』,『동아일보』,『조선일보』,『조선중앙일보』,『별건곤』,『삼천리』,『조선』,『춘추』,『기호흥학회월보』,『조선왕조실록』,『조선인정풍속』,『두산백과』

『조선대세시기』 II , 국립민속박물관, 2005.

『한국세시풍속사전 – 가을편』, 국립민속박물관, 2006.

강정원, 「근대 신문 및 잡지에 나타난 세시풍속」, 『한국세시풍속자료집성 – 신문·잡지편(1876~
　　　 1945)』, 국립민속박물관 편, 민속원, 2003.

_____, 「일제 강점기 단오의 변화」, 『한국민속학』47, 한국민속학회, 2008.

공제욱·정근식 편,『식민지의 일상, 지배와 균열』, 2006.

국립민속박물관 편,『한국세시풍속자료집성 – 신문·잡지편(1876~1945)』, 민속원, 2003.

김광언,『한국의 민속놀이』, 인하대학교 출판부, 1982.

김명자, 「세시풍속 연구 50년」, 『전통문화연구 50년』, 이화여대 한국문화연구원 편, 도서출판 혜
　　　 안, 2007.

김문겸,『여가의 사회학』, 한울아카데미, 1993.

김문식·송지원, 「국가제례의 변천과 복원」, 『서울 20세기 생활·문화변천사』, 김문식 외저, 서울시
　　　 정개발연구원, 2001.

김승심, 「한·중 시가 속에 표현된 歲時文化 – 朝鮮前期와 唐代의 寒食淸明詩 中心으로」, 『중
　　　 국인문과학』37집, 중국인문학회, 2007.

김승태,『중일전쟁 이후 전시체제와 수탈』, 독립기념관 한국독립운동사연구소, 2009.

김택규,『한국농경세시의 연구』, 영남대학교출판부, 1991.

민속학회,『한국민속학의 이해』, 문학아카데미, 1994.

염원희, 「크리스마스의 도입과 세시풍속화 과정에 대한 연구 – 개화기에서 일제강점기를 중심으
　　　 로」,『국학연구』22, 한국국학진흥원, 2013.

이은성, 「寒食의 淸明日에 대한 週期性과 日辰의 變動」, 『한국과학사학회지』1-1, 한국과학
　　　 사학회, 1979.

이창희·최순권 역주,『조선대세시기』 I , 국립민속박물관, 2003.

임동권,『한국 세시풍속』, 서문당, 1974.

조규태,「1930년대 한글신문의 조선문화운동론」,『한국민족운동사연구』61, 한국민족운동사학
　　회, 2009.

종름, 상기숙 역,『荊楚歲時記』, 집문당, 1996.

주영하,「19세기 세시 풍속에 대한 지식인의 인식」,『19세기 조선, 생활과 사유의 변화를 엿보
　　다』, 주영하 외 지음, 돌베개, 2005.

최남선,『朝鮮常識問答』, 삼성문화재단, 1972.

최상수,『(한국의 미) 세시풍속』, 서문당, 1988.

＿＿＿,『한국 민속문화의 연구』, 성문각, 1988.

＿＿＿ ,『한국 민속학 개설』, 성문각, 1988.

최운식 외,『한국 민속학 개론』, 민속원, 2004.

최인학 외,『한국민속학 새로 읽기』, 민속원, 2002.

홍석모 외, 이석호 옮김,『조선세시기』, 동문선, 1991.

홍석모 편저, 태경환 역주,『서울·세시·한시』, 보고사, 2003.

http://sanfire.forest.go.kr

근대 매체에 나타난 계절 여가 연구

-여름 놀이를 중심으로-

임선숙_단국대학교 동양학연구원 연구교수

1. 서론

19세기 말에서 20세기 초 우리나라는 사회, 문화, 정치 등에서 많은 변화를 겪게 된다. 당시 서구문물은 '근대성'이라는 이름으로 포장되어 우리사회에 유입되기 시작했다. 그리고 지식인층은 서구 선진문물에 대한 모방을 통해 근대를 추구했고, 이를 통해 근대성을 획득한다고 인식했다. '근대'라는 미명 아래 각종 서구 문화의 패러다임들이 생산되었고 이는 식민지 조선인들에게 문화적 도피처의 제공과 함께 새로운 열망을 불러 일으켰다.[1] 당시 식민지 조선은 초기자본주의 사회로 이행되고 있는 시점이었다. 산업구조의 변화와 그에 따른 인프라 구축 등으로 조선인들은 새롭고 다양한 문화를 접하게 되었다. 그들은 새로운 문화와의 접촉과 모방을 근대화로 인식하게 되었는데, 이는 사람들에게 정신적 물질적 소비를 유도하기도 했다. 그중 하나가 바로 여가문화이다. 당시 여가 문화의 유입과 정착에는 몇 가지 전제가 있었다.

우선 자본주의를 전제로 한 산업화 혁명은 근대 사회로 이행하는 하나의 전환점을 제공했다. 산업화는 가정과 일터를 분리했으며, 일터에서의 남성 역할과 가정에서의 여성 역할의 구분을 심화 시켰다. 더불어 봉건시대와는 달리 일과 여가를 구분하는 단서를 제공하기도 했다. 서구 산업 혁명기에 정착된 공장제 기계공업은 산업주의의 발전과 더불어 생활시간 구조를 규격화하고 표준화 했다. 이에 따라 노동시간과 자유시간이 이원화 되고 노동과 여가가 성립된다. 이는 농경사회의 주된 생활 방식인 자연의 계절적 순환 리듬에서 산업사회의 인위적인 생활 리듬으로의 변화를 의미하는 것[2]이기도 하다. 우리나라는 유럽과 같은 획기적인 산업혁명이 있었던 것은 아니지만, 개화기 서구문물의 유입과 산업구조의 변화로 조선 사람들에게도 이

---

1 이일열, 「여가와 관광개념의 형성에 투영된 모더니티와 오리엔탈리즘의 변증법」, 『관광학연구』 제
    36권 제6호, 2012, pp.12~14.
2 김문겸, 『근대사회의 여가문화』, 서울대출판부, 1996, pp.14~15.

전의 봉건 시대와는 다른 일과 여가에 대한 인식이 생기기 시작한다.

이와 더불어 교통의 발달도 여가에 대한 인식을 변화시킨 한 요인이라고 할 수 있다. 대중교통은 단순히 생산을 위한 물자의 이동이 아닌 소비를 위한 하나의 이동 수단이 되었다. 이런 교통의 발달은 소비자들에게 원거리의 경치를 즐길 수 있게 하는 매개체가 되었다.

또 서구문화의 영향으로 근대 초 바닷가 등지에 호텔이나 여관과 같은 서구식 숙박시설이 들어선다. 그리고 신문, 잡지와 같은 인쇄 매체에서 여가나 놀거리, 볼거리에 대한 소개와 취재 기사들을 연일 쏟아냈기 때문에 점점 사람들에게도 친숙한 문화로 자리 잡게 된다.

본 논문에서는 개화기부터 일제 강점기까지 근대 여가 중 여름 놀이의 계승과 변용에 대해 고찰하고자 한다. 다른 계절 놀이는 동지, 단오, 추석 등과 같이 당시의 세시 풍속과 관련된 놀이들이 많으나, 여름 놀이는 다른 놀이에 비해 세시 풍속의 영향을 비교적 덜 받아 그 변용의 양상을 고찰하기 용이하기 때문이다. 이를 위해 당시의 인쇄매체『매일신보』와『동아일보』에 소개된 여름 여가 기사를 기초 분석 자료로 활용했다. 이를 바탕으로 근대 이전의 여름 놀이를 살펴보고 근대의 여름놀이 유형을 나눈 후 그 의미를 알아보고자 한다.

2. 근대 이전의 놀이

근대적 의미의 여가는 물질적, 정신적 여유를 전제로 하고 있다. 노동을 강요받던 봉건시대 하층민들에게 여가와 노동에 대한 구분은 없었을 것이다. 그리고 놀이 형태의 여가도 생산 활동과 밀접한 관련을 맺고 있었다. 세시풍속이 한 예이다. 세시 풍속은 자연의 시간에 따라 행해지는 집단 여가 활동으로 특히 농사일과 직접적인 관계를 갖는다. 우리나라의 노동요, 제사, 축제, 마을 간 혹은 마을 내 집단 간의 시합, 겨루기 등은 전통적인 농업 생산 활동과 직접적인 연계성을 갖는 것이다.[3] 노동요는 농사 등의 집단 노동을 할 때 반복되는 일의 지루함을 덜고 리듬감을 유지해 효율성을 높이기 위해 행해졌으며, 정월 대보름의 쥐불놀이 같은 것도 한해 농사의 풍요로움을 기원하는 놀이 중 하나였다. 이렇게 마을의 축제나 놀이는 단순히 시간의 여유를 즐기기 위한 행위가 아닌, 협동이 중요한 마을 사람들의 친밀도를 높임과 동시에 생산의 주요 기반인 농업의 풍요를 기원하는 것이었다. 이렇게 일반 평민들에게는 생산 활동과 놀이 활동의 구별이 명확하게 구별되지 않았던 것으로 볼 수 있다.

그렇다면 양반 계층의 여가는 어떠했을까. 조선시대는 유교를 바탕으로 한 양반관료사회였다. 기본적으로 양반은 생업에 종사하지 않았다. 하지만 이는 단순히 무위도식하는 것만을 의미하는 것은 아니었다. 양반들은 과거 시험을 통한 입신양명을 큰 과업으로 삼고 학문에 정진했다. 이런 상황에서 양반들은 유교적 가치관에 따른 학문과 자기수양에 집중하고 여기에 많은 시간을 보낼 수밖에 없었다. 그래서 평민계층에서 농업이라는 생업과 놀이의 경계가 모호했던 것처럼 양반계층도 학문수양과 놀이의 경계가 모호했다. 즉 양반들의 여가는 학문의 시공간과 연장선상에 있었다.[4] 현재 남아 있는 당시의 문학 작품 등에서도 이를 볼 수 있다. 예컨대, 정철의 〈관동별곡〉은 그가 관찰사로 부임되어 관동지방으로 가는 여정을 그린 작품이다. 그런데 이 작품에서 정철은 아름다운 자연의 경치를 유람하는 소회를 밝힐 뿐 아니라, 거기에서 느껴지는 유교적 '충'과 '연군지정' 그리고 '우국지정' 등의 정서를 드러내고 있다. 또 관찰사로서의 소임과 자연을 즐기고자 하는 것 사이의 갈등을 드러내기도 해서 맡은 바 소임과 여가 사이에 경계가 분명하지 않음을 알 수 있다. 비단 이 작품뿐 아니라 〈상춘곡〉, 〈면앙정가〉 등에서도 이런 정서들을 쉽게 찾아 볼 수 있다. 즉 당시 양반 남성들의 여가는

3 황기원, 『한국 행락문화의 변천과정』, 서울대학교출판부, 2009, pp.29~30.
4 위의 책, pp.37~38.

유교를 바탕으로 한 문학, 학문 혹은 수신修身의 활동이었으며, 또 위정자로서의 소임과도 연계가 된 것으로 볼 수 있다.

앞서 언급했듯이 농경문화와 관련된 놀이들은 주로 세시풍속과 관련 된 것들이 많다. 우리나라의 경우 사계절이 뚜렷한 온대지방에 속하고 농업을 기반으로 했기 때문에 계절변화에 따른 자생적 놀이문화가 발달했다. 그리고 이 계절놀이는 주로 농한기나 명절에 이루어졌다.[5] 봄의 들놀이, 화전놀이 관등놀이, 가을의 강강술래, 겨울의 차전놀이, 지신밟기, 고싸움놀이 등은 농사의 기원 혹은 농경 사회의 협동심 고양과 관련된 계절 놀이들이다. 하지만 이와 달리 여름 놀이의 경우는 농경문화나 불교문화의 영향을 받은 세시풍속 보다는 말 그대로 여름이라는 계절에 초점이 맞춰진 놀이가 더 발달했다. 당시 여름의 계절 놀이는 '물놀이, 천렵, 뱃놀이, 물맞이, 등반, 물장구놀이, 유두놀이, 둘레놀이' 등이 있었다. 그리고 여름이라는 계절에 맞게 '물'과 관련된 놀이가 주를 이루는 것도 하나의 특징이라고 할 수 있다.

3. 근대 여름 놀이의 유형

1) 뱃놀이

(1) 선유

선유는 '배를 타고 흥겹게 논다'는 사전적 의미를 가지고 있다. 선유는 개

---

5 봄철 - 들놀이, 화전놀이, 꽃구경, 관등놀이(석탄일), 소놀음(입춘날), 닭싸움놀이, 성돌기, 씨름, 그네뛰기
    여름철 - 물놀이, 천렵, 뱃놀이, 물맞이, 등반, 물장구놀이, 유두놀이, 둘레놀이
    가을철 - 단풍놀이, 들국화놀이, 강강술래, 소먹이놀이, 거북놀이
    겨울철 - 연날리기, 윷놀이, 널뛰기, 석전, 차전놀이, 놋다리밟기, 지신밟기, 고싸움놀이, 횃불싸움, 장치기, 나무소놀이, 용호놀이, 용마놀이, 풍어놀이
    윤광봉, 「한국의 전통적 여가관과 놀이문화」, 『한국인의 놀이의식과 여가문화』, 집문당, 1997, pp.51~52.

화기 이전부터 있었지만 근대에 접어들면서 대중적 여름 놀이로 확산되었다. 주로 매체에 소개되었던 선유의 장소는 대동강과 한강이었으나 그 밖에 강, 호수, 바다 등에서도 이루어졌던 것으로 보인다. 바다에서 배를 타는 것은 고기를 낚거나 선유를 하며 다른 장소로 이동하는 목적이 있었던 반면, 강에서의 선유는 배를 타는 것 자체의 목적이 좀 더 강했다. 선유는 두 사람이 탑승해서 노를 젓는 작은 배부터 여러 사람이 탑승하는 큰 배까지 다양한 종류가 있었다. 특히 신문에서는 한강에서 직접 노를 젓는 선유는 여학생, 기생이 직접 노를 저을 수 있을 만큼 쉬운 놀이라고 소개하고 있다. 또 쾌적하면서도 저렴한 가격에 즐길 수 있는 놀이로 강의 상류와 하류를 오르내리며 석양도 구경 할 수 있었다. 특히 한강에서 선유객이 몰리는 지역은 한강인도교 아래와 뚝섬수원지였는데 위험을 미연에 방지하기 위해 인근 경찰서에 인도교 아래를 통제하기도 했으며, 불량한 배가 없는지도 검열했다. 또 술에 취해 익사하는 사람들이 증가하자 배에서 술을 파는 풍기문란 행위와 기생을 싣고 술을 마시는 행위를 금지하기도 했다.

(2) 낚시 배

낚시는 선유와 함께 행해지기도 했다. 천천히 노를 저으면서 배를 타고 풍경을 즐기는 것을 목적으로 하는 선유와는 달리 낚시 배는 바다나 강에서 선유 하면서 고기도 낚았다. 낚시 배는 주로 여러 사람이 모여 어부 한 명을 불러 배를 빌려 타는 형식으로 진행되었다. 그리고 배를 빌리면서 낚시 대나 그물도 함께 빌렸다. 한강이나 대동강 등에서 선유를 하면서 낚시를 하는 것은 재미를 위한 것이지 많은 고기를 잡기 위한 것은 아니었다. 또 바다의 경우 직접 고기를 낚지 않더라도 발동선을 타고 선유를 하다가 고기잡이 배를 만나면 고기를 사서 배에서 생선회를 먹기도 했다.

(3) 쾌속단정(모터보트)

쾌속단정은 한강과 대동강 등에서 했던 뱃놀이의 일종이다. 노를 젓는 선유와는 달리 모터가 달린 보트를 타고 뱃놀이를 즐기는 것이었다. 모터보트는 '모터'라는 기계장치가 들어갔던 만큼 선유배나 일반 보트에 비해 수가 적었던 것으로 보인다. 당시 관할 경찰서에 뱃놀이의 안전성을 위해 보트 검열을 해서 불량한 배를 잡아내기도 했다. 또 30년대 초반까지 보통 선유배는 등을 달지 않고 다녔으나, 모터보트는 빠른 속도로 인한 위험성 때문에 의무적으로 등을 달게 했다. 그래서 모터보트에 등을 달고 늦은 밤까지 뱃놀이를 즐기기도 했다. 하지만 늦게까지 등을 달고 고성방가와 풍기문란을 저지르는 사람들이 증가하자 1940년대 초 대동강에서는 선유배는 10시까지 모터보트는 9시까지로 영업을 제한하기도 했다.

2) 물놀이

(1) 한강

여름의 대표적 물놀이인 수영은 물이 있는 곳이면 어디서나 가능한 계절 놀이이다. 한강은 당시 경성부민들에게 가장 접근하기 쉬운 물놀이 납량지 중 하나였다. 폭염이 쏟아지는 7, 8월에는 많게는 하루 만 명이 넘는 사람들이 한강을 찾기도 했다. 또 간혹 한강철교에서 한강으로 다이빙을 시도하는 사람도 있었다. 그러나 인파가 많이 몰리는 만큼 한강에서 수영을 하다가 익사하는 사고가 많이 일어나자 사고를 미연에 방지하기 위해 용산경찰서는 수영으로 한강을 횡단하는 것을 금지한다. 또 수상경비선을 띄워서 혹시 모를 사고가 났을 때, 물에 빠진 사람들을 구하고 희생자를 감소하려는 노력도 한다. 또 한강에서 수영을 할 때 윗도리를 벗고 하는 경우가 많았는데, 1937년 여름에는 이를 풍기문란의 일종으로 보고 처벌하기도 했다.

(2) 한강수영장

한강에서 수영을 할 경우 주로 직접 강물에 뛰어 들어 했지만, 익사 위험을 방지하기 위해 1932년에 경성부 사회과에서 따로 경비를 들여 한강에 근대적 수영 시설을 만들었다. 위치는 한강인도교 상류방향 500미터 지점이었는데 위험방지 경계선, 감시원비입게, 휴게대, 탈의장, 남녀별 세면소 등의 설비가 갖추어져 있어 경성부민들에게 유효한 피서지가 되었다. 이 수영장은 상시 개장하는 수영장은 아니었고, 매년 7월초를 전후해서 개장해 여름철 동안 운영한 임시 수영장이었다. 첫 개장 이후 해마다 예산을 들여 여름철마다 수영장을 개장했다. 이 수영장에서는 수영강습회가 열리기도 했다.

(3) 경성운동장 풀

일제강점기 당시 일본의 황태자였던 히로히토의 결혼을 앞두고 많은 기념사업이 이어졌는데 그중 하나가 바로 운동장 건설이었다. 이때 세워진 게 경성운동장인데, 경성부는 훈련원 운동장을 확장해서 종합운동장을 건설했고 1925년 개장식을 가졌다. 경성운동장은 2007년 철거된 동대문운동장의 전신이다. 이곳에는 야구장, 정구장, 경마장 등이 있었는데 수영장 설비가 없어서 비판을 받기도 했다. 이후 1934년 '경영장', '비입장(다이빙대)', '아동영장'을 갖춘 풀이 완성되었다. 한여름에는 하루 입장객이 천 명이 넘을 정도로 인기 있는 물놀이 시설이었다.

3) 해수욕

해수욕의 사전적 의미는 '바다에서 헤엄치거나 논다'는 것이다. 사전적 의미처럼 해수욕은 바다에서 물놀이를 즐기고 일광욕을 즐기는 하나의 여름 놀이라고 할 수 있다. 해수욕도 강에서의 수영과 마찬가지로 특별한 시설이 없더라도 바다가 있으면 뛰어들어 놀면 되는 것이지만, 교통이 발달하고 여가에 대한 근대적 의미가 형성되면서 근대적 시설을 갖춘 해수욕장들이 생기기 시작한다. 특히 삼면이 바다를 가지고 있는 우리나라의 경우 동해, 남해, 서해 모두에서 해수욕장이라는 이름으로 유락시설이 들어섰다. 그리고 기차 등의 교통수단 발달로 원거리에 있는 해수욕장을 방문하는 사람들이 증가하게 되었다. 바다가 접해있지 않은 지역도 여름이 되면 '해수욕 구락부'를 만들고 부원들을 모집해서 기차를 타고 해수욕을 떠나기도 했다. 당시 신문에 보면 전국적으로 해수욕단을 모집한다는 기사를 심심치 않게 볼 수 있다. 해수욕단 모집의 주최 측은 기차 안에서부터 보물찾기, 추첨을 통한 경품 증정 등의 행사를 벌였고, 해수욕장에서도 다양한 행사로 재미를 더했다.

해수욕은 단순히 더위를 식히는 물놀이라는 의미를 넘어 근대적 서구문물을 받아들이고 행하는 문화의 장으로 형성되어 있었다. 그래서 신문에서는 당시 외국에서 유행하는 해수욕 문화를 자주 소개했다. 수영복을 입고 있는 할리우드 배우의 사진을 실기도하고, 여성들이 입을 수 있는 원피스 수영복이나 해변에서 입을 수 있는 '소매 없는 부인복'과 목걸이 팔찌 등을 소개하기도 했다. 당시 신문에 실린 해수욕복을 입은 조선부인들의 사진을 보면 요즘의 '원피스 수영복' 형태의 수영복을 입고 있는데, 이는 당대 사회 전체의 보수적인 일상 옷차림에 비해 해수욕복이 매우 진보적이었음을 알 수 있다. 그만큼 해수욕 문화는 서구 문화의 영향을 비교적 빠르게 흡수했다. 또 해수욕장에서 즐길 수 있는 나무 목마 놀이(현재의 자전거와 유사)를 소개하기도 하고, 태양 아래에서 살갗이 타는 것을 방지 하는 방법으로 셀로판지를 몸에 두르는 방법, 얼굴을 타지 않게 하는 마스크를 소개하기도 하는 등 다양한 서구의 놀이 문화들을 대중들에게 보여주었다.

해수욕장이 대중들에게 인기를 얻자 신문에는 해수욕을 할 때의 유의사항[6]에 대한 기사가 실리기도 한다. 그리고 해수욕장에서 부인들이 자

---

6 1. 해수욕복을 입을 때는 반드시 수영모를 써야하는데, 수영모 물에 들어가기 전 축여서 써야한다. 모자가 마르면 다시 물에 축여야 한다.
2. 중이염이 걸리지 않게 물이 귀에 들어가지 않도록 유의해야 한다.
3. 결막염을 조심해야 하는데, 해수욕 다음날 눈이 붉어지면 의사에게 진찰을 받아야 한다.
4. 인후를 상하게 할 염려가 있으니 수영 후에는 오십 배 붕산수로 양치를 해야 한다.
5. 수영은 병약한 아이에게는 좋지 않기 때문에 수영 전에 어린 아이의 몸 상태를 살펴야 한다.
6. 각기, 심장병, 신장병 등은 겉으로는 알기 어려우니 조금의 의심이라도 있으면 의사와 의논을 해야 한다.
1927년 7월 11일, 『매일신보』, '해수욕 가는 이의 주의할 몇 가지' 요약

외선과 염분으로부터 피부를 보호하기 위해 어떻게 해야 하는 지에 대한 기사7도 있는 것을 보면 당시에 미용에 대해서도 관심이 많았음을 알 수 있다.

다음은 일제강점기 당시 대중들에게 널리 알려져 신문에 자주 이름이 오르내리던 해수욕장인데, 1920년대 초반에는 원산 송도해수욕장, 인천 월미도 해수욕장, 부산 해수욕장 등 몇몇 해수욕장이 집중적으로 소개되었던데 반해 30년대 이후에는 근대적 시설을 갖춘 전국각지의 다양한 해수욕장들이 여름이 되면 신문지상에 자주 오르내렸다.

(1) 인천 해수욕장

인천은 서울 지역과 인접해 있어서 인천 해수욕장은 경성부민들에게 인기 있는 여름철 휴가지 이었다. 원산 송도 해수욕장과 함께 당시 조선의 2대 해수욕장이었다. 경성역에서 출발하여 용산역을 거쳐 인천역에 도착하는 열차가 있었는데, 특히 여름철에는 임시특별 열차를 증설해 해수욕객들을 실어 날랐다. 철도국은 이 기간 동안 승객들에게 할인표를 제공하기도 했다. 또 간혹 열차 안에서는 이벤트성 행사를 벌이기도 했는데, 보물찾기처럼 승객들이 객차에 숨겨진 '진유합감'을 찾아 본부로 가지고 가면 상품과 바꾸어주기도 했다. 서울과 가까웠기 때문에 경성역이나 용산역에서 모여서 출발하는 해수욕객들을 모집하기도 했다. 이때에도 기차 안에서의 여흥을 즐기기 위해 '복입' 즉 추점을 통해 해수욕단원들에게 상품을 나누어주기도 했다. 인천해수욕장은 인천지역 주민들에게는 입장료를 받지 않았다. 또 타지역 사람들에게 회원권을 판매하기도 했다. 한편 인천해수욕장은

---

7 바다는 유희를 위해서도 가지만 몸을 건강하기 위해서 가는 것이다. 부인들이 자외선에 피부를 그을리지 않으려고 애쓰는 것도 무리는 아니다. 제일 중요한 것은 염분이 섞인 바닷물을 끼었었을 때에는 우로 씻어서는 안 된다. 염분과 비누가 화합되어 살을 거칠게 할 수 있기 때문에 식물성의 세안료를 사용해야 한다. 또 볕에 그을리지 않기 위해서는 가루분뿐만 아니라 크림을 바르고 보통보다 두껍게 화장을 해애 한다. 또 볕에 그을렸을 때는 흑설탕을 팥비누와 얼굴 씻을 때 문지르면 좋다.
1930년 8월 21일, 『매일신보』, '해수욕과 미용'

사진기를 가지고 오는 사람들에게 편의를 제공하기 위해 임시 암실을 설치하고 무료로 사용하도록 했다.

월미도 해수욕장도 근대적인 설비를 갖춘 해수욕장 중 하나였는데 7전의 입장료를 받았다가 1918년부터는 입장료를 받지 않았다. 월미도는 경성지역에서 오는 사람들이 많았는데 내국인뿐 아니라 외국인들이 자주 찾는 관광지 중 하나였다. 여름철 일요일에는 평일 방문객보다 4~5배 많은 해수욕객들이 방문했다. 근대적 시설로는 휴게소, 탈의실 등이 있었으며 다과와 빙수를 파는 곳도 있었다. 다른 해수욕장과 마찬가지로 경성역이나 용산역에서 출발하는 모집된 해수욕단이 단체로 해수욕을 즐기기도 했다.

(2) 부산 해수욕장

부산은 넓은 바다를 가지고 있는 만큼 여러 개의 해수욕장을 가지고 있었다. 부산진 해수욕장, 송도해수욕장, 해운대 해수욕장 등이 그것이다.

부산진 해수욕장은 부산청년회의 계획으로 1921년 부산진에 신설된 조선인 해수욕장으로 개장식 첫 날 아침에만 600여 명의 군중들이 모일 만큼 많은 사람들의 관심을 받았다.

송도해수욕장은 물결이 잔잔하고 송림이 우거져 있어 자연경관이 좋았고, 근대적 설비까지 갖추고 있어서 대중적 해수욕장이 되었다. 남녀 혼탕으로 되어있었는데 1927년 송도남정에 부인 전용 해수욕장을 만들었다.

(3) 동해안 해수욕장

동해안에는 원산 송도해수욕장, 포항해수욕장, 강릉 안목해수욕장 등이 있었다.

원산 송도해수욕장[8]은 동해안에서 가장 근대적 시설을 잘 갖추고 있는 해수욕장이었다. 경성에서는 거리가 멀었지만 열차를 타고 갈 수 있어서 경성과 인천 지역에서 피서 오는 사람들이 많았다. 또 경성에 있는 중학교에서 단체로 목욕장을 방문하기도 해서 대규모의 설비를 증축하기도 했다.

경북에 있는 포항해수욕장은 원산 송도원과 더불어 동해안에 가장 대중적인 해수욕장이었다. 철도국은 해수욕객들의 유치를 위해 7, 8월 두 달간 왕복 기차표를 2할 할인해주기도 했다. 또 욕객의 편의를 위해 포항과 해수욕장 사이에 자동차 운전도 개시했다.

(4) 서해안 전라도 지역 해수욕장

여수해수욕장, 목포 해수욕장, 외달도 해수욕장, 비응도 군산 해수욕장, 부안 변산 해수욕장 등이 있다. 원래 목포와 군산은 물이 탁해서 해수욕장으로 가치가 떨어졌는데, 주민들이 연구한 결과 목포는 목포항 외에 있는 외달도, 군산은 군산 외에 있는 비응도에 절호의 해수욕장을 발견했다. 군산의 비응도는 군산에서 발동기선을 타면 1시간 20분 정도에 도착할 수 있는 거리였다.

(5) 서해안 충청도 지역 해수욕장

대천 해수욕장은 충청도 지역에서 대중들에게 가장 인기 있는 해수욕장이었다. 대천 해수욕장은 해안의 길이가 3킬로미터가 넘고, 수만 명이 동시에 물장난을 쳐도 물이 탁해지지 않을 만큼 해수욕에 좋은 곳으로 평가 받았다. 또 서해지역이어서 해안가에서 크고 작은 섬들을 볼 수 있고 낚시와

---

8 원산은 조선 동해안의 중요한 항구로서 파도가 잔잔하며 물이 맑고 뒤로는 장덕산을 가까이 두고 만의 입구에는 크고 작은 섬이 서로 이어져 풍광의 아름다움으로 세상에 알려져 있다. 서선과 남선의 바다는 해수가 혼탁하고 조석간만의 차가 심해 도저히 해수욕장으로 적합하지 않았다. 그러나 원산의 바다는 물이 깨끗하고 맑으며 모래가 고르고 얕았다.
손환, 「일제강점기 원산송도원의 여가시설에 관한 연구」, 『한국체육학회지』 제47권 제6호, 2008, p.2.

조개 줍기에도 알맞아 해수욕객들에게 인기가 많았다. 충청지역에서 바다를 접하고 있지 않은 사람들은 해수욕단으로 참가해서 자동차를 대절해 해수욕을 즐기기도 했다. 또 30년대 중반에는 해수욕장에 '방카로(방갈로)'를 건축해서 피서객들에게 편의를 제공한다.

서산의 안흥 해수욕장은 넓은 모래사장과 맑은 물 그리고 작은 섬들이 즐비해 뛰어난 경관을 가지고 있었다. 그래서 서산 군청에서는 경인주민들을 위해 여관을 신설하고 기타 설비들을 갖추어 새로운 해수욕장으로 개장한다. 인천에서 안흥 해수욕장까지는 배가 가장 편리한 교통이었는데 약 9시간이 걸렸다.

4) 납량피서

'피서'의 사전적 의미는 '시원한 곳으로 옮겨 더위를 피하는 것'이다. 여름 피서지로 가장 선호 되는 곳은 물놀이를 할 수 있는 해수욕장이나 강이었을 것이다. 앞서 물놀이에 대해서는 고찰했기 때문에 본 장에서 해수욕이나 수영장 외의 피서지에 대해서 알아보고자 한다.

(1) 산

우리나라에 산간 지역이 많은 만큼 이름 난 산들이 많았다. 신문에서는 여름의 대표적인 피서지로 주로 '산'과 '바다'를 소개하고 있다. 당시에는 피서객들에게 산과 바다가 각각 다른 영향을 준다고 알려졌는데, 『매일신보』와 『동아일보』 모두에서 '살이 찌고 싶은 사람은 해안으로 피서를, 살이 빠지길 원하는 사람은 산으로' 피서 가기를 권하고 있다.[9] 과학적 근거로 먹거리의 영양을 들고 있는데, 해안에서는 생선이 흔하기 때문에 육식을 주로 하게 되고 산간은 채소가 흔하기 문에 채식을 주로 하게 되기 때문이라고 한다. 우리나라에는 많은 명산들이 있지만 신문에는 금강산, 속리산[10], 지리산 등이 소개되어 있다. 산은 더위를 피하는 것과 함께 산의 승경을 즐길 수 있기 때문에 각광 받는 피서지였다.

특히 당시 신문에 금강산은 훌륭한 피서지로 자주 언급되었다. 당시에도 금강산은 세계적인 명산으로 평가되었다. 내국인들뿐 아니라 일본인, 서양인들의 발길이 끊이지 않았다고 한다. 금강산은 보통 내금강, 외금강, 해금강으로 나뉘는데 외금강의 남쪽 지역을 신금강으로 분류해서 부르기도 했다. 이 중 해금강은 강원도 고성에 위치해 있는데 해안을 따라 펼쳐지는 명승지이다. 경치가 금강산을 닮았다고 해서 지어진 이름이다.

(2) 사찰

우리나라는 역사적으로 볼 때 불교가 융성했던 만큼 전국적으로 많은 사찰들이 있다. 절은 조용하고 시원하게 보낼 수 있는 피서지의 하나로 꼽혔

---

9 여름이 되면 더위를 피하기 위해서 해변으로 산간으로 가는 분이 많습니다. 그것은 물론 상쾌한 일이며, 또 위생상 유익한 일입니다. 그러나 그것은 영양상 고려를 가지고 실행할 필요가 있습니다. 즉 여름 피서는 영양에 큰 관계가 있습니다. 보통 사람들은 그 일상생활에 있어서 영양을 충분히 또 고르게 취하지 못합니다. 그것을 피서지에서 보충하는 것이 필요한 것입니다…〈중략〉…영양상으로 보아서 말하면 여름 피서지로서는 살찌고 싶은 사람은 해안으로 좀 여위고 싶은 사람은 산으로 가는 것이 좋다고 말을 할 수 있습니다. 그것은 모든 사람의 경험이 증명하는 바입니다. 한여름 해안에 가서 잘나고 오면 체중이 늡니다. 또 한여름을 산에서 잘나고 나면 체중은 늘지 않으나 몸이 사뭇 가벼워져서 건강하여집니다. 그리고 얼굴이 청수해집니다. 평소에 살 찐 사람으로 해안에 가서 유익한 것이라고 어류, 육류를 많이 먹고 있는 이도 많습니다마는 그것은 상식이 부족한 것입니다. 사람은 살이 너무 쪄도 좋지 못한 것입니다. 너무 살이 찐 사람은 여위 잘 도리를 해야 합니다. 살이 찌고 싶은 사람은 해안으로 피서를 가는 것이 좋고 너무 비만하여서 괴로운 사람은 산으로 피서를 가는 것이 좋습니다.
1928년 7월 3일, 『동아일보』, '살찌고 싶은 사람은 해안으로 피서, 여위고저 하는 사람은 산으로'

10 속리산은 충북 보은에 위치해 있는데, 그 이름에서 알 수 있듯이 '속간을 떠난 인간의 선경'이라는 뜻을 가지고 있다.

다. 신문에서 훌륭한 피서지로 여러 번 언급된 사찰은 합천 해인사, 석왕사 등이 있다. 특히 함경도 안변에 있는 석왕사는 조선을 건국한 태조 이성계가 무학선사가 해몽한 곳에 지은 절이다. 근처에 약물이 있고 소나무가 울창하면서 높은 산이 있어서 시원한 여름을 보내기에 좋은 명소였다. 경남 합천에 위치한 해인사는 조선의 역사상 가장 유서 깊은 사찰로 평가 받았다. 근처에 맑은 물이 흐르고 울창한 소나무 숲이 있다. 교통이 불편하지만 오히려 그렇기 때문에 한 여름을 보내기에 좋은 곳이라고 평가 받았다.

(3) 정자(누각)

정자는 자연 경관을 감상하면서 한가로이 놀거나 휴식을 취하는 공간이다. 보통 벽이 없이 기둥과 지붕만 있으며 단층이다. 자연을 감상한 목적으로 세워졌기 때문에 주변의 자연 경관이 빼어난 곳에 위치해 있다. 정자는 주로 경치를 내려다 볼 수 있는 곳에 세워졌는데 산 중턱이나 강 주변의 언덕 위에 있다. 당시 신문에는 산, 강, 바다에 있는 전국 각지의 여러 정자들을 경치 좋은 피서지로 소개하고 있다.

세금정은 창의문 밖에 있는 정자로 여름에는 시원한 바람과 주변에 흐르는 맑은 물이 피서하기에 좋았다. 또 주변에 소림사라는 작은 암자가 있어서 식사도 불편하지 않았고 과수가 많아서 과실 먹기에도 편리한 곳으로 소개되었다. 주합루도 서울에서 즐길 수 있는 정자로 창덕궁 비원 일대에서 가장 아름다운 경관 중 하나로 꼽혔다. 주합루 앞에는 연못이 있고 뒤로는 우거진 녹음이 있어서 이곳에 오르면 시원함을 느낄 수 있었다. 특히 주합루는 녹음과 어우러진 단청이 매우 아름답다.

웅심각은 충남 공주에 위치해 있다. 공주는 금강이 흐르는 곳으로 산천을 두루 갖추어서 경관이 빼어나다. 공주공원에 높이 솟은 곳에 웅심각이 있다. 웅심각의 높은 난간에서는 비단같이 흘러가는 금강을 멀리서 내려다 볼 수 있어서 훌륭한 여름 휴식처로 소개되었다.

한벽당은 전라도 전주 읍내의 명승으로 역대 감사, 도지사들의 여름 한철

놀이터로 유명한 곳이었다. 한벽당에 오르면 멀리 전주평야가 바라다 보이는 경관을 가지고 있어 좋은 피서지로 소개되었다.

통천 총석정은 강원도 통천에 있는 것으로 관동팔경 중 하나로 꼽힌다. 동해 바다에 돌출한 해식애 지대에 있는데, 바다에 현무암 돌기둥이 솟아있어서 절경을 이룬다. 소양정 역시 강원도 춘천에 위치해 있다. 강원도는 본래 산이 높고 깊어서 어디를 가든 시원하지 않은 곳이 없는데, 그 중 춘천의 소양정은 춘천을 싸고도는 소양림 아래에 있어서 경치가 매우 아름답다고 소개되었다. 강위에 배를 띄우고 달빛을 즐기는 것도 좋다고 한다.

(4) 계곡, 호수

계곡과 호수도 당시에 시원한 여름을 즐길 수 있는 피서지였다. 특히 계곡은 빼어난 경관의 산과 시원한 물을 함께 즐길 수 있어서 주목 받는 피서지였다.

금강산은 절경이 뛰어난 만큼 아름다운 폭포와 계곡도 많이 있었다. 신문에서는 여름철 피서지 중 금강산에 있는 몇몇 계곡을 소개하고 있다. 만폭동은 내금강에 있는데 표훈사에서 비로봉으로 이어지는 계곡이다. 옥류동은 외금강 신계사 서쪽으로 30리 거리에 있는 구룡폭포 가는 중간에 위치해 있다.

화양동은 충북 괴산에 있는 계곡으로 속리산에서 흘러내리는 물줄기였다. 화양동의 경치는 당시 '승경은 인간의 별유천지로 조화옹의 신비한 수단'이라고 표현될 만큼 아름다움 명소였다. 충북 단양에 있는 도담은 맑고 깊은 강 속에 세 개의 작은 산이 돌출되어 씨고 그 위에 노송이 있는 아름다운 절경을 가지고 있다.

서호는 수원에 있는 호수이다. 수원은 배나무와 물이 많고 경관이 빼어난 '방화수류정'을 가지고 있다. 서호는 남문을 지나 농림학교와 권업모범장을 접해 있으며 '잔잔한 물결이 잠들어 있는 듯한 모습'으로 소개 되었다. 호수에 작은 배를 띄어 고기를 잡아도 좋고, 서호를 둘러싸고 있는 소나무 사이에 이어진 제방을 완보하면서 밝은 달빛과 서늘한 바람을 몸에 맞아도 좋다고 한다.

4. 결론: 근대 여가의 변용과 정착의 의의

근대 이전, 일반 서민들에게는 일과 여가의 구분이 분명하지 않았다. 우리나라의 경우 농업이 주요 생산기반이었기 때문에 계절에 따라 농한기나 농번기는 있었다. 하지만 농한기에도 농사나 기타 생활에 필요한 다른 일을 해야 했기 때문에 여가와 일의 구분이 없었다고 볼 수 있다. 이들에게도 세시풍속이나 놀이는 존재했다. 그러나 이때 세시풍속이나 놀이도 풍요로운 농사를 기원하거나 마을의 화합과 단합을 위한 것에 가까웠다. 한편, 양반들의 경우 일반 서민들과는 좀 다른 여가에 대한 인식을 가지고 있었다. 조선시대에 양반들은 육체적 노동을 꺼렸으며, 학문에 정진해 입신양명하는 것을 최대의 과제로 삼았다. 그들은 노동대신 산수를 즐기는 여유를 가질 수 있었다. 하지만 그들에게 이러한 여유는 단순히 '즐김'을 위한 여가는 아니었다. 좋은 경치를 즐기는 것 자체가 학문과 그들이 가지고 있는 유교적 사상의 연장선상에 있었다. 이들에게도 여가와 학문의 경계가 분명하지 않았던 것이다.

그러나 19세기 말 이후 봉건제도가 무너지기 시작하면서 우리나라에도 근대의 바람을 타고 서구의 문물이 들어오기 시작했다. 이런 영향으로 산업구조가 바뀌고 교통이 발달하면서 우리나라는 초기 자본주의가 시작이 된다. 사회구조의 변화는 사람들의 생활에도 많은 변화를 일으켰다. 일과 여가의 구분이 생기기 시작했고, 전국 각지의 경관 좋은 곳에서는 근대적 시설을 갖추고 관광객들의 유치에 여념이 없었다. 신문에서도 각 지역의 명승지를 시리즈로 소개하기도 했다.

이런 상황 속에서 특히 여름 여가는 근대화의 영향을 많이 받았다. 추석,

단오, 설, 동지 등의 세시풍속의 영향을 받은 다른 계절 놀이는 전통을 이어가는 경우가 많았지만 여름 여가와 놀이는 근대적 설비와 유행의 바람을 타고 많은 변화를 겪었던 것이다. 강가이나 바다에 뛰어들어 물장구를 쳤던 이전과는 달리, 수영장과 해수욕장을 만들고 탈의실, 세면실, 간식을 파는 매점 등의 근대적 시설을 갖추기 시작했다. 또 수영복과 해수욕복은 서구식 복장이 도입이 되었고 매년 신문지상에 해당년도에 유행하는 수영복의 사진이 실리기도 했다.

이런 변화는 물놀이뿐 아니라 산 등의 피서지에도 영향을 미쳤다. 경관이 좋은 곳에 캠핑장이 생기도 별장과 호텔들의 숙박 시설도 들어섰다. 또 곳곳에 철로가 깔리면서 거주지 인근에서 즐기는 여가가 아닌, 원거리를 이동하는 여가가 발달하게 되었다.

이렇게 근대화는 일과 여가의 분리를 통해 사람들에게 '놀이' 자체에 목적을 두는 '여가문화'를 발달하게 했고, 이는 사람들의 인식도 변화시켰다. 그리고 이런 변화는 다시 여가 산업과 기타 제반 시설들과 상호 영향을 미치면서 근대화의 가속화에 일조를 하게 된다. 그 중 여름 여가는 서구의 유행과 문화를 빠르게 흡수 하면서 우리나라의 전형적인 여가 문화로 정착 하게 되었다. 그리고 경제적으로 여유가 있었던 계층은 서구의 여가 문화를 모방하는 것이 근대화되는 것으로 인식했다. 이렇게 여름 여가는 다른 계절 여가에 비해 서구문화의 영향에 민감하게 반응하고 변용되어 정착되었으며, 이게 곧 근대화로 인식되었던 것이다.

| 참고문헌

1. 1차 자료

『동아일보』

『매일신보』

2. 2차 자료

박재환 · 김문겸, 『근대사회의 여가문화』, 서울대출판부, 1996.

손환, 「일제강점기 원산송도원의 여가시설에 관한 연구」, 『한국체육학회지』 제47권 제6호,
　　　2008.

여가문화연구회, 『한국인의 놀이의식과 여가문화』, 집문당, 1997.

이일열, 「여가와 관광개념의 형성에 투영된 모더니티와 오리엔탈리즘의 변증법」, 『관광학연구』
　　　제36권 제6호, 2012.

최석호, 『한국사회와 한국여가』, 한국학술정보, 2005.

황기원, 『한국 행락문화의 변천과정』, 서울대출판문화원, 2009.

크리스마스의 도입과 세시풍속화 과정에 대한 연구

-개화기에서 일제강점기를 중심으로-

염원희_단국대학교 동양학연구원 연구교수

* 이 글은 『국학연구』 22집(한국국학진흥원, 2013. 6.)에 게재되었던 것을 재수록한 것임을 밝혀둔다.

1. 머리말

세시풍속歲時風俗은 일상생활에서 되풀이하여 행하는 민속으로 그 시대를 살아간 사람들이 시간을 어떻게 구획하였는가에 대한 사고를 담고 있다. 과거에는 농업이 지배적인 생산방식이었으므로 한국인은 농업을 중심에 두고 시간을 구분하여 생활하였던 것이 세시풍속이 되었다. 하지만 농업사회에서 산업사회로 전환되면서 우리 세시풍속도 그 모습이 많이 달라졌다. 세시풍속이라는 복합문화는 문화의 본질상 결코 정체된 것이 아니라 시간차원에서 보면 항상 변하게 마련이다. 만일 고정불변한 문화라면 오히려 죽은 문화가 된다. 사람들의 관행 또는 사회적 관습을 포함하는 문화요소는 조금씩이라도 변화를 거듭하면서 이것이 반복 누적되어 결국에는 문화의 큰 변화를 가져온다.[1] 세시풍속의 변화도 이러한 맥락에서 다룰 수 있어야 한다. 농업사회를 배경으로 하는 과거의 세시풍속에만 집착하는 것은 스스로 세시풍속을 정체되거나 죽은 문화로 다루는 것이다.

세시풍속의 변화에 관한 기존의 논의는 한국사회에서 산업화가 본격적으로 시작된 1960~70년대를 중심으로 이루어졌으나,[2] 이 글에서는 그보다 앞선 개화기에서 일제강점기까지의 시기에 주목하고자 한다. 이 시기는 전래의 세시풍속이 변화하게 된 출발점으로 볼 수 있다. '근대화'라는 이름으로 새로운 풍속이 빠르게 유입되었고, 태양력의 도입으로 전통적인 시간관

---

1 김만태, 「세시풍속의 기반 변화와 현대적 변용」, 『세시풍속의 역사와 변화』, 민속원, 2010, pp.304~305.

2 이에 대해서는 장주근, 김명자, 임재해, 김만태에 의해 연구가 이루어졌다. 장주근이 1960년대 이후 사회변화에 주목하여 '인구의 도시화, 상공업화, 핵가족화, 서구화'라는 일반적인 현상을 지적하는 데 그쳤다면(장주근, 『한국의 세시풍속』, 형설출판사, 1984, 41쪽), 김명자는 가장 다각적으로 세시풍속의 변화를 살폈다(김명자, 「도시문화와 세시풍속」, 『한국민속학』 41, 한국민속학회, 2005: 「근대화에 따른 세시풍속의 변동과정」, 『세시풍속의 역사와 변화』, 민속원, 2010). 임재해는 세시풍속과 공휴일 정책과의 상관성을 다루었고(임재해, 「세시풍속의 변화와 공휴일 정책의 문제」, 『비교민속학』 10, 비교민속학회, 1993), 김만태는 세시풍속의 기반변화를 구체적으로 서술하고 이에 따른 현대 세시풍속의 등장과 그 의미를 다루고 있다(김만태, 위의 논문).

념이 변화하였다. 게다가 '경성'이라는 도시공간의 성장이 이루어지면서 한국인의 일상생활이 크게 변화하게 되었다. 역사적, 사회적으로 급격한 변화를 맞이하면서 사람들의 생활문화도 크게 변화했을 것이므로, 세시풍속에 대한 논의에서 개화기에서 일제강점기까지의 시기를 살펴보는 것은 매우 중요하지 않을 수 없다.

태음태양력太陰太陽曆을 기반으로 월마다 주기적으로 시행되었던 전통 세시풍속은 지금에 와서는 실존하는 풍속이라기보다는 '재현'의 수준에 머물러 있다.[3] 재현은 실존을 위한 하나의 시도일 뿐 실존 자체는 아니다. 그렇다면 이제 세시풍속에 대한 연구는 실존하는 주기성週期性을 기반으로 새롭게 연구되어야 할 것이다. 개화기에 한국사회에 들어와 지금도 주기적으로 치러지는 새로운 풍속의 하나가 바로 크리스마스이다. 개신교 절기의례인 크리스마스는 개화기에 개신교 선교사들이 한국에 들어오면서 소개되었고, 이후 종교성에 국한되지 않고 한 해를 마무리하는 보편적인 '연말문화年末文化'로 자리 잡아 갔다. 특히 한국에 크리스마스가 도입되었던 초기에는 경성과 같은 도시공간을 중심으로 정착하고 향유하였던 것으로 보인다. 조선후기부터 한양은 이미 농업보다는 상업 중심으로 운영되는 도시였다. 게다가 1910년 10월 1일 한성부가 경기도 경성부京城府로 바뀌면서 경성에 본격적으로 정착한 일본인들에 의해 상업도시로의 발전은 가속화되었다. 경성을 배경으로 상업적 도시문화의 하나로 자리 잡았던 크리스마스를 중심으로 세시풍속의 변화를 논의하고자 하는 것이다.

이 글에서는 한국에서 새로운 풍속으로 자리 잡은 크리스마스를 대상으로 세시풍속의 변화를 살펴보고, 크리스마스가 가진 세시풍속으로서의 특

---

3 현재는 설과 추석을 제외하면 대부분의 세시풍속은 그 명맥만 유지하고 있을 뿐 실제 존재한다고 보기 어렵다. 조선시대 4대 명절 중 하나였던 단오도 이름만 남아 있고 단오 때 치러지는 머리감기와 그네뛰기 같은 풍속은 일반적으로 행해지지 않는다. 다만 이 날을 기념하여 민속촌 같은 특정 장소에서 이러한 민속놀이가 행해지기도 한다. 그러나 이를 근거로 현재도 단오가 세시풍속으로 존재하고 있다고 말하긴 어렵다. 이것은 실존하는 전통 민속이라기보다는 전통 민속에 대한 일종의 '재현(reappearance)'에 가깝다.

징을 확인하여 우리시대의 세시풍속이 갖는 의미를 짚어보고자 하였다. 이를 위해 먼저 세시풍속의 기반이 변화되었음을 논의하고, 크리스마스가 한국에 도입된 배경과 이후 크리스마스가 정착하는 과정을 살펴볼 것이다.

2. 세시풍속의 기반 변화

세시풍속이란 1년을 주기로 계절에 따라서 관습적으로 되풀이하는 생활행위를 말한다.[4] 인간이 같은 자연환경과 같은 역사 속에서 생업을 같이 하고 동일한 언어를 쓰고 살아오는 동안 생활관습의 동질성을 낳게 되는 것은 당연한 일이다. 즉, 세시풍속은 생활을 떠나서는 생각할 수 없고 계절적으로 반복되는 생활 그 자체가 세시풍속이다.[5] 장주근은 세시풍속이란 무엇보다 '생활주기에 밀착된 생활관습'이므로 일 년을 기준으로 매해 반복되는 일상은 민속학의 연구영역으로 보아 마땅하다고 하였다. 그런데 인간의 생활이란 시간이 흐르면서 문화의 발전단계에 따라 변화하게 마련이다. 이에 인간의 생활에 밀착되어 논의되어야 할 세시풍속은 필연적으로 변화를 내포하고 있는 영역으로, 그 변화에 맞추어 다시 논의되어야 마땅하다.

그렇다면 세시풍속에 대한 논의는 '변화된 생활'의 측면에서 우선적으로 이루어져야 할 것이다. 과거 농경사회의 세시풍속은 대부분이 1년을 주기

---

4 장주근. 앞의 책, p.15. 대부분의 세시풍속 개설서에서는 이와 같은 맥락으로 세시풍속을 정의하고 있다. 임동권은 "세시풍속이란 일상생활에 있어 계절에 맞추어 관습적으로 '되풀이'하는 민속을 말한다."고 하였다(임동권, 『한국세시풍속연구』, 집문당, 1985, p.9). 최상수는 "1년 중 정한 날에 정한 일을 하는 관습적 행사를 말하는 것"이라고 하면서 "단, 그것은 개인이 아닌 '가정이나 마을, 민족' 등 어떤 집단으로 하여금 통시적으로 영위되는 것"이라고 하여 세시풍속 전승에 있어 집단성이 중요함을 환기하고 있다(최상수, 『한국민속학개설』, 성문각, 1988, p.71). 한국민속학회에서 펴낸 민속학 개론서에서는 "'세시풍속(歲時風俗)'은 한 해를 단위로 일정한 시기에 관습적·주기적·전승적·반복적·의례적으로 거행되는 행동 양식 또는 생활 행위를 가리킨다."(한국민속학회, 『한국민속학의 이해』, 문학아카데미, 1994, p.108)고 하였는데 '관습적'과 '전승적', '주기적'과 '반복적'은 의미상 겹치는 부분이 있다.

5 임동권, 앞의 책, p.9.

로 하는 농사력에 따랐다. 그러므로 풍속, 특히 세시풍속의 형성과 변화에는 이러한 농사력을 변화시키는 농업생산력의 발전이 선행되어 있었다. 세시풍속에는 음력의 월별月別, 24절후節侯, 명절名節 등의 내용이 포함되어 있고, 이에 따른 의식, 의례행사 및 놀이를 포괄한다. 따라서 세시풍속은 직접 생산자인 민중들의 주기적이고 반복적인 삶의 반영일 뿐만 아니라 그 시대의 시간에 대한 개념과 관념을 함축하고 있는 역법체계曆法體系의 표현이었다. 세시풍속의 형성 기반에는 이와 같이 농업이 가장 중요한 배경이 되어 왔다. 하지만 문화발전단계에 따라 농업사회는 산업사회로 변모하였고, 한국의 경우 이러한 생산방식의 중요한 변환기에 개화기와 일제식민지기를 겪었기 때문에 그에 따라 잃어버린 세시풍속도 있고 본래 모습에서 달리 변형된 풍속도 갖고 있으므로 이를 살펴보아야 한다.

김만태는 세시풍속을 이루는 기반을 먼저 기후, 식생, 지형, 토양, 지질 등의 자연바탕과 자연바탕 위에서 사람이 활동하여 새롭게 만들어낸 것으로 생업활동과 문화를 의미하는 인문바탕 두 가지로 구분하여 서술하였다.[6] 자연적, 농경적 요인이 세시풍속의 주요 요건이 된 것은 전통사회에서는 이것이 인간 생활에 가장 중요한 것이었기 때문이다. 그러나 이전보다 자연에 대한 인간의 지배력이 중대한 영향을 끼치는 경우가 잦아졌다. 이로 인해 세시풍속의 기반이 예전에 비해 복잡다기해져 인문바탕의 영향력이 커졌다. 인간생활에 있어 농업보다 다른 생업이 절대적으로 작용하게 된 것을 부인할 수 없다.

이렇게 세시풍속을 형성하는 기반의 변화로 세시풍속 역시 필연적으로 변화할 수밖에 없었다. 정승모는 세시풍속을 네 가지로 분류하였는데, 첫째는 석전石戰처럼 이미 사라져 없어진 풍속이다. 둘째는 아직도 그 생명력을

---

6 김만태, 앞의 논문, p.307. 김만태는 장주근과 임동권의 논의를 바탕으로 세시풍속의 기반에 대해 논의하였다. 장주근은 자연지리, 농경문화, 종교의 세 가지를 세시풍속의 요건으로 꼽았고(장주근, 앞의 책, pp.16~23), 임동권은 자연환경, 생업, 역사, 사회 등을 제시하였다(임동권, 앞의 책, pp.11~14).

갖고 남아 있는 것들로 추석 차례가 그러한 예이다. 셋째는 변형 또는 변질된 풍속으로 이러한 모습들은 학교운동장이나 민속경연대회장에서 벌어지는 행사성 민속놀이에서 쉽게 만날 수 있다. 마지막 넷째는 크리스마스 같이 새로 생긴 풍속들이다.[7] 세 번째와 네 번째의 경우, 개화기에서 일제강점기 시기의 변화를 반영하고 있다. 사실 우리나라에서 행해지고 있었던 세시풍속도 그 모두가 오랜 옛날부터 정해졌던 것은 아니다. 그리고 이들 세시풍속의 대다수는 우리나라에서 우리 민족에 의하여 발생되고 발달된 한국 고유의 것이지만 그 중에 약간은 한국과의 교통交通의 결과 불교, 도교, 유교 등 외래 문화에 의하여 형성되어 전래된 것도 있음을 보는 바이다.[8] 그러므로 외부에서 전래된 문화가 우리나라에 자리를 잡으면서 한국화 되었다면 이는 외래문화가 아니라 우리문화의 차원에서 논의할 수 있어야 한다. 세시풍속 연구는 반드시 전통적인 관행이나 이미 사라진 풍속을 주로 다루어야 하는 것은 아니다. 최근에 형성되고 지금 통용되고 있는 세시풍속 또는 연중행사도 다루어야 할 뿐만 아니라, 현재의 문화적 상황에 주목하고 바람직한 우리 문화가 자리잡는 데 기여할 수 있어야 한다.

그렇다면 우리 시대의 세시풍속을 정의하는데 있어 새롭게 등장한 풍속들이 갖추어야 할 요건은 어떤 것들이 있을까? 무엇보다 세시풍속이라 하면 '관습적'이면서 '주기적'인가 하는 점을 충족시킬 수 있어야 할 것이다. '관습'은 '어떤 사회에서 오랫동안 지켜 내려온 그 사회성원들이 널리 인정하는 질서나 풍습'이므로 그 풍속이 '역사성'과 '전통성'도 함께 지니고 있어야 한다는 것을 의미한다. 이는 김명자가 전통 세시풍속을 "태음태양력

---

7 정승모, 『한국의 세시풍속』, 학고재, 2001, p.10.
8 최상수, 앞의 책, p.71. 표인주는 이를 구체적인 사례를 들어 서술하고 있다. "이와 같은 24절기에 따라 월별로 구성된 전통 세시풍속 역시 한국 고유의 것도 있지만, 다양한 문화를 받아들여 형성된 것이다. 설날과 1월, 7월, 8월의 보름은 토속적인 명절로 간주되지만, 3월 3일, 7월 7일은, 9월 9일은 음양사상을 근거로 하여 정착된 것으로 생각되고, 4월 초파일은 불교문화의 영향을 받아 정착되었다. 그리고 입춘과 동지는 태양력을 근거로 형성된 것이다." 표인주, 「공동체의 시간생활」, 『한국민속학 새로 읽기』, 민속원, 2002, p.142.

을 기준으로 하며 주기성을 근간으로 역사성과 전통성을 중시한다."고 했던 맥락에 닿아있다. 그런데 김명자는 세시풍속의 정의에 덧붙여 애초에는 세시풍속이 "신성한 의례로서의 성격을 지녔지만 오늘날에는 특별한 경우를 제외하고는 세속화된 관습으로 전승되고 있을 따름"[9]이라고 하여 세시풍속의 의미가 과거와 달리 크게 변화하였음을 지적하고 있다. 이는 세속적인 관습으로서의 요건을 충족시킨다면 역사성와 전통성은 새롭게 재정립될 수 있는 문제임을 시사한다. 김만태는 세시풍속으로 다루어질 수 있는 풍속이 지녀야 할 지속성에 대해 "최소한 한 세대(30년) 이상은 지속적으로 되풀이하고 있는 생활습관이어야 한다."고 하였다.[10] 우리 세대의 세시풍속을 재정립함에 있어 '한 세대의 지속성'이라는 기준은 이 글의 논의를 진전시키는데 매우 유용한 언급이라 하겠다.

'주기성'의 경우 일정기간을 기준으로 하여 현재에도 반복적으로 이루어지고 있는가의 여부가 중요할 것이다. 물론 주기성이라는 세시풍속의 특성은 식물의 생장주기와 관련하여 형성된 관념이라는 점에서 세시풍속과 농업을 쉽게 떼놓고 논의할 수 없지만,[11] 농업인구가 전국민의 10% 미만인 현실을 고려하면 농업이 더 이상 한국인의 '생활행위'에서 절대성을 갖지 못한다는 점을 인정해야 한다. 이제는 농업이라는 배경을 벗어나 태양력을 기반으로 하는 일 년을 기준으로 현재 우리가 실제로 행하고 있는 주기적 생활행위에 관해 논의할 수 있어야 한다.

관습적이고 주기적인 생활의례로서의 세시풍속은 우리 시대의 요건에 맞추어 재정립되어야 한다. 이 글에서는 이를 구체적으로 살펴보기 위하여

9　김명자, 앞의 논문, p.40.

10　김만태, 앞의 논문, p.303.

11　"인간은 식물의 성장과정을 통해 반복되며 순환되는 시간을 경험하게 되어 '순환적 시간관'을 형성하게 되었다. 순환형 시간관은 시간을 일정한 단위가 원점회귀의 반복을 계속하는 구조로 파악한다. 가령, 3·1운동, 8·15 해방 운동, 5·18 민주화 운동은 그 당시로서는 일회적인 사건이었지만, 순환형 시간관에 의해 매년 기념행사를 갖는 것은 반복적인 간접체험을 통해 의미를 지니게 되는 것이다." 표인주, 앞의 책, p.142~143.

개화기에 한국 사회에 들어온 크리스마스를 대상으로 이러한 변화를 살펴보고자 한다. 현재 태양력을 기반으로 일 년 단위로 구획되는 한국인의 삶에서 크리스마스는 매년 연말이 되면 주기적으로 반복하는 풍속으로 자리잡았다. 이는 1890년대에 들어온 이후 100년 이상 지속되고 있는 것이어서 역사성과 전통성의 측면에서도 충족시킨다고 하겠다. 게다가 한국의 크리스마스가 서양의 그것과는 다른 독특한 면을 가진 전화轉化한 풍속이라는 데서 한국적 크리스마스 풍속의 가능성도 함께 논의할 수 있다.

세시풍속을 다룬 개설서에서는 세시풍속의 변화를 서술하는 부분에서 크리스마스를 공통적으로 언급하고 있다. 임동권은 "우리의 오랜 명절名節인 설은 소홀히 다루어지면서 크리스마스, 불탄일佛誕日은 공휴일로 제정되어 숭상崇尙되고 있"[12]다고 하였고, 최상수는 "서양 여러 나라와의 교통이 성해지고, 그쪽 나라의 문화가 한국에 들어온 뒤의 일로서 이것은 조선조 말기에 들어와서 1945년 광복 이후에 성히 행하게 된 것으로 극히 새로운 것"이라고 표현했다.[13] 그만큼 한국 사회에서 크리스마스가 향유되는 모습은 매우 눈에 띄는 사회 현상이었다. 또한 김명자는 근대에 새롭게 정착한 세시풍속으로서의 크리스마스의 가능성을 논하며 특히 24절기의 하나인 동지에 이루어졌던 한 해를 마무리하고 달력을 나누어 가지던 문화가 크리스마스로 대체되고 있다고 하였다. 이러한 기존의 연구내용을 참고하여 이 글에서는 크리스마스가 도입되고 정착하는 과정을 좀 더 자세히 살펴보고자 한다.

---

12 임동권, 앞의 책, p.47.
13 최상수, 앞의 책, p.72.

3. 크리스마스의 도입 배경

　개화기에서 일제강점기까지는 양력과 개신교가 도입되고, 도시공간이 본격적으로 형성된 시기였다. 이러한 변화를 바탕으로 크리스마스가 한국 사회에 도입되어 정착에 이를 수 있었다. 3장에서는 이러한 정착이 가능했던 배경을 구체적으로 살펴보고자 한다.

1) 양력사용의 제도화

　개화기에서 일제강점기에 이르는 시기에 한국인의 생활문화가 변화하는 데 가장 큰 요인이 되었던 것은 양력의 도입이었다. 조선은 고종 32년, 음력 1895년 11월 17일(양력 1986년 1월 1일)을 기점으로 태음태양력에서 태양력으로 역법을 개편했다. 이로 인해 한국인의 생활주기가 일시에 급격하게 변화한 것은 아니지만 태음력 중심의 생활주기가 변화를 맞을 조짐을 보였고, 근대 자본주의를 배경으로 하는 급격한 도시화가 이루어진 경성에서는 이러한 변화가 눈에 띄게 진행되었다. 그런데 역법 개정 후 1년도 채 되지 않아 조선정부는 중요한 의례일을 음력의 날짜에 재배치하게 된다. 역법 개정 문제에 세시의례와 제사일 문제 등이 걸려들면서, 한국의 역법은 기본적으로 양력과 음력의 이원적 체계로 병행되었다.[14] 하지만 일반인들에게 익숙해져 있던 음력은 일제에 의해 강압적으로 철회됨에 따라서 양력의 사용은 관청·학교·교회 등을 중심으로 그 사용범위를 넓혀 가기 시작했다. 물론 초기의 경우에는 그 사용이 소수에 국한되었겠지만 점차적으로 보편화되었던 것이다. 이렇게 됨으로써 음력으로 기억하는 삼월 삼짇날이라든지 칠월칠석날 등 특정한 날짜를 통해서 기억하던 대부분의 세시풍속은 월력상

---

14 "근대화가 진행될수록 달력의 이원화는 양력과 음력의 갈등을 첨예하게 드러냈다. 이러한 과정을 통해 한국에서 양력과 음력은 독특한 상징적 의미를 획득하게 되었다. 한편으로는 양력은 근대성을, 음력은 전근대성을 의미했고, 다른 한편으로는 양력은 친일주의와 서구종속을, 음력은 민족주의와 전통주의를 의미했다." 이창익, 『조선시대 달력의 변천과 세시의례』, 창작과비평사, 2012, p.290.

에서 적응력을 점차 잃어갔다.[15]

크리스마스는 이렇게 조선에 양력이 정착함에 따라 한 해를 정리하는 날로 받아들여진 면이 있다. 양력 사용이 제도화 된 것은 1890년대 후반이며, 이 시기는 크리스마스가 한국에 급속하게 정착된 시기와 일치한다. 조선시대까지 한 해를 정리하는 날로서의 역할을 담당했던 것은 24절기 중 하나인 동지冬至였는데, 양력이 도입된 이후에는 이 시기가 크리스마스와 맞아떨어졌던 것이다. 동지는 한 해가 시작되는 날인 설보다 조금 일찍 있는 '작은 설'이었다. 곧 한 해가 완전히 끝나지 않은 상태에서 마무리를 하는 단계였다.[16] 크리스마스는 한 해를 마무리하는 시기로 태양력이 일상력인 오늘날, 신정新正(양력설)으로 이어지는 연말연시의 세시적인 의미를 지니는 날이 되었다. 서양에서 크리스마스를 설정한 기준이 동지와 직접 관련된다는 것을 감안할 때, 이 무렵의 명절은 단순히 법정 공휴일이기 때문만은 아니다. 사실상 서양에서도 동지는 의미 있는 날이었다. 양력 12월 25일을 예수탄신일인 크리스마스로 정하고 있지만 이는 후에 정했을 따름이지 이 날 예수가 탄생한 것은 아니다. 동지를 기준으로 낮이 길어지므로 서양에서는 이를 태양의 부활로 보고, 이 무렵을 명절기간으로 했는데, 이에 맞추어 예수탄생일을 정한 것이다.[17]

전통 세시풍속인 동지가 유지되지 못하고 크리스마스로 대체된 것은 양력의 보급 때문이다. 양력의 보급에 따라 음력을 기준으로 한 해를 마무리

---

15 김명자, 앞의 책, pp.252~253.

16 이 논문에서는 동국세시기의 기록을 바탕으로 동지는 "그 해를 '마무리 짓는 첫날'(작은설)이며 축제의 날"이며, 한 해를 마무리하는 날로 크리스마스와 비슷한 역할을 하였음을 설명하고 있다. 김명자, 위의 책, pp.261~263.

17 김명자 외, 『한국 민속학 개론』, 민속원, 1998, pp.128~129. 사실 서양 종교사에서도 동지는 크리스마스가 형성되는데 중요한 배경이었다는 것은 잘 알려진 사실이다. 로마인들은 동지에 태양신을 기념하는 축제를 거행하였는데, 기독교 등장 이후 이것이 크리스마스로 지정되었다. 신학적으로는 태양이 다시 태어나는 동짓날이 '세상의 빛'인 예수의 탄생을 기념하는 날로 합당한 것으로 설명되었다. 크리스마스 형성기에 있었던 동지와 기독교 신념 체계의 결합은, 다른 맥락이긴 하지만 한국에서의 정착에서도 나타났다. 방원일, 「한국 개신교 의례의 정착과 혼합현상에 관한 연구」, 서울대학교 대학원 석사학위논문, 2001, p.30.

하는 것은 의미를 잃게 되었고, 대신에 성탄聖誕, 신정新正, 구정舊正으로 이어지는 새로운 연말연시의 절기가 한국 사회에 형성되었다.[18] 이 새로운 구도에서 크리스마스는 동지가 하던 역할을 계승하여 한 해를 마무리하는 한국인의 세시로 자리잡을 수 있었다. 크리스마스가 기독교인들뿐만 아니라 한국인 전체에 의미화 하였기 때문이다.

2) 개신교의 유입流入

개신교는 개화기부터 일제강점기까지의 시기에 한국에 정착하여 확고한 전통을 지니게 되었고, 이 때 들어온 개신교 선교사들에 의해 크리스마스 문화도 소개되었다. 19세기 후반 유럽과 미국의 서양인들이 동아시아 지역에 해외선교운동을 하게 되면서 조선에도 기독교가 들어왔다. 조직적인 선교 활동의 역사에서 시기적으로 먼저 해외선교에 나선 것은 천주교이다. 천주교 선교사가 조선에 들어오게 된 것은 1836년경의 일로, 개신교 선교사가 조선에 입국한 1885년보다 약 50년 정도 앞선다. 그러나 19세기 천주교의 해외선교운동은 타문화를 배타적으로 부정하는 유럽중심주의적 경향이 강하여 선교 지역의 문화와 전통에 공격적이고 부정적인 인식태도를 지녀,[19] 천주교의 조선 정착은 갈등을 야기할 수밖에 없었다. 바로 이러한 점 때문에 미국 개신교는 조선에 정착하는 방식을 천주교와 달리하였다. 1884년에는 알렌이, 1885년에는 언더우드와 아펜젤러와 같은 미국인 선교사가 조선에 입국하였는데, 이들은 병원과 교육기관을 설립하는 방식을 통하여 기독교 문화를 조선에 전파했다. 하지만 선교 초기에 선교사들은 크리스마스에 적극적인 의미를 부여하지 않았다. 한국에 온 선교사들은 청교도적인 경향을 띠고 있었으며, 미국의 청교도는 크리스마스를 이교도의 풍습으로 보아 한 때 그것을 폐지했을 정도로 크리스마스에 적대적이었다는

---

18 이서구, 『세시기』, 배영사, 1969, p.208.

19 조현범, 『문명과 야만-타자의 시선으로 본 19세기 조선』, 책세상, 2002, p.28~33.

점을 감안하면 그들의 크리스마스에 대한 상대적인 무관심은 이해할 만한 것이었다.[20]

크리스마스는 개신교 내에서 행해지는 의례 중에서도 절기의례節氣儀禮에 속한다. 절기의례는 1년을 구획하는 의례로 크리스마스, 부활절, 추수감사절 등이 여기에 속한다. 이들 절기의례들은 기독교의 전래와 더불어 소개되었으나 지성적 차원에서라기보다는 풍속風俗의 차원에서 도입되었다. 1년을 구획하고 의미화하고 기념하는 행위는 고유의 세시풍속에 원래 존재하는 것이었기에 절기의례는 한국인들에게 낯선 의식이 아니었다. 개신교 절기의례는 서양의 교회력 전체계를 통째로 이식하여 새로 배워 익히게 하는 것이 아니라, 일부분만을 도입하여 한국 교인들이 원래부터 의미화 하여 지니고 있었던 일 년 주기 안에 편입되는 양상으로 수용되었다. 그러므로 개신교 절기의례의 실천에 있어서, 고유의 절기 의례들과 어떠한 관계맺음을 이루느냐의 문제가 핵심적인 관건이 된다.[21] 특히 크리스마스는 부활절이나 추수감사절과는 달리 한국의 명절로 확고하게 자리잡았다.

초기에 선교사들은 크리스마스의 이국성異國性을 통해 사람들을 끌어모으고 전도하였다. 그런데 그것은 초기의 상황으로 그친 것이 아니라 이후 한국 크리스마스의 특성으로 자리한다. 교회에 외부인들을 불러 기독교를 소개하는 일은 매해 반복되었고, 그 반복을 통해 크리스마스는 신자의 입장에서는 '전도하는 날', 비신자의 입장에서는 '구경가는 날'이라는 의미화가

---

20 방원일, 앞의 논문, p.24~25. "초기 선교사들에게 크리스마스는 종교적으로 중요한 의미를 지닌다기 보다는 휴가로서의 의미가 강하였다. 즉, 선교사로서 한국 신자들과 함께 크리스마스를 지내겠다고 생각하기보다는 가족들과 선물을 교환하거나 가족과 함께 있는 것을 생각하였다."

21 방원일, 앞의 논문, p.8. 또한 방원일은 다른 절기의례와는 달리 크리스마스만이 한국 사회에 널리 퍼지게 된 이유에 대해 한국의 고유한 생일 모심과의 연속성에서 이해할 수 있다고 하였다. 원래 모시던 부모의 생일, 임금의 생일의 연장선상에서 한국인들은 구세주의 생일을 이해할 수 있었다는 것이다(p.30). 이에 비해 부활절이 교회 안의 풍속으로만 머물렀던 것은 유럽에서 부활절이 정착할 때 일어난 과정, 즉 봄의 축제라는 대중 전통과의 혼합이 한국에서는 일어나지 않았던 까닭이다(p.33). 추수감사절의 경우, 한국 전통명절인 추석이 존재하고 있었고 추석을 배제하고 추수감사절을 행하자는 교회의 주장은 대중에게 받아들여지지 않았다(p.34).

이루어졌다.[22] 평소에는 교회에 들어가지 않던 비신자들도 크리스마스 때만은 교회에 들어가 행사를 구경했다. 1935년 선교잡지에 실린 기사에서는 다음과 같이 크리스마스가 한국에 정착했다고 진단하였다.

> 예수가 베들레헴에서 태어난 이후 18세기 동안 한국에는 크리스마스가 없었다. … (그러나 이제) 모든 도시와 골짜기의 기독교회와 더불어, 크리스마스는 비기독교인들에게 있어서조차 일 년 중 가장 잘 알려진 날이 되었다. … (크리스마스) 프로그램은 한국적인 것이고 서구에서 즐기는 크리스마스에는 낯선 특징들이 있다. …크리스마스 기간 동안 기독교 교회는 비기독교인 공동체에 영향을 끼친다.[23]

개신교의 입장에서 평가했을 때도 크리스마스는 불과 몇 십 년이라는 짧은 기간에 한국에 정착하였다. 이는 기독교 내에서만 일어난 변화가 아니라 비기독교인들에게도 널리 알려졌다는 점에서 놀라운 일이고, 게다가 한국에 형성된 크리스마스 문화가 '낯선 특징'을 가졌다는 데 주목할 수 있다.

3) 상업적 도시공간의 형성

세시풍속은 생업과 밀접한 관련을 맺고 있는 풍속이므로 세시풍속이 이루어지는 공간, 즉 지역적 특성도 함께 고려되어야 한다. 농업을 기반으로 형성된 세시풍속이 존재하는 것과 같이 어촌의 세시풍속이 존재하며, 근대에 새롭게 등장한 도시라는 공간 역시 농어촌과는 구별되는 생업과 지역적

---

22 방원일, 위의 논문, p.26.
23 방원일, 위의 논문, p.27 재인용.

특성을 가졌다. 이에 '도시세시'도 개별적으로 연구되어야 할 것이다.[24] 도시라는 공간은 이전에 시골의 생업현장에서 행하여지던 세시풍속을 그대로 전승하지는 못한다.

서울은 이미 조선후기부터 상업도시로서 새로운 면모를 띠기 시작했는데, 17세기 말엽부터 시전市廛이 늘어났고, 18~19세기에 걸쳐 한강의 상업지대는 범위가 더욱 확대되었다. 상업의 발달로 서울은 변화하고 있었다. 상업과 수공업의 새로운 동향을 보여준 18세기의 서울은 도시로서의 약진할 가능성을 갖추었다. 19세기 후반에는 개항이 이루어지면서 서울의 상업에 외국자본이 침투하게 된다. 1876년 강화도 조약 체결 후 외국상인에게 개항장에 한정하여 상업을 허용하였으나, 6년 뒤인 1882년에는 임오군란壬午軍亂의 책임 문제로 조선은 일본과 청국에 한성漢城, 부산, 원산, 인천의 주요 상업도시에서 통상이 가능하도록 허용하게 된다. 즉 수도 한성은 개국 491년이 되는 임오군란을 계기로 각국 공사관은 물론 청·일군의 동시 주둔에다 청국인, 일본인을 위시하여 구미 각국인의 내왕, 거주 통상이 허용됨으로써 동양 3국 중에서 그 예가 드문 자유로운 개시장開市場의 표본이 된 셈이다.[25] 서울은 이전부터 상업도시로서의 요건을 갖추고 있었던 것은 사실이나 문제는 17~19세기라는 오랜 시간에 걸쳐 이루어진 상업의 토대보다, 19세기 말 개항을 시작으로 이루어진 강제적인 변화가 그 이전의 300년이라는 시간보다 큰 변화를 가지고 왔다는 점이다. 자생적이지 못한, 타율에 의한 상업도시가 형성된 것이다.

게다가 1910년 강제병합 이후 경성부의 유통체계는 식민정부에 의해 큰 변화를 겪는다. 일본인의 한국 정착 이후에 경제 중심지가 종로에서 남촌南村으로 변경되면서, 조선시대에 서울 상업을 지배했던 한상韓商은 주도권

---

24 여러 세시풍속 연구서에서는 이미 농촌과 어촌을 구별하여 연구하였고, 임동권의 경우는 '서울의 세시풍속'이라는 항목을 설정하여 따로 다루었다. 그러나 실제적으로 서울 세시풍속의 특성을 드러내지는 못했다(임동권, 앞의 책).

25 박경용, 『개화기 한성부 연구』, 일지사, 1995, p.116.

을 빼앗기게 된다. 남촌은 지금의 충무로 일대·명동~인현동까지, 퇴계로 남쪽의 남산동, 회현동, 예장동, 필동, 묵정동 일대로 일본인의 인구는 평균 90%였다. 조선시대 서울의 핵심 상업 지역이 종로였다면 일제 시기에는 일본인들이 거주하는 지역의 중심인 명동으로 바뀌었고, 각종 시장도 일본인 거주 지역 중심으로 발전하게 되었다. 경성부는 1910년 일제의 대한제국 강점 이후 일상日商들이 비약적으로 증가하는 가운데 무역규모가 급속도로 확대되었다. 그것은 조선총독부를 비롯한 식민통치권력의 정치경제적 지원과 군사력에 힘입은 바가 크다. 특히 금융기관의 중심지이자 철도·통신의 기점이어서 경성부는 여타 항구나 도시들보다 훨씬 빨리 식민지 상업도시로 변모하였다.[26]

1920년대 중반 이후, 1926년 경성부 청사의 이전과 1930년대 '조선공업화 정책' 실시에 따른 산업 구조의 변화와 도시 중산층의 성장, 소비 시장의 확장과 구매력의 증대 등을 배경으로 하여, 경성 최대의 번화가인 본정本町(혼마치)을 중심으로 경성의 상점가 전반에 큰 변화가 일어나기 시작했다. 그것은 한마디로 전반적인 도시상권의 확대, 즉 경성부내에 전반적인 상점가의 확대 움직임으로 요약되는데, 그것을 특징짓는 두 가지 양상은 첫째, 대형 백화점의 신축·증축이 이루어져 상권의 확대를 추동했다는 점이고, 둘째, 도시 중산층을 대상으로 한 유흥업종이 급속히 확산되었다는 점이다. 이러한 변화는 도시 전역에 걸쳐 점진적인 파급력을 가지고 이루어졌지만, 특히 그것을 주도한 것은 경성 최대의 번화가이자 유흥가인 본정이었다.[27] 하지만 조선사람들이 밀집해 있던 북촌은 이와 달랐다. 종로에도 1930년대 화신백화점이 세워지면서 장안의 명물이 되었지만, 그 주위의 상점들은 여전히 빈약했다. 게다가 북촌을 중심으로 거주하는 조선인들에게 가장 큰 문제는 실업이었다.

26 김태웅, 「1910년대 '京城府' 유통체계의 변동과 韓商의 쇠퇴」, 『서울상업사』, 태학사, 2000, pp.479~480.
27 김백영, 『지배와 공간: 식민지도시 경성과 제국 일본』, 문학과 지성사, 2010, pp.491~492.

그런데 문제의 경성실업자-즉 경성실업은 어떠한 것인가. 이 룸펜의 서울, 이 남루ᚦ의 서울, 이 기갈증ᚦᚦᚦ의 서울-즉 열병적ᚦ熱病的 실업도시失業都市 서울은 그 실업자가 무려 5만은 달할 것이다. … 서울의 무산계급은 세계적 통어通語의 무산계급이 아니라 걸인계급ᚦ人階級, 노예계급奴隷階級, 또 ○○된 백성- 이것이 조선의 무산계급이요 이것이 금일 서울의 가난뱅이일 것이다.28

소비문화와 함께 도시빈민의 문제는 자못 심각하였다. 서울은 도시로 성장하면서 최첨단의 상업도시, 소비도시라는 면모와 함께 절대빈곤의 문제도 함께 담고 있는 전형적인 도시공간이었다.

4. 크리스마스의 정착과정과 풍속

1) 개화기 크리스마스의 도입 과정

크리스마스가 도입되었던 개화기에는 미국 선교사들과 그들과 관계를 맺고 있는 한국인들에 의해 크리스마스를 향유하는 문화가 형성되었다. 한반도에 막 들어온 1890년대 초기부터 크리스마스를 지칭할 때, '명절名節'이라는 표현을 자연스럽게 사용하고 있다.

요다음 토요일은 예수 크리스도 탄일이라 셰계 만국이 이 늘을 일년에 뎨일 가는 명일로 아는 고로 이늘은 사름마다 직업을 쉬고 명일노 지내는뒤 우리 신문도 그늘은 출판 아니 훌터이요 이

---

28 이량(李亮), 「失業京城」, 『三千里』 제16호, 1931, pp.67~69.

십 팔일에 다시 츌판 홀 터인직 그리들 아시오.[29]

크리스마스를 맞이하여 독립신문의 츌판을 하지 않겠다는 내용이다. '세계 만국에서 제일 가는 명일로 일을 쉬니 우리도 신문을 출간하지 않겠다'는 것이다. 크리스마스를 이미 명절로 보고 소위 '쉬는 날'로 인식하였음을 보여주는 신문논설이다.

개신교가 들어온 이후 한국인 신자들이 증가하면서 성탄절 행사도 보다 성대하게 거행되었다. 개화기 선교사들은 한국인들에게 기독교를 포교하고자 하는 목적으로 기독교 행사의 하나로 크리스마스가 되면 예배당에서 여러 행사를 치르는 방식으로 행하였다. 그래서 1890년대 후반의 몇 년 사이에 비교적 빠른 기간 동안 크리스마스는 한국의 많은 곳에서 기독교를 대표하는 날로 자리를 잡았다. 선교지 한국의 크리스마스는 기독교 국가 내에서 누려지는 휴일과는 다른 날이 될 수밖에 없었다. 크리스마스는 한국 사회와 개신교 공동체가 만나는 접촉면에 위치하고 있었다. 이러한 선교지 상황에 의해서 선교사들 본국의 크리스마스에도 없었던 기독교의 날이라는 정체성이 강조되었고 선교와 더불어 종교적인 날로서의 성격이 형성되었다. 개신교 선교와 함께 수용된 크리스마스는 1900년도까지 선교사들이 생각했던 것보다도 더 강한 종교적인 의미를 갖고서 교회를 중심으로 정착되었던 것이다.[30]

그런데 1897년 12월 경성의 정동예배당에서 이루어진 성탄 축하예배 후의 행사를 기록한 기사를 보면 색다른 크리스마스 풍속을 알 수 있다.

이십 오일, 이날은 우리 구세주의 탄신이라…(중략)…오후에 전

---

29 「논설」, 『독립신문』, 1887.12.23 기사. 특히 개화기 시절 『독립신문』(1896년 창간)과 『대한매일신보』(1904년)는 기독교 전파에 앞장섰기 때문에, 이 두 신문에는 크리스마스에 관한 내용이 다수 실려 있다. 강준만, 앞의 논문, p.157.

30 방원일, 앞의 논문, p.89.

날 연보捐補(헌금)한 돈으로 남녀 교우 중 빈한한 사람과 병든 이들을 차등이 있게 분배하여 구제하고 저녁 일곱 시에 학원(학생)들이 배재학당 회당 앞에 등불 수백 개를 켰는데 그 중에 제일 큰 십자등 한 개를 만들어 금자金字로 광조동방光照東邦(빛이 동쪽 나라에 비치다) 네 글자를 써서 공중에 높이 들고 아이들에게 실과를 주어 기쁜 날을 표하니라.[31]

성탄 예배 후에 헌금으로 가난한 사람과 병든 사람들을 구제하는 모습이 묘사되는데 이 역시 현재도 종교계를 중심으로 이루어지는 것이다. 저녁에는 배제학당 학생들이 수백 개의 등불을 준비하여 회당 앞에 걸었으며, 그 중 가장 큰 십자등에 우리나라에 '복음의 빛이 비쳤다'고 글로 써서 높이 걸어 두었다. 이 등불과 십자등은 분명히 선교사의 아이디어는 아니었을 것이다. 선교사의 명령으로 이루어진 것이 아니라 한국인들이 자발적으로 예전 방식대로 등을 달아 장식했던 것이다. 선교잡지에는 '한국의 풍물'이라는 제목으로 한국의 등불 장식이 소개되기도 하였다.[32] 우리나라에는 삼국시대부터 전통적으로 정월이나 석가 탄신일인 4월 초파일에는 절에 찾아가 등을 달아두는 연등의 풍속이 있었다. 예수가 태어났다는 성탄일聖誕日은 불교의 부처가 태어난 석탄일釋誕日과 자연스럽게 유비되어 석탄일에 불교도들이 연등을 하여 석가의 탄신을 축하하고 알리듯이, 당시 한국인 기독교인들은 이와 동일하게 크리스마스에도 등을 준비하여 예수 생을 축하하고 널리 알리고자 하였던 것이다. 새로 들어온 문화가 본래의 전통과 접촉하면서 나타나는 일종의 문화접변文化接變이라 하겠다. 어떠한 종교가 새로운 곳에 정착하는 과정에서 그 민족이 가진 고유의 풍속과 접합하여 변용, 수용되는 면이 있다는 것은 잘 알려진 사실이다. 이렇게 크리스마스가 도입

---

31 『대한크리스도인회보』, 1897년 12월 19일자 기사.
32 방원일, 앞의 논문, p.74 재인용.

된 초기에는 기존에 존재해왔던 종교의례와 혼합되는 면이 있었다. 서양 개신교의 절기의례를 받아들여 이러한 방식으로 차차 조선 땅에 정착시켜 나갔던 것이다.

2) 일제강점기 크리스마스의 정착 과정

1919년 삼일운동 이후 소위문화정치가 전개되면서 1920년대 후반부터 30년대 청일전쟁이 일어나기 전까지 크리스마스는 경성의 상업적 도시문화를 배경으로 향유되었다. 1936년 12월 25일자 『매일신보』에 실린 「기독교인들의 손에서 상인들의 손으로 넘어간 크리스마스」를 보자.

> 『크리쓰마스·쎄일』, 『크리쓰마스·씌너』, 『크리쓰마스·파-틔』 등등…. 어느틈엔지 『크리쓰마스』는 교회敎會로부터 가두街頭로 진출하야 신성해야할 이 하느님의 아들의 강탄절降誕節은 간약한 상인들이 『쏀너스』 덕분에 조금 묵어워진 『쌀러리맨』 제군의 주머니를 노리는 상책商策으로 리용되고 잇습니다.
>
> 『쎄파-르』의 『쇼-윈도우』에는 찬란하게 쑤민 『크리스마스추리』와 완전히 『피에로』화해버린 성자聖者 『쌘타클로스』가 손님을 쓰는 도구노릇을 하고 잇스며 『싸-』, 『카페』 깃다점喫茶店에서는 성대盛大한 야회夜會를 열고 선량한 시민들노 하여금 혀쇠부라진 소리로 망녕되히 『크리쓰마쓰·캐롤』은 류행가 인양 불으게 합니다.
>
> 종교적 의의宗敎的意義를 쎗긋하게 이저버린 장사꾼과 주정쑨들의 『크리쓰마스』! 하날에게신 하느님도 재탄삼탄하실 것이고 장사치들을 채죽질해서 모라내든 기독基督이 세상에 나려와 이꼴을 본다면 자기의 생일을 오히려 저주할지도 모르겟습니다.
>
> 그러나 세상은 돈의 세상이니 『크리쓰마스』 축하는 교회에서보다 상가商街에서 더 성대하고 진실한 긔독의 종들보다 주머니

가 불룩해진 장사치들에 찬송소래가 더욱 놉습니다.[33]

　'『쎄파-르』의 『쇼-윈도우』에는 찬란하게 쑤민 『크리스마스추리』'는 당시 경성에 세워져 고급 소비문화를 형성했던 백화점을 중심으로 한 상업문화를 보여준다. 이 시기 카페나 백화점 등의 공간은 서양으로부터 직수입된 문화가 아닌 일본의 대중적 기호에 맞추어 적응·변용된, '일본화'된 상품들이었다. 카페는 다이쇼기를 거쳐 쇼와기에 접어들면서 일본화 된 대중적 주점으로, 환락가의 대표적 술집으로 탈바꿈하였고, 고급스러운 도시 취미의 장소였던 백화점도 다이쇼기 이후 대중화 과정에서 독특한 일본적 성격을 띤 장소로 변화한다. 백화점은 쇼윈도 속 상품의 황홀경을 통해 소비욕망을 불러일으키는 '소비의 전당', '허영의 전당'이었다.[34] 1937년 12월 25일 조선일보 기사를 보면 "이십오일은 『크리스마스』 날이라 례년 가트면 이십사일부터 시내 각 료리집 『카페-』『빠-』 식당 등에서 크리스마스 브닝 축제하야연夜宴의 대호화판을 전개하고서 벌써 전부터 이에 대한 각종 선전이 질펀하게 가두로 나와 잇슬 터인데 장안 유흥가를 모조리 흘터 보아도 크리스마스라는 글자조차 눈에 띄이지 않는다"고 하여 크리스마스를 전후로 소비적인 행사가 만연하였음을 알 수 있다. 물론 1937년부터는 전시체제로 들어가면서 크리스마스가 수그러든 느낌이지만, 소비적인 연말 분위기를 내는 것은 공통적이어서 이 신문기사의 뒷부분에서는 장사꾼들이 크리스마스를 내세우는 대신 '황군전승대야연皇軍戰勝大夜宴' 등으로 광고하고 있다고 하였다. 매출을 올릴 수 있는 축제분위기를 낼 수 있다면, 그것이 크리스마스든 황군의 승리가 되든 크게 상관없었던 것이다.

　1920년대 말 30년대 초는 전세계가 경제공황으로 위기상황이었고, 특히 이중으로 심하게 비틀려 더 혹독했던 식민지 근대는 더욱 위기에 처했던 시

---

33 「기독교인들의 손에서 상인들의 손으로 넘어간 크리쓰마스」, 『매일신보』, 1936년 12월 25일자 기사.
34 김백영, 앞의 책, pp.498~450.

절이었다. 이런 상황에서 일본에 의한 조선의 근대화란 새로운 수요 창출
이란 의미가 특히 강했다. 일제가 조선에 철도를 부설하고 백화점을 세우
고 박람회를 열었던 것은 다름 아닌 시장의 확대, 곧 새로운 수요의 창출을
의미한다.[35] 크리스마스를 기념하여 벌어지는 세일이나 '크리스마스 디너'
라 하여 당일날 따로 마련되는 식당의 고가 메뉴, 파티가 벌어지는 모습은
크리스마스가 당시의 식민지 공간의 수요창출이라는 맥락에서 소비문화가
활성화되는 가운데 이루어진 것임을 의미한다. 또한 이는 현재 크리스마스
이브와 당일날 이루어지고 있는 여러 상업적 행사들과 크게 다르지 않다.
그리고 이 신문기사에서도 이미 크리스마스가 종교적인 의미를 잃고 상업
화했음을 비판하고 있다. '종교적 의의宗敎的意義를 쌧긋하게 이저버린 장사
꾼과 주정쑨'이라는 표현에서 잘 드러난다.

> 회비 일원 오십전 료리 두 가지 술 한 병 애회용구 증정 오십명
> 의 미녀美女 써-비스 이것은 기내모 『카페』의 『크리스·마스』『이
> 브』의 선전활자 - 『…금번 공사도 끗나고 동시에 설비』와 료리를
> 쇄신하옵고 래 이십사 오량일의 『크리스마스』가 신을 기하야…
> 『…대안 이원 오십전 소인 일원오십전…』의 적은 활자로 끗매즌
> 것은 시내 모 『그릴』의 『크리스마스』『이브』의 초대장 『파리제巴
> 離祭』의 조용하고 유난스럽고 포등포등한 서곡序曲이 흐르면 가장
> 한 남녀의 『스로』『폭스·트롯』이 시작된다 『리큐』와 『리큐』의 마
> 조치는 찰각 찰각하는 금속성 소리 이것은 바다 건너 먼나라의
> 『이브』소식
> 『여보게 한잔하세 술 마실 여면 요사이에 맷출 안 되어서 술갑
> 이 오른다네』『아, 참 그럿치 증세니 대중과세니 해서 조선서도
> 주세를 올닌다지』『아리랑 아리랑…』이것은 바다건너 아닌 이

35 신명직, 『모던쌩이 경성을 거닐다』, 현실문화연구, 2003, p.14.

땅의 『이브』의 풍경 …(중략)…

　『여보게 적이 안만네 『크리스마스·이브』이니 무엇이니텟자 우리 새왈하고는 연업는일일세』『그럿치 어이니햇자 우리 생활하고는 연업는 일일세』『그럿치 그저 써 먹을 긔회를 만들분이지 뽀너스에 월급이 겹치고 호주머니에 돈푼들이나, 잇스니 장사치들이 돈버리나 좀 해볼가하는 흉계지』『여보게 자네집에는 동짓날 팟죽 이아즉 남엇겟군 그것이 거저 우리에게는 딱조와, 하하… 이것은 속채리는 단단한 그들의 차돌가튼소리다. 이리하야 토산土産 『크리스마쓰이브』의 광조곡은 노파가고잇다』[36]

　위 인용문은 두 사람의 대화 형식을 빌려 크리스마스 풍경을 전하는 신문기사인데, 첫 단락에서는 외국의 크리스마스 풍경을 소개하고, 그 다음으로 대조적으로 우리의 크리스마스 모습을 묘사하였다. 크리스마스가 자신들의 생활과는 관련없는 일이며 오직 장사하는 사람들이 '돈을 벌자는 흉계'로 만연한 날이라고 비판하고 있다. 게다가 '증세니 대중과세니 해서 조선서도 주세를 올닌다지'라는 표현에서는 1937년 전쟁 전에 물자의 보충을 위해 한반도의 국민에게 행해졌던 조선총독부의 대조선 정책이라는 사회 현실을 반영한 것이다.

　도시공간이 형성되면서 가장 큰 사회문제로 떠오른 것이 빈민 문제였다. 일본 대자본의 투자와 개발이 확대되면서 경성의 도시공간은 한편으로는 근대적·자본주의적인 균질화를 경험하게 되는 동시에, 다른 한편으로는 개발이 집중된 지역과 그로부터 소외된 지역 간에 공간적 차별화와 양극화가 더욱 심각한 문제로 대두되었다. 발달된 도시와 그곳에서 이루어지는 소비문화는 특권층과 대중에 국한된 것이었을 뿐 도시인구의 대부분을 차지하는 빈민에게는 크리스마스를 중심으로 유행했던 연말문화는 낯설고 남의

---

36 「월급쟁이들이 헛바람내는 土山 크리스마스 이브」, 『조선일보』, 1936년 12월 25일자 기사.

일처럼 생각되었던 것이다. 1930년대 경성의 소비·유흥 문화의 활황의 이면에는 이처럼 어두운 절대 빈곤의 그림자가 짙게 드리워져 있었다. 식민지 자본주의 문명의 매혹의 장치는 그 효력의 범위가 절대적으로 제한적이었으며, 대다수 피식민 대중들은 그 매혹의 자장으로부터 동떨어진 곳에서 소비의 권리를 박탈당한 채 천대받는 '구경꾼'으로서의 일상을 영위하고 있었다.[37]

또한 기사 후반부에 우리의 풍속인 동지와 동지팥죽을 거론하여 우리에게 맞는 것이 따로 있다고 끝맺고 있다. 앞서 언급했듯이 조선시대까지 한해를 정리하는 시기로서의 의미를 가졌던 것은 동지였다. 신문에서는 매년 연말이 되면 크리스마스 관련 기사와 함께 동지의 풍속을 소개하는 신문기사를 같은 날 신문에 동시에 게재하거나, 25일을 전후로 하여 싣기도 하였다. 동지의 경우 1934년 12월 22일 『매일신보』의 「동지-비뿌리는 동지절을 보지 못했다는 老人말슴」이나 1939년 12월 14일 조선일보에 실린 「동지」라는 기사처럼 동지의 성격과 그 날의 풍속을 소개하는 내용을 담고 있는 경우가 대부분이었다. 크리스마스도 이 날의 풍속을 소개하는 기사도 있지만 빈민구제의 날이라거나[38] 향락적 소비문화로 소개하는 경우가 많다. 전통세시인 동지는 오히려 풍속으로서 그 내용을 소개하는 글을 싣고, 외부에서 들어온 크리스마스는 사회적으로 어떤 기능을 하고 있는지에 대한 기사가 많아, 신문기사의 문면만 보아서는 동지가 낯선 풍속이고 오히려 크리스마스가 당연한 한국사회의 풍속처럼 느껴진다.

1930년대 크리스마스 풍경을 소개하는 위의 두 기사에서는 공통적으로 크리스마스 즈음하여 당시에 보너스가 지급되었다는 점, 또 이를 기념하여 술을 마시는 내용이 언급되었다. 1930년대에 크리스마스는 이미 종교기념일이라기 보다는 연말을 맞이하여 소비하며 즐기는 날이라는 현재와 유사

---

37 김백영, 앞의 책, p.518.

38 「極貧者에 白米分給 크리스마스에」, 『每日申報』, 1932년 12월 31일자 기사. 「『크리스마스』를 利用 同情어더 貧民救濟, 수입전부를 빈민구제에」, 『동아일보』, 1929년 12월 28일자 기사.

한 인식이 팽배했음을 알 수 있다.

3) 개화기에서 일제강점기에 형성된 크리스마스 풍속

하지만 크리스마스는 단순히 자본주의의 상품으로만 취급할 수 없는 면이 있다. 크리스마스가 처음 도입되었던 1890년대부터 지금, 100년이라는 시간을 지난 현재 크리스마스는 한국인의 생활에 얼마나 깊숙이 파고들어 있는가. 이 날은 연인들을 중심으로 한국인에게 중요한 날이다. 소위 크리스마스 시즌이 되면 트리를 비롯한 각종 장식이 팔리고 이 날을 기념하는 음식인 케이크를 산다. 그 날을 기념하는 물건을 만들고 이것이 소비되며, 그 명절을 기념하는 특정 음식이 존재하는 것이다. 세시풍속이 당대 사람들의 생활리듬인 동시에 생활양식[39]이라는 점에서 크리스마스에 행해지는 풍속 역시 우리의 삶을 설명하는 단서가 될 수 있다.

현재 크리스마스 하면 떠오르는 여러 가지 풍속은 크리스마스가 도입되었던 개화기와 일제강점기에 신문, 잡지 등의 언론 매체에서 다양하게 소개되고 있다. 게다가 단순히 소개되는 차원이 아니라 적극적으로 권장되고 있다는 데서, 크리스마스 풍속을 소개한 기사는 이것이 소개되고 권유되는 맥락을 살펴보아야 한다. 매일신보 1918.12.25 「聖誕樹와 『센터클로쓰』老人 -아름다운 풍속의 유래」를 보면 성탄절의 아름다운 트리의 유래를 들려주면서 크리스마스에 트리를 장식하는 풍습은 초기부터 있었던 것이 아니라, 그 당시로부터 30년 전에 시작된 것 같다는 내용이다. 또한 「크리스마스 裝飾花草」라는 기사에서는 크리스마스 트리에 대해 소개하면서 연말에 나무를 장식하며 한 해를 마무리하는 풍습이 크리스마스의 풍습일 뿐만 아니라 여러 문화에서 다양하게 나타나는 풍습이라는 점을 소개하고 있는 점이 눈에 띈다.

---

39 김명자, 앞의 논문, 2005, p.42.

상녹수를 세움으로서 경사로운 축하를 표시하는 것은 일본의
가모마쓰 가튼 것와도 상통하는 것이 잇는 것 가틉니다. 그리고
이러한 풍습은 옛날 애급에도 잇섯다고 합니다. 야자수의 일종인
나무를 동지冬至날이면 일년이 싯낫다는 의미로 축하의 장식을
하엿다는 것입니다. 그리고 핀랜드에도 이와 가튼 풍습이 잇는데
그 곳에서는 白樺를 하지夏至날 집집마다 세우고 축하를 한다는
것입니다.[40]

크리스마스에 트리를 장식하는 것은 서양에서도 오래된 풍속이 아니다.
나무를 집안으로 들여 장식을 하고 나무 아래 서로에게 줄 선물을 놓아두는
풍속은 서양에서도 근대에 이르러 형성된 새로운 문화라 할 수 있다. 그만
큼 크리스마스는 예수 탄신일이라는 종교적인 의미보다는 전통 풍속으로
서의 측면이 있다는 점을 다시 한 번 확인할 수 있다.

1933년 12월 잡지 『신여성』에 수록된 「크리스마스 푸레센트-BOYS」,
「크리스마스 푸레센트-GIRLS」에서는 남자친구, 여자친구에게 어떤 크리
스마스 선물을 하면 좋은지 일, 이원부터 십원까지 금액대별로 자세히 소
개하고 있어 흥미롭다. 또 『크리스마스 식탁표와 요리하는 법 몇 가지』에서
는 세계적인 명절인 크리스마스를 맞이하여 반드시 이 날 먹어야 하는 것
은 아니지만 특별한 날 만들어 먹을 수 있는 서양 요리를 소개하겠다고 하
면서 격식에 맞는 식탁 차림과 함께 칠면조 요리를 소개하고 있다. 이처럼
크리스마스의 유래와 이 날을 상징하는 트리라는 상징물, 선물 받는 날이라
는 인식과 일상적 관계에서 선물을 주고받는 날이라는 행위적 측면, 이 날
즐겨 먹는 요리 등 당시의 신문매체는 크리스마스에 수반되는 다양한 풍속
을 소개하면서 권장하고 있다. 이는 크리스마스가 단지 연말풍속으로 대칭
되는 하나의 소비적인 날이 아니라, 특정 풍속이 이루어지는 특별한 날이라

---

40 「크리스마스 裝飾花草」, 『신여성』, 1933년 12월(7권 12호).

는 의식이 포함되어 있었다는 사실을 확인시켜 준다. 크리스마스는 도입되고 정착되는 과정에서 단순히 서양의 풍속을 흉내내면서 서구적이고 근대적인 것을 즐겼다는 의미뿐만 아니라, 새로운 문화에 대한 열광이면서 이를 받아들여 자신의 문화를 변화시키고 완성해가는 과정으로서의 의미를 찾을 수 있다.

5. 맺음말

한 문화권 내에서 '전통'이라 인식하는 것도 사실은 한 시대의 변화에 의해 새롭게 재창조될 수 있다. 그런 의미에서 크리스마스는 외국에서 도입된 절기의례로서가 아니라 식민지기 도시 상업문화를 배경으로 정착된 우리의 세시풍속이다.

이 글은 세시풍속이 시간의 흐름에 따라 변화를 수반하는 영역임을 전제하고, 이러한 세시풍속의 변화를 살펴보고자 현대 한국사회에서 새로운 풍속으로 자리 잡은 크리스마스를 연구대상으로 하였다. 이 논의를 위해 먼저 세시풍속의 기반이 과거와는 달리 변화되었음을 논의하였다. 그 다음으로 크리스마스가 한국에 도입된 배경과 이후 크리스마스가 정착하는 과정과 함께 크리스마스가 하나의 풍속으로서의 내용적 측면을 갖추고 있음을 살펴보았다.

크리스마스는 해방 이후에는 공식적인 국가 공휴일로 지정되었다. 이후 불교계의 항의로 사월 초파일도 공휴일로 지정된다. 한중일 동양 3국 중에서 외래 종교의 성인聖人 탄생일을 국정 공휴일로 정한 것은 한국뿐이다. 명치유신明治維新을 추진하는 가운데 서구문물을 급격히 받아들이고 양력의 역법을 가장 먼저 수용한 일본의 경우에도 성탄절을 공휴일화 하지 않았는데, 우리가 서양의 종교 명절을 공휴일로 삼은 까닭은 해방 직후 들어선 이

승만 정권의 정치적 기반과 종교적 배경 때문이라 하겠다.[41] 하지만 그 이전에 크리스마스가 한국에 들어와 문화적으로 향유될 수 있는 정착과정을 거치지 않았다면, 해방 후 공휴일로 지정되는 데 많은 어려움이 있었을 것이다. 크리스마스가 큰 이질감 없이 한국사회에 정착할 수 있었던 것은 개화기에서 일제강점기까지 사회변화의 시기에 대중에게 원활하게 도입되고 정착된 과정이 선행되었기에 가능할 수 있었다.

개화기 태양력 도입이라는 역법체계의 변화는 이전과는 현격히 다른 시간체계였다. 시간체계의 변화는 곧 공간의 변화를 동반하여 세시풍속의 변화를 이루었고, 이를 보여주는 사례가 바로 크리스마스라는 절기의례였다. 서양의 개신교 절기의례인 크리스마스는 일제강점기에 경성이라는 특수한 도시 공간에서 두드러지게 나타났다. 전통적 시·공간의 변화를 기반으로 세시풍속이 변화의 기로에 서 있을 시기, 한국에 들어온 크리스마스는 빠른 시간 안에 정착할 수 있었다. 또한 개신교의 종교적 틀에서 벗어나 동지를 대체하는 소비적 '연말문화年末文化'로 자리잡았다는 데서 한국적 특수성을 확인할 수 있다.

지금 현재, 매년 크리스마스를 맞는 한국 사람들은 큰 고민을 하지 않고 이전 해에 행했던 풍속을 기억하고 이를 올해에도 반복하여 행위하고 있다. 개신교를 받아들였는가 하는 개인의 종교적 사정과 관계없이, 한국사회에서 12월 25일은 위에서 서술한 여러 풍속을 행하는 특별한 날로 당연하게 받아들여지고 있다. 크리스마스는 한국 사회에서 매년 주기적으로 반복되는 실존하는 풍속이다. 잊혀진 과거의 기억을 상기하여 행함으로써 존재의 의미를 재확인하고 전통을 이어가고자 하는 노력도 중요하지만, 현존하는 풍속에 대한 새로운 의미 부여도 중요할 것이다. 그것이 한 사회에서 100년 이상 지속되고 있는 풍속이라고 한다면 이와 같은 논의가 반드시 필요하다.

---

41 임재해, 「세시풍속의 변화와 공휴일 정책의 문제」, 『비교민속학』 10, 비교민속학회, 1993, pp.37~38.

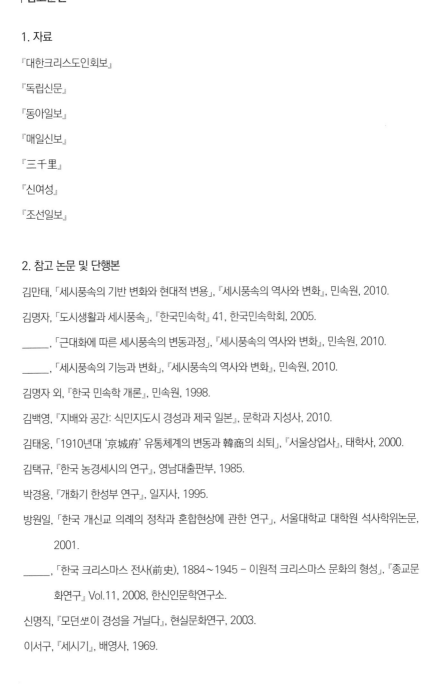

| 참고문헌

1. 자료

『대한크리스도인회보』

『독립신문』

『동아일보』

『매일신보』

『三千里』

『신여성』

『조선일보』

2. 참고 논문 및 단행본

김만태, 「세시풍속의 기반 변화와 현대적 변용」, 『세시풍속의 역사와 변화』, 민속원, 2010.

김명자, 「도시생활과 세시풍속」, 『한국민속학』 41, 한국민속학회, 2005.

_____, 「근대화에 따른 세시풍속의 변동과정」, 『세시풍속의 역사와 변화』, 민속원, 2010.

_____, 「세시풍속의 기능과 변화」, 『세시풍속의 역사와 변화』, 민속원, 2010.

김명자 외, 『한국 민속학 개론』, 민속원, 1998.

김백영, 『지배와 공간: 식민지도시 경성과 제국 일본』, 문학과 지성사, 2010.

김태웅, 「1910년대 '京城府' 유통체계의 변동과 韓商의 쇠퇴」, 『서울상업사』, 태학사, 2000.

김택규, 『한국 농경세시의 연구』, 영남대출판부, 1985.

박경용, 『개화기 한성부 연구』, 일지사, 1995.

방원일, 「한국 개신교 의례의 정착과 혼합현상에 관한 연구」, 서울대학교 대학원 석사학위논문,
　　　 2001.

_____, 「한국 크리스마스 전사(前史), 1884~1945 – 이원적 크리스마스 문화의 형성」, 『종교문
　　　 화연구』 Vol.11, 2008, 한신인문학연구소.

신명직, 『모던쏘이 경성을 거닐다』, 현실문화연구, 2003.

이서구, 『세시기』, 배영사, 1969.

이창익, 『조선시대 달력의 변천과 세시의례』, 창비, 2012.

임동권, 『한국세시풍속연구』, 집문당, 1985.

임재해, 「세시풍속의 변화와 공휴일 정책의 문제」, 『비교민속학』 10, 비교민속학회, 1993.

장주근, 『한국의 세시풍속』, 형설출판사, 1984.

정승모, 『한국의 세시풍속』, 학고재, 2001.

표인주, 「공동체의 시간생활」, 『한국민속학 새로 읽기』, 민속원, 2002.

한국민속학회, 『한국민속학의 이해』, 문학아카데미, 1994.

근대 오키나와의
농촌과 연중행사 하륵스부

기마 준이치儀間 淳一_오키나와 국제대학 남도문화연구소 특별연구원

김민지(번역)_단국대학교 동양학연구원 연구원
김영순(번역)_단국대학교 동양학연구원 연구교수

1. 머리말

오키나와의 농촌에서는 매년 하루스부原勝負라고 불리는 농사를 장려하는 행사가 있었다. 하루스부라는 것은 마기리間切[1] 내의 각 마을의 논밭이나 농도農道 등 주변 환경의 관리상황, 농작물의 생육과 비료 배양 관리 등을 심사해 우열을 결정하여, 이긴 마을을 포상하고 진 마을에는 과태료를 부과하는 농사 장려법이다. 오키나와에서 밭을 하루原라고 하는 것으로부터 이렇게 불렸다. 또한, 산림이 많은 지역에서는 논밭과 함께 산림의 관리상태를 심사하기 위하여 하루야마스부原山勝負라고도 했다.

이 장려법은 19세기에 시작되어 하루스부原勝負라는 명칭으로 농촌의 연중행사로 정착하여 1960년대까지 시행했지만, 현재는 그 일부분이 계승되어 산업공진회나 야채 품평회라는 명칭으로 이어지고 있다.

하루스부에 대해서는 근대 이후 일본에서 온 관리와 연구자들이 오키나와의 독특한 농사 장려법으로 소개하고 있다.[2] 이 외에도 나카요시 초조仲吉朝助는 1893년(메이지25)에 시마지리군島尻郡의 각 마기리의 하루스부에 관한 내법[3] 및 관행 등을 보고하게 해서 『류큐산업제도자료琉球産業制度資料』[4]에 수록하여 현재 하루스부를 파악하는 귀중한 단서가 되고 있다. 가와카미 하지메河上 肇는 1911년(메이지44)에 토지구획제도의 조사를 위해 오키나와를 방문하여 오키나와현청과 현립도서관에서 토지구획제도의 자료와 함께 하루스부의 자료도 필사하고 있다. 출처는 불분명하지만 「류큐할지제도에 관

---

1 마기리(間切)란 이전 오키나와의 행정구역을 의미한다.

2 니시무라 스케하치, 「본현하루스부연혁」, 『오키나와마이니치신문』, 1910년 3월 16일자, 와타나베 게지, 「류큐기행」, 『제국농회보』, 제19권 6호, 제국농회, 1924년, 히라키 가쓰라(平木 桂), 「류큐의 하루스부」, 『역사와 생활』제4호, 게이오기주쿠경제사학회, 1938년, 외.

3 내법이란 근세부터 메이지기까지 마기리나 마을에서 주민의 생활을 규제하던 규범을 말한다.

4 오노 다케오 편, 『근세지방경제사료』9권, 요시카와코분칸, 1969년에 수록.

계있는 하루야마스부琉球割地制度ニ関係アル原山勝負」[5]라는 제목이고, 가와카미가 하루스부原勝負를 토지구획제도와 관련하여 착안하고 있었던 것을 알 수 있다.

그러나 하루스부에 관한 논고는 적고, 원오키나와기사元沖縄縣技師인 시마하라 시게오島原 重夫가 1918년(다이쇼7)에 「류큐하루스부고琉球原勝負考」[6]라는 논문을 발표하고 있지만, 오키나와전沖縄戰으로 소장하고 있던 오키나와현립도서관과 함께 소실했다. 오쿠노 히코로쿠로奧野 彦六郎의 『남도의 하루야마스부제의 구성南島の原山勝負制の構成』[7]은 사회의 성숙과 함께 노동추진방(농사장려)법도 변하고, 그 결과 하루스부原勝負가 고안되었다고 그 연원에 대해서는 검증하고 있다. 하루스부를 체계적으로 정리한 유일한 논문이라고 말할 수 있다. 필자는 오쿠노의 연구 이후 새롭게 공개된 자료와 더불어, 그때까지 제도로써 모든 마기리에서 매년 이루어져 왔다는 하루스부가 당초에는 피폐한 마기리를 재건하는 수단으로서 일시적으로 시행되었다고 지적했다.[8]

이들은 근세의 하루스부에 관한 연구가 중심으로, 근대 이후에 대해서는 별로 다루어지지 않았다. 그것은 1879년(메이지12)에 류큐가 폐지되어 오키나와현이 설치되고부터 약 20년은 구관旧慣을 온존하는 정책이 취해졌기 때문에 하루스부도 근세 그대로 시행되었다고 생각됐기 때문일 것

---

5 교토대학대학원경제학과연구과·경제학부경제시료센터장서, 가와카미문고, 「류큐활지제도에 관계있는 하루야마스부」 22매 17-4-5 오키나와현용전에 등사. 가와카미는 오키나와에 왔을 때, 현지의 요청에 응해 강연을 했는데, 그 때의 발언이 비난을 받아(가와카미 하지메 강연 사건), 충분한 조사를 할 수 없게 되어 예정보다 빨리 오키나와를 떠났다.

6 국립국회도서관지부 우에노도서관편, 『류큐문헌목록고』(1952년)에 따름. 『월간류큐』 제8호(1938년)에 시마하라의 논문이 인용되어 있다. 또한 와타나베 게지가 『제국농회보』 제19권 6호(각주2번 참조)에서 하루야마스부를 소개하고 있는데, 『월간류큐』의 인용문과 같은 문장이 목격되는 것에서 와타나베도 시마하라의 논문을 인용하고 있다고 여겨진다.

7 오쿠노 히코로쿠로, 『남도의 하루야마스부제의 구성-남도노동추진사-』, 농림성농업총합연구소, 1955.

8 기마 준이치, 「수리왕부의 농정과 하루스부」, 『남도문화』 제30호, 오키나와국제대학 남도문화연구소, 2008.

이다.

이 글에서는 오키나와가 일본에 병합된 후 어떠한 경위로 계승되어 실제 근대 이후도 근세와 변함없이 행해져 왔는지 검토해 보고자 한다.

2. 하루스부原勝負의 기원-덴치부교田地奉行의 춘추회근春秋 廻勤과 하루스부原勝負

하루스부原勝負는 19세기에 고안된 것으로 알려져 그 전제가 된 것이 덴 치부교田地奉行의 회근廻勤이라고 한다. 덴치부교란 농지나 경작의 관리·지 도 등 농정 전반을 관할하는 직책이다. 슈리왕부首里王府(이하 왕부로 표기)는 1766(건륭31)년에 덴치부교를 설치하여, 그때까지 다카부교高奉行가 담당했 던 아래의 직무를 관할하게 했다.[9]

① 밭 농작물의 상황보고

② 종려棕梠·흑죽야자·섶나무柴木·노나무櫨·오동나무桐·당죽唐 竹 등의 재배 및 성적보고

③ 개간지의 측량 및 침간 등의 처리

④ 재해 지역의 면조免租 및 부과 경정

⑤ 하천 교량 도로 등의 수리

⑥ 목장 관리

⑦ 비황備荒 저축

왕부는 시마지리島尻·나카가미中頭·구니가미國頭의 세 지방에 각각 덴치 부교를 설치하고 위의 직무를 수행하게 했는데, 이외에 다카부교로부터 이

---

9 마지키나 안코, 『마지키나 안코전집』, 제1권, 류큐신문사, 1993, p.350.

어받은 직무로서 부교에 의한 지방순검이 있었다. 다카부교는 매년 봄과 가을 두 번, 담당지방의 각 마기리를 순검하여 농촌의 지도·감독을 맡고 있었다. 사료에는 이 순검을 「회근廻勤」또는 「춘추양도의 회근春秋両度之御廻勤」이라고 기재되어 있는데(이하 회근으로 표기), 『덴치부교규모장田地奉行規模帳』[10]에 다음과 같이 기재되어 있다.

一耕作跡見之儀、前廉夫々之仕口首尾書差出させ、出立
之日柄相究候はゝ、御構之御物奉行御取次御案内申上、廻
勤相仕舞罷登候節、下知方之次第一帳に相綴、首尾申上候
事。附、跡々は春秋罷通候処、乾隆四十一丙申年一度之見
分は一節検者請込被仰付候、右に付田地方通勤之時節吟味
被仰渡、段々試之上秋通勤ニ相片付申上、同四十四己亥年
より春之下知方は、首尾書迄ヲ差出させ、差引承届候事。
一農事下知方之儀、雍正拾弐甲寅年被仰渡置候農務帳
表、其外万端気ヲ付、地面見届致下知余并に替り手入仕付
方宜者は、直面に褒美申聞、何れその手本に可申渡候、抜
群抽相働候者は吟味之上申出次第御褒美被仰付候事。
一田畠荒置其外諸法儀相背候者は、則々軽重吟味の上科
鞭申付候事。

위 내용은 덴치부교가 회근 때에는 미리 백성 등에게 일의 보고서를 제출하게 하고, 출발 일시가 결정되면 그 일시를 상관인 오모노부교御物奉行에게 전달하고, 회근으로부터 임지로 돌아오면 농촌에서 지시한 내용을 서류로 정리하여 보고할 것을 뜻한다.

---

10 덴치호가 설치되었던 1765년부터 1809년까지 통달(布達)된 농정관계 기록을 모은 문서.

또 부교가 회근할 때에는 마기리의 사바쿠리捌理[11]가 수행했는데, 1776년 (건륭41)부터 일 년에 한번은 겐자檢者[12]가 맡았고, 1779년(건륭44)부터는 봄의 회근 때에는 보고서만을 제출하면 되었다. 덴치부교는 관할하는 각 마기리를 돌아, 1734년(옹정12)에 포달된 『농무장農務帳』에 쓰여 있는 대로 만사 주의하여 토지의 상태를 살펴보고, 작물의 심어진 상태나 관리가 잘된 사람에게는 즉시 상을 내리고, 특히 우수한 자는 자세히 살펴보고 상을 내릴 것. 한편 논밭의 관리가 소홀한 자 및 기타 위반자에게는 과편科鞭[13]을 명령할 것 이라고 되어있다. 또 이 조문의 「부附」에는 아카하치마키赤八卷[14] 이상에게는 과편 대신에 과전科錢을 명령하는 것과 이것을 감독하는 겐자檢者. 게지야쿠下知役[15]도 처벌하는 것이 기재되어있다. 마을을 돌아보며 우수한 자를 포상하고 농업을 게을리 한 자를 처벌하는 요소가 하루스부와 공통되는 점으로부터, 이 덴치부교의 회근이 하루스부의 전제가 되었다고 전해지고 있다.[16]

---

11 사바쿠리(捌理)는 오키나와 및 이도(離島)의 마기리관리소(番所)에서의 간부 관리(首里大屋子·大掟·南風掟·西掟)의 총칭.

12 겐자(檢者)는 각 마기리 관리의 지도·감독과 농촌의 경제진흥을 위하여 슈리왕부에서 파견된 관리. 피폐해진 농촌의 재건도 담당했다. 나중에 게치야쿠(下知役)의 보좌역이 됨.

13 도가무라·도가부치(科鞭). 가벤이라고도 읽는다. 근세에 행해진 처벌의 하나로 채찍질 형에 상당한다.

14 아카하치마키관(赤八卷冠)을 가리킴. 직위에 따라 관 색이 정해져있는데 여기서는 빨간 관을 쓸 수 있는 직위의 마기리 관리를 가리킴.

15 게치야쿠(下知役)는 피폐해진 마기리 재건을 위해서 슈리왕부에서 파견된 관리. 보좌역에 겐자(檢者)가 있음.

16 오쿠노 히코로쿠로, 『남도의 하루야마스부제의 구조-남도노동추진사-』, p.54.

교토대학 소장의「류큐자료156제서부집琉球資料156諸書附集」[17]에는 도미구스쿠豊見城 마기리[18]의 지토다이地頭代[19]였던 자야스페친座安親雲上[20]이 부모에게 효도를 다 하고, 궁핍한 자를 돕고, 지토다이地頭代 재직 중은 직무에 충실하여 마기리에 이익을 가져왔다고 하여 왕부로부터 포상되었을 때의 포장이 수록되어 있다.

---

17 나하시 기획부 문화진흥과편, 『나하시사(那覇市史)』, 자료편 제1권 11, 류큐자료(하), 나하시청, 1991, pp.582~583. 표창장의 본문은 아래와 같다.

覚

一掛床字壱枚　　但篤行可嘉之四字
一綿子三把　　一上布三疋

　　　　　　　　　　　　　　　　　　前地頭代豊見城間切高安村　　座安親雲上
右者六歳之時、父事根差部掟相勤居候処、内端物一件　ニ付不届之儀有之、流（刑カ）形被仰付候付、座安ニ而本宗之従伯父預介抱、漸々年比罷成義父之高恩致感心、何篇下知ニ随ひ孝養を尽、且實父事勤役内右次第之事故、何卒座安ニ者根差部掟正道相勤、父之非分を取戻シ申度念願ニ而、多年心懸勤通根差部掟被仰付諸事正道相勤、且實父事配所ニ而蘇鉄之製法相教其功相立候付、流形御（（刑カ）赦免被仰付帰帆仕候へ共、六拾歳ニ罷成此侭無冠ニ而為相終候儀至極残念ニ存、江江申勧ヨ小横目役相勤せ、自分之本職懸而父之勤をも致助成首尾能相勤させ候付、父事筑登之座敷致頂戴、乍其上猶立身為仕度念願ニ而折角申勧め、仮御奉公無懈怠相勤させ、漸々勲功相求め候付、自分之功勞取添父江地頭代役御見合被下度願出候得共、願通ニ者不相叶大田夫地頭被仰付、左候而實父母義父母共一家ニ致孝養朝夕之食物望之侭相進、且公私ニ付外向罷出候節ハ其段申達、罷帰候へハ早速致謁見、何分急用之節も右行儀不相乱、死後ニ相成候而ハ霊前之尊敬存在相慎、親類縁者之取合も睦敷有之、平良村大城・高安村かまと宜保与申者、家内及困窮□も不相達候付、座安加憐愛を家宅幷□（田カ）畠相与へ、其外不便之者共ニも常々憐愛ヲ以模合銭等相企先達而相渡、極貧者江ハ折々米銭見次、且百姓共葬礼向財力次第成美来候処、気を付下知いたし御定通相省キ、貧苦之者共葬方差（支カ）丈候　節致合力、不有合節者他借ニ而も致助成、且又御奉公方無懈怠相勤、地頭代再度間切中下知方宜有之、就中農業方別而ニ念、時々下知人壱人ツヽ付置、毎年四月八月田畠耕方村分ヶニ而為致勝負候故、我増勵立作物取實格別ニ相増、且蘇鉄種子蒔之手段気を付、田地奉行江得差図初而致種子蒔、大根大粧為筋相見得、且先年両度冠船之時、取納奉行江相付那覇詰ニ而首尾能相勤、座敷位被成下褒美状等有之、且間切役々作得米多少有之候処、両惣地得得差図無親疎統分召成申候、右通勤方宜有之、家中ニ而之行も前文之通孝心深ク、間切中老若男女共至極感心仕居候段、村・掟頭・さはくり書付ニ検者両惣地頭田地奉行次書ヲ以申出趣有之、誠以神妙之勤御座候間、為御褒美右通被成下度奉存候事、以上。

嘉慶十九年戌十月四日

18 도미구스쿠마기리(豊見城間切)는 현재 오키나와도남부의 도미구스쿠시.

19 지토다이·지듀데(地頭代)는 현재 시, 쵸, 촌장에 상당하는 직급(役職).

20 페친(親雲上)은 슈리왕부의 칭호의 하나.

이것에 의하면 자야스페친이 여섯 살 때, 아버지가 네사부웃치根差部捉[21] 재직중에 사적인 책무로 인하여 혐의를 받고 유배형에 처해졌다. 그 때문에 종백부(아버지의 종형제)에게 양육되어 성인이 되었다. 양부의 은혜에 감사하여 양부의 모든 분부에 따르고 효도를 다 했다. 한편으로는 친부의 오명을 설욕하기 위하여 모든 일에 정도를 걸어 아버지와 마찬가지로 네사부웃치根差部捉를 맡게 되었다. 거기에 유배형에서 풀린 아버지가 돌아왔다. 아버지의 명예를 회복하고 아버지를 지토다이地頭代직에 오르게 하려고 부자가 함께 노력했다. 그 소원은 이루어지지 않았지만 부지토夫地頭직[22]에 임명되었다.

그 후 친부모, 양부모와 함께 살며 매일 저녁 식사는 양쪽 부모가 원하는 것으로 준비하고, 외출과 귀택을 할 때에는 반드시 부모에게 인사를 올렸다. 이것은 아무리 급한 일이 있을 때에도 빼먹지 않았다. 부모가 돌아가신 후에도 위패를 안치하고 모셔 생전과 다름없이 공경하고 존경했다. 친척과 친지와의 교제도 화목하였고, 궁핍자에게는 거처를 마련해주고 경작지를 주거나 쌀과 돈을 베풀었다. 또한 장례에 너무 돈을 많이 들이지 않도록 지도하고, 가난하여 장례도 치를 수 없는 자에게는 자야스座安 스스로 비용을 내거나 자신이 낼 수 없는 경우는 다른 집에서 빌려서 충당했다.

또 공무도 게을리하지 않아 지토다이地頭代를 두 차례나 역임했다. 재직 중 처음으로 소철의 종자를 뿌린 것, 관선 도래 때는 나하에 대기해 차질없이 업무를 수행한 것 등의 공적으로 '돗코요미스베시篤行可嘉'[23]의 괘상掛床과 면자 세파把, 고급 마포 세필疋을 하사했다고 한다. 그 공적 중 '특히 농업에 힘을 쓰고 각 마을에 임시관리를 배치하여 독려하고, 매년 4월과 8월

---

21 웃치(捉)는 마을의 행정책임자.

22 부지토(夫地頭)는 마기리의 상급 관리.

23 시마지리군교육부회원편, 『시마지리군지(島尻郡誌)』, 시마지리군교육부회, 1937, p.551. 『큐요(球陽)』에는 돗코요미스베시(篤行可喜)라고 있는데, 자야스페친의 자손의 가계에 있는 액자에 '선행가가(善行可嘉)'라고 적혀있다고 한다. 그 자손의 현재 옥호(屋号)는 아라카키과(新垣小)라 한다"라는 각주가 적혀 있다. 한편, 『큐요(球陽)』란 편년체(왕대)로 쓰여진 류큐의 정사(正史)를 가리킴.

에는 마을 간에 경작을 경쟁시켰기 때문에 앞다투어 일한 결과 작물의 수확량도 각별하게 늘었다'라는 것이 하루스부라고 전해진다.

3. 하루스부原勝負의 실시·보급

자야스에 의해 고안된 하루스부는 즉시 류큐 전역에서 시행된 것은 아니었던 것 같다. 18세기 말기가 되면 류큐 농촌은 만성적인 피폐에 빠져들고 있었다. 왕부는 이러한 농촌을 재건하기 위하여 겐자檢者 및 게치야쿠下知役라는 관리를 파견했다. 그들은 농촌의 재건에 성공하면 왕부에서 포상되어 그들의 가보家譜[24]에 포장과 함께 기록되었다. 그 공적 속에 하루스부에 의해 농촌 재건에 일정한 성과를 올린 것이 기록되어 있다.

그 기록의 대부분은 19세기 후반으로, '모든 작물의 경작에 관해서도 경쟁하게 하고', '작물과 농지의 손질에 대해서도 기한을 정해 마을을 2조로 나누어 승부하게 했다.'라는 표현이 많고, 하루스부라는 명칭도 아직 정착하지 않았었다. 하루스부는 피폐해진 농촌을 재건하는 수단으로 실시되어, 아직 류큐 전지역으로는 보급되지 않았다고 생각된다.

류큐왕국시대의 하루스부에 대하여 자세한 내용을 기술한 자료는 없지만, 메이지기에 오키나와현청이 시행한 구관조사舊慣調査 보고서 『오키나와시마 온나마기리 취조서沖繩島恩納間切取調書』[25] 에 당시의 하루스부가 자세하게 기술되어 있다. 그 내용을 요약하면 다음과 같다.

---

24 가보(家譜), 근세 슈리왕부의 무사가문 가계에 관한 기록. 가계도 및 각 인물의 호적과 이력 등이 적혀있다.

25 도쿄대학사료편찬소장, 「오키나와시마온나마기리취조서 구관문답제3책」, 『오키나와시마 구니가미 지방구관문답서』, 메이지17(1884).

농사의 근태를 점검하는 것은 소코사쿠아타이惣耕作当[26]의 중요한 직무이기 때문에 지속적으로 지시해 왔는데 미흡한 자가 있다면 담당하는 관리들이 협의하여 단속했다. 춘추오월과 시월 두 차례의 전답승부에 부지토大地頭·웃치掟·고사쿠아타이耕作当[27]들이 나누어서 마기리의 동·서를 순회하고 황무지나 방치된 토지, 또는 농작물의 작황 정도, 제초가 충분하지 않은 곳은 부지토·웃치가 신속하게 기록하여 도가사다메科定에 따라 위반한 자 한 사람 한 사람에게 과전科錢[28]을 명령했다. 또 그 마을의 부지토·웃치에게도 지시가 제대로 이루어지지 않다고 하여 과전을 명령했다. 그 결과는 봄가을의 '회근' 때에 덴치부교에게 보고했다. 하루스부 날에 징집한 과전으로 술을 사고 담당 관리·부지토·웃치·고사쿠아타이들이 분배했다.

그리고 덴치호田地方[29]의 봄, 가을의 회근 때에는 각 마을의 지구미가시라地組頭[30]·고사쿠아타이·웃치·부지토를 불러내어 '경작이 잘된 마을' 말하자면 '승자'를 상석에 앉히고, '안된 마을'(패자)을 하석에 앉게 하여 상석에 있는 자에게 엎드려 절하게 했다. 그때 관리가 '금년은 지금 태만에 의해 하석의 치욕을 겪지만, 내년부터 노력하여 다른 마을에 지지 말라 훈계'한 후 해산시켰다. 아직 승자에게 상은 없었다.

또 가을의 수확기에는 작황의 좋고 나쁨을 경쟁하게 했다. 작

---

26 소코사쿠아타이(惣耕作当), 마기리의 농사 전반을 지휘·감독하고, 각촌의 고사쿠아타이(耕作当)를 지휘한 지방 관리.

27 고사쿠아타이(耕作当), 농사를 감독·지도를 위해 각 촌에 배치된 관리.

28 도가제니(科錢), 벌금형을 가리킴. '가센'이라고도 읽음.

29 덴치호(田地方), 슈리왕부의 관청의 하나로 농정을 담당했다. 구니가미·나카가미·시마지리 3지역에 덴치부교를 설치하고 담당지역의 농사를 지휘·감독하도록 지시하였다.

30 지구미가시라(地組頭), 지할제도의 아래에서 토지의 배분, 농사·연공 상납 등의 단위가 된 조직을 지구미(地組, 地与라고도 표기한다)라 한다. 이 지구미의 대표자를 가리킴.

물이 익어갈 무렵 지토다이를 시작으로 소코사쿠아타이·각 마을의 부지토·웃치·고사쿠아타이가 각 마을의 전답을 돌아보았다. 그 결과는 덴치부교에게 보고했다.[31] 전답순회 후에는 저택승부屋敷勝負라고 하여 저택을 돌아보아 만일 청소가 잘되었지 않은 사람이 있다면 승부의 패자가 되었다.

여기에서는 기술되어 있지 않지만, 일반적으로 심사결과의 보고는 '응마이馬場'라고 불리는 광장에서 각 마을의 주민들이 지켜보는 가운데 행해졌다. 이것을 차분식差分式이라고 부르고 있었다. 이 차분식에 대해서는 흥미로운 자료가 남아있다.

도구치 사토누시페친 신젠渡口里之子親雲上眞全은 1872년부터 75년에 걸쳐 미사토마기리美里間切[32]의 겐자檢者로 파견되었다. 농사를 장려하여 마기리를 재건하고, 1875(광서원)년에 포상되었다. 그 표창장에는,

　　原勝劣仕分ケ之儀、前々者劣之方巾抜勝之方江致一礼候
　迄ニ而左程恥辱ニ存候体不相見得候得、劣之方者巾抜勝之
　方江一礼させ候上仕不足多相立候村頭并耕作当共科策取
　行、勝之方者褒美与して焼酎相与引進候付一統勵立諸仕付
　向以前ニ替格別宜相成[33]

고 기술 되어있다. 앞에 기술한 온나마기리恩納間切와 마찬가지로 하루스

31 나하시역사박물관소장,「쇼시문서(尚家文書)」557의 「코쇼(光緒) 4년 무인(戊寅) 봄부터 덴치회근결과」는 덴치부교가 회근 후 제출한 1878(코쇼4)년의 보고서이다. 여기에는, 1, 각 마기리에서 하루스부를 시행해 상벌을 내렸다는 보고가 있었기에 계속해서 정성을 다해 독려하도록 가시라 및 제 관리에게 명령해 두었다.(尚家文書)라고 적혀있다. 각 마기리에서 하루스부가 시행되어져 각각의 상벌을 수여하였다고 보고되어 있는데, 이 시기에는 오키나와 본섬 전지역에서 마기리가 실시되었다.

32 미사토마기리(美里間切), 현재 오키나와 중부에 있는 오키나와 시의 일부.

33 나하시 기획부 시사(市史)편집실 편, 『나하시사』 자료편제1권7, 가보자료(3)슈리계, p.674.

부에 지면 승자에게 절을 하게 하여 반성하게 했다. 그러나 그것만으로는 효과를 볼 수 없었기 때문에 패자에게 절을 시키고, 성적이 나쁜 마을의 우두머리나 고사쿠아타이耕作当를 채찍형에 처했다. 한편 승자에게는 상으로 술을 내렸기 때문에 모두 열심히 일해서 이전과 비교하여 현격하게 좋아졌다고 한다.

글 중의 '原勝劣'는 하루스부를 말하고, '巾'는 수건을 일컫는 것일 것이다. 근대의 신문이나 조사의 내용을 보면, 전쟁 전까지 하루스부의 표창식에는 관리가 머리에 수건을 말고 출석하면 패자가 이것을 쥐고 승자에게 일례를 했다고 한다. '패자가 수건을 벗고 승자에게 일례劣之方巾拔勝之方江致一礼'하는 것만으로는 반성을 촉구할 수가 없었다고 하는 것은, 이 시기 미사코마기리에서는 하루스부가 정기적으로 열려서 유명무실해졌던 것 같다.

4. 근대의 하루스부原勝負

1) 류큐 왕국의 폐지와 오키나와현 설치

1872년(메이지5) 메이지 정부는 일방적으로 류큐 왕국을 류큐번으로 하고, 국왕 쇼타이尚泰를 번왕藩王에 임명했다. 또한 1879년(메이지12)에는 류큐번을 폐지하고, 오키나와현을 설치했다. 이로 인해 류큐는 대 일본 제국의 판도에 통합되었다. 이 일련의 과정을 메이지 정부는 '류큐처분琉球処分'이라 칭하고 있다.

메이지 정부는 류큐의 통치기구였던 슈리왕부首里王府를 해체하고, 새로이 오키나와현청을 발족했지만, 그 해 3월에

> 이번 류큐번을 폐지하고 새롭게 오키나와현을 설치함에 있어,
> 즉 구번의 관직은 모두 폐지해야 하지만 슈리·도마리·구메·나하
> 그 외 모든 마기리의 관리 및 모든 마을의 관리는 종전과 마찬가

지로 근무가 가능함을 전달한다.[34]

와 같은 고시를 내고 지방의 통치구조는 구 조직을 유지시키는 방침을 취했다. 더욱이 6월에는,

> 모든 법 규정에 관해서, 특별히 새로운 개정의 고지가 없는 부분은 전부 종전과 다름없음을 고시한다.[35]

며, 개정의 명령이 있는 것 이외에는 류큐의 오래된 제도나 습관을 답습한다는 고시를 낸 것이다. 이것은 류큐의 지배자층을 회유하고 안정적으로 통치하기 위해 취해진 정책으로 구관온존정책舊慣温存政策 등으로 불리고 있다.[36] 이 고시에 의해 하루스부는 오키나와현 설치 이후에도 계속되어 시행되었다.[37] 그러나 왕부의 관직이었던 덴치부교는 폐지되었기 때문에 덴치부교에의 보고의무는 없어졌다. 또 상황에 따라 개정된 구관舊慣도 있었다.

그 하나가 사탕수수 경작지 제한의 철폐였다. 흑설탕의 원료인 사탕수수는 근대 이래 류큐의 중요한 작물이었다. 그러나 생산과잉에 의한 시장가격의 하락방지나 식량을 자급하기 위해 경작 지역을 한정하고, 이들 지역에서의 경작지 면적을 제한하고 있었다. 이 때문에 덴치부교 회근 때는 사탕수수가 제한 이상으로 재배되지는 않는지 확인했다고 한다.

이 제한은 앞서 서술한 구관온존정책 때문에 메이지 이후도 계속되었지만, 일본국내에서 설탕이 부족하여 외국으로부터 많은 금액의 설탕을 수입하고 있었다. 이것을 완화하기 위하여 1888년(메이지21)에 사탕수수의 경작

---

34 마쓰다 미치유키, 「류큐처분」, 『메이지문화자료총서』 제4권외교편, 가자마쇼보, 1962, p.227.

35 현갑제3호(縣甲第3號, 메이지12년 6월 25일), 『메이지39년도 오키나와현 영달유찬(令達類纂)』

36 긴조 세이토쿠·우에하라 겐젠·아키야먀 마사루·나카치 데쓰오·오시로 마사야스, 『오키나와현의 백년 현민백년사47』, 데가와출판사, 2005, p.69.

37 『오키나와마이니치신문(沖繩每日新聞)』, 1910. 3. 16.

지 제한이 철폐되었다.[38] 이로 인해 벼농사에서 사탕수수농사에의 전환이
진행되어, 사탕수수 생산糖業은 오키나와의 주요 산업이 되었다. 이에 따라
새로 사탕수수 재배를 경쟁하는 '사탕수수승부甘蔗勝負'가 이루어지게 되었
다. 마와시마기리眞和志間切에서는 아래와 같은 내용으로 진행됐다.[39]

메이지 25년(1892년)

사탕수수 승부의 점수 및 약정

마와시마기리의 관청

ー사탕수수에의 거름주기 및 생육 상황.

작업을 게을리한 경우는, 그 면적의 1평당 반인분의 노동을 부
과한다.

ー낫을 사용하여 제초할 것.

작업을 게을리한 경우는, 그 면적의 1평당 0.2인분의 노동을
부과한다.

ー제초는 괭이로 땅을 파올리며 할 것.

작업을 게을리한 경우는, 그 면적의 1평당 0.2인분의 노동을
부과한다.

오른쪽과 같이 약정을 실행한다.

각 관리에게

각 마을의 농업담당관리에게

사탕수수의 품질과 수량이 아닌 거름주기와 제초, 생육 상태 등 사탕수수
재배 전반을 심사의 대상으로 하고 있다. 관리가 잘 이루어지지 않은 부분
(일부족)은 그 면적에 따라 가점했다. '한 평에 부오분夫五分'이라는 것은 한

---

38 긴조 이사오, 『근대오키나와의 당업(糖業)』, 히루기샤, 1992, pp.31~32.

39 오노 다케오 편, 『근세지방경제사료』, 앞의 책, p.130.

평 작업에 반인분의 노동(인부)을 필요로 한다는 의미이다. 따라서 이 인부수가 많을수록 사탕수수 관리가 잘 이루어지지 않은 부분이 많아 승부에서 진 것이 된다.

또 농작물, 특히 사탕수수에게 유해한 쥐를 구제驅除하는 '쥐승부'도 근대에 시행하게 되었다. 마와시마기리의 경우 한 가옥 당 연간 4마리를 포획하는 할당을 주고 그 꼬리를 춘추의 하루스부 때에 제출하도록 하였다. 이 때 할당을 달성하지 못한 세대는 과태금을 부과하였다. 이렇게 구관온존정책이라고는 하지만 일본의 영향을 받아 하루스부를 원용한 새로운 장려법이 나오는 등 완만한 변화가 나타나게 되었다.

2) 구관온존 방침의 전환과 하루스부原勝負

큰 전환점이 된 것은 청일전쟁에서의 일본의 승리였다. 1894년(메이지27)에 청일전쟁에서 승리한 일본은 지금까지의 구관온존舊慣溫存 방침을 바꿔 구관 제도 개혁을 단행했다. 류큐처분 이후, 류쿠국 부활의 희망을 청나라에 걸며 현청에 대항해 오던 구지배자층이 영향력을 잃어 회유할 필요가 없어졌기 때문이다. 한편 지방 농촌에서는 지방 관리의 부정 행위에 대한 저항 행동과 미야코지마민宮古島民이 인두세 폐지 등의 구관폐지를 요구하는 청원서를 메이지 정부와 제국의회에 재출하는 등 구관개혁운동이 고조되던 시기였다.

1895년(메이지28)에는 내무대신 노무라 야스시野村靖가 '오키나와현 지방제도 개정의 건'을 내각에 제출하여 지방제도 개혁이 진행되었다. 1897년(메이지30)에는 '오키나와현 마기리 사원吏員규정'이 공포되고, 이듬해에는 '오키나와현 마기리 섬島규정'이 공포되었다. 또 1899년(메이지32)부터는 토지·조세제도에 대한 근본적인 개혁을 목적으로 한 토지정리사업이 시작되어 구관 개혁이 점차적으로 진행되었다.

여러 제도가 개혁되어 가는 중에 '산림에 관한 관리법'과 '각각의 농업에 대한 독려법'(하루스부를 말할 것이다)등은 "대단히 가치 있으니 이들 좋은 관습은 구폐단을 갈아 업는 노력을 하는 것과 동시에 힘써 이를 보존하는 길을 강구해야할지니 이 본 현 제도 개정상에서 특히 유의해야할 일대 요점이 될지다."[40]라며, '구관제도의 폐해다단弊害多端'이라 일컬어지는 상황에서 하루스부는 농사 독려에 효과적이라며 제정 개정 후에도 계속할 것을 지시하고 있다.

이 정부의 방침에 의한 것인가는 확실하지 않지만 현청은 1899년(메이지 32)에 '하루스부야마스부 상여규범'을 설치하고, 성적이 우수한 마을에는 현이 상금을 수여하고 하루스부를 장려하고 있다.[41] 이후 마기리나 군에서 심사규정을 명문화하는 등 공적인 행사로 짜여져갔다.

여기서 1902년 8월 5일자 『류큐신보琉球新報』[42]에 보도된 구시마기리久志間切의 하루스부차분식原勝負差分式 기사를 보도록 한다.

> 구시마기리 하루야마스부 정황
>
> 구니가미군國頭郡 구시마기리의 춘기 하루야마스부는 각 월 11일 마기리 사무소 뜰 앞에서 집행하였다. 그 상황을 듣자니, 당일은 오전 11시 사무소 사원, 각 마을 촌장, 고사쿠아타이, 산감독관, 야마가타 필자, 각 소학교 교원, 군장대리일동이 모두 준비한 자리에 착석해, 마기리장 미야기 세젠宮城盛元씨가 개회 취지를 말하고, 이어서 모두 현지에서 조사한 논밭 경작의 좋고 나쁨, 작물 관리가 잘 이루어졌는지 아닌지, 가축 관리 상황 및 비료 주기 상황 그 밖의 나무 묘목 심기의 유무 아울러 농기구의 종류 등을 검사하고, 이어서 목재용 야산관리의 상황 및 잡목 벌채 상황, 그 밖의 공조공비貢租公費의 납·부납, 학령 아동 취학자의 비율, 생도

---

40 『오키나와현사』 제13권, 류큐정부, 1966, p.603.

41 현령 제20호(메이지32년 3월 30일), 『메이지39년도 오키나와현영달유찬』

42 1902년 8월 5일자, 『류쿠신보』

출석수, 학사 장려법 상황 등을 보고하고, 이어서 1등부터 3등까지의 우등자에게는 현청이 하사한 상금을 수여하고, 식 마지막에 제 7회 마기리 품평회 출품자에게 상금을 수여하고, 석상席上 군장 대리 동향군東鄕郡 서기 및 구시 소학교 훈도訓導의 담화 뒤, 몇 번의 스모를 하고, 일동 퇴산했을 시 오후 7시 반으로 구경꾼이 무려 4,5백 명에 달했다.

표창식에는 마기리와 마을 농림담당관리 외에 소학교 교원, 구니가미군 직원(본토출신자)이 임석하는데, 구관기의 차분식과는 상황이 다르다. 또 심사 항목도 지금까지의 논밭, 농작물, 가축, 목재용 야산관리 등에 더해 공조공비의 납부 상황, 학령 아동취학자의 비율, 생도 출석 일수 등이 새롭게 더해졌다.

이 시기는 토지정리사업이 완료되지 않아 공조공비는 구관제도에서 부과된 것으로 여겨지는데 당시는 어느 지역에서건 체납이 고액에 달해 있었다.[43] 이를 해소하기 위해서 하루스부를 도입한 것일까. 또 농사와 관련이 없는 학사에 관한 항목이 더해졌다.

청일전쟁 종결 후 구관제도의 개혁과 함께 진행된 것이 동화(황민화)교육이었다. 오키나와인도 일본의 통치를 받아들이기 시작해 취학 아동도 늘고는 있었지만, 그럼에도 전국 평균을 많이 밑돌고 있었다. 교육관계자는 이 기회를 타 취학·출석을 독려하였다. 그 독려법으로 하루스부가 이용되었다. 오키나와도 북부의 구시마기리 외 오기미마기리大宜味間切에서도 취학 아동의 결석 점수를 하루스부 점수에 가산하여 출석을 촉구했다.

이렇게 해서 하루스부는 농사장려를 기본으로 그 시대의 변천에 따라 심사 항목이 더해지거나 없어지면서 농촌 행사로써 제2차 세계대전까지 시행

---

43 오키나와시 기획부 평화문화진흥과 편, 『오키나와시사』 제7권 하, 근대통계로 보는 역사 오키나와시청, 1997, p.165.

되었다.

3) 바다를 건넌 하루스부-남양군도의 하루스부-

마쓰에 하루지松江春次가 쓴 『남양개척습년지南洋開拓拾年誌』[44]에는 오키나와에서 멀리 수 천 킬로 떨어진 구 남양군도에서도 하루스부가 시행되었던 것으로 기술되어 있다. 이 책에 의하면 남양군도의 주요 작물인 사탕수수에 대해 적절한 재배법을 지시해도 소작인들은 좀처럼 받아들이지 않았다. 그래서 하루스부를 도입한 결과 사탕수수의 관리가 전체적으로 향상된 것과 함께 재배에 관한 지식 보급에 큰 보탬이 되었다고 한다. 이에 대해 다음과 같이 기술되어 있다.

> 이 하루스부는 우선 전 농장의 소작인을 몇 개의 단체로 나누어 그 각 단체내의 사탕수수 관리는 그 단체에 속하는 소작인 전부의 공동 책임으로 정하고, 어떤 소작인이 특별히 관리가 나쁘면 그 단체에 속한 소작인 전체가 가세하여 다짜고짜로 관리를 하여 끝내기 때문에 전체적으로 사탕수수 관리가 아주 향상되었다. 그렇게 해서 마지막에 심사원을 두어 각 단체에 사탕수수밭의 관리 상태를 심사하여 우열을 결정해 우승 단체에는 우승기를 수여하고, 장려금을 교부하고, 또 각 단체 내에서의 가장 우수한 농가는 개인으로 표창 받게 된다.[45]

사탕수수의 관리에 관한 경쟁이기 때문에 하루스부 본래의 의미와는 약간 다르지만 오키나와현인이 많았기 때문에 하루스부라고 하는 명칭을 답습했다고 한다. 당시 남양군도에 거주하던 일본인 중 약 50퍼센트 이상이

---

44 마쓰에 하루지, 『남양개척습년지(南洋開拓拾年誌)』, 남양흥발주식회사, 1933.
45 마쓰에 하루지, 같은 책, pp.141~142.

오키나와현인이었다. 오키나와에서 해외로의 이민·돈벌이 이주는 19세기 말부터 시작되었다. 당초는 하와이나 남미 등이 중심이었지만 제1차 세계대전 후 남양군도가 일본의 위임통치령이 되자 이곳으로의 이민·돈벌이 이주가 증가하여 1939년(쇼와14)에는 77,257명의 일본인 중 45,701명(59.2%)이 오키나와현인으로 점유하게 되었다.[46]

남양군도로의 이민을 모집했던 남양흥발주식회사南洋興發株式會社는 주요 산업인 제당업製糖業에는 사탕수수 재배에 익숙한 오키나와현인이 적임자라고 판단했던 것이다. 당초에는 사탕수수 재배와 어업에 종사했지만 점차 다른 직업에도 진출하여 오키나와 커뮤니티를 형성하게 되었다.[47]

같은 시기 오쿠노 히코로쿠로는 남양청에 부임했는데 그 때 보고 들은 것을 기술한 『남도의 하루스부제의 구조』에서 다음과 같이 소개하고 있다.

> 포나페섬에서 쇼와12,3년경에 실제로 있었던 것인데 일본의
> 초町와 같은 단위로 생산·청결 등의 우열을 정해 이른바 족장의
> 손에 우승이 부여되고, 그 후에 마을 간의 운동회가 행해진 것은
> 앞서 밝힌 하루야마스부와도 상통한다.[48]

근대 일본이 경쟁사회로 이행하여 그것이 해외의 지배 지역이나 민족에도 영향을 끼친 사례로써 들며, "하루야마스부와도 상통한다"라고 말하고 있지만, 실은 이는 바로 하루스부였을지 않았을까. 실제로 사탕수수 생산의 현장에서는 '하루스부'가 시행되었고, 남양군도 각지에는 오키나와인 커뮤니티가 형성되어 "마치 오키나와의 연장선과 같은 분위기를 자아내

---

46 이시카와 도모코, 「오키나와 남양이민에 관한 일고찰」, 『지역문화논총』 제3호, 오키나와국제대학대학원 지역문화연구과, 2000, p.105.

47 아사토 스스무·다카라 구라요시·다나 마사유키·도미야마 가즈유키·니시자토 기코·마에히라 후사아키, 『오키나와현의 역사』, 야마가와출판, 2004, p.283.

48 오쿠노 히코로쿠로, 앞의 책, p.81.

고"[49]있었다고 하는 점에서도 하루스부가 시행되었어도 이상할 것이 없다. 이번에는 지적으로만 그치고 추후에 각 자치체가 발간한 이민체험기록을 섭렵하여 오쿠노가 체험했다고 여겨지는 하루스부原勝負를 명확하게 밝히고자 한다.

5. 맺음말

하루스부가 시행된 것은 19세기 초두의 일로 자야스페친座安親雲上과 같은 지방 관리, 겐자檢者, 게치야쿠下知役라는 슈리왕부首里王府의 관리 등에 의해 피폐해진 마기리 재건의 수단으로써 실시되었다. 또한 미사토마기리 사례부터 근대 이후의 자료 등을 통해 하루스부가 시행된 것은 빨라도 1860년대의 일일 것이다. 이후 각 마기리에서 매년 시행되어 연중행사로써 정착되어 갔다.

근대로 이행하며 오키나와현이 설치된 후 구관온존기舊慣溫存期는 물론이고, 구관 개혁 후에도 많은 구관제도가 개폐되어가는 와중에도 하루스부는 메이지 정부와 오키나와현에 의해 장려되며 계속 이어졌다. 그리고 종래의 농사 전반 외에 특정 작물과 상품, 쥐잡기 등을 대상으로 하게 된 것은 근대 하루스부의 특징이다. 이것은 구관제도의 철폐에 따라 환금작물의 재배가 자유로워진 점, 그리고 자본주의경제(시장경쟁)가 도입되어 생산성 향상을 도모할 필요가 있었기 때문일 것이다. 또한 새로운 제도 아래에서는 납세나 교육 등 농사 이외의 심사 항목이 추가되어졌다. 이들 항목을 통해, 정부와 오키나와현 방침과 마기리와 마을이 안고 있는 과제를 엿볼 수 있다.

마지막으로 식민지에서 하루스부가 시행된 것도 근대의 큰 특징의 하나이다. 오키나와현인은 이주국에서 독자적인 커뮤니티를 형성했지만 일본

---

49 긴조 세이토쿠·우에하라 겐젠·아키야먀 마사루·나카치 데쓰오·오시로 마사야스, 앞의 책, p.158.

본토나 하와이, 브라질에서 하루스부가 시행되어졌다고는 아직 확인 할 수 없다. 남양군도는 재류 일본인의 대다수가 오키나와인이었던 점이 도입한 이유일 것이다. 근대는 아니지만 제2차 세계대전 후에 남미 볼리비아로 많은 오키나와현인이 이주하여 '콜로니아오키나와' 라고 불리는 커뮤니티를 형성하고 있다. 이러한 사회에서 하루스부와 같은 오키나와의 관행이 어느 정도 시행되었는가는 앞으로의 과제이다.

| 참고문헌

安里進 · 高良倉吉 · 田名眞之 · 豊見山和行 · 西里喜行 · 眞栄平房昭, 『沖繩縣の歴史』, 山川出版社, 2004年

石川朋子, 「沖繩南洋移民に關する一考察」, 『地域文化論叢』第3号, 沖繩國際大學大學院地域文化研究科, 2000年

沖繩市企画部平和文化振興課編, 『沖繩市史』第7卷下, 近代統計にみる歴史 沖繩市役所, 1997年

沖繩大百科事典刊行事務局編, 『沖繩大百科事典』上 · 中 · 下卷, 沖繩タイムス社, 1983年

奥野彦六郎, 『南島の原山勝負制の構成 - 南島勞働推進史 - 』, 農林省農業総合研究所, 1955年

小野武夫編, 『近世地方經濟史料』九卷, 吉川弘文館, 1969年

金城功, 『近代沖繩の糖業』, ひるぎ社, 1992年

金城正篤·上原兼善·秋山勝·仲地哲夫·大城将保, 『沖繩縣の百年』, 山川出版社, 2005年

財團法人沖繩縣文化振興會史料編集室編, 『沖繩縣史』各論編 第五卷, 近代 沖繩縣教育委員會, 2011年

島尻郡教育部會員編, 『島尻郡誌』, 島尻郡教育部會, 1937年

平良勝保, 『近代日本最初の「植民地」沖繩と舊慣調査』, 藤原書店, 2011年

西村助八, 「本縣原勝負沿革」, 『沖繩毎日新聞』, 1910年3月16日付

平木桂, 「琉球の原勝負」, 『歴史と生活』第四号, 慶應義塾經濟史學會, 1938年

眞境名安興, 『眞境名安興全集』第一卷, 琉球新報社, 1993年

琉球政府編, 『沖繩縣史』第13卷, 琉球政府, 1966年

渡邊侹治, 「琉球紀行」, 『帝國農會報』第十九卷六号, 帝國農會, 1924年

仲地哲夫他, 『日本農書全集』34, 農山漁村文化協会, 1983年

近代沖縄の農村と原勝負

儀間 淳一

* 이 글은 앞의 글 『근대 오키나와의 농촌과 연중행사 하루스부』의 원문이다.

1. はじめに

　沖縄の農村では毎年、原勝負<ruby>（ハルスーブ）</ruby>と呼ばれる農事を奨励する行事が行われていた。原勝負とは、間切[1]内の各村（現在の字）の田畑や農道など周辺環境の管理状況、農作物の生育や肥培管理などを審査して優劣を決め、勝った村を褒賞し、負けた村には過怠金を課した農事奨励法である。沖縄では、畑のことを原（ハル）ということからこのように呼ばれた。また、山林の多い地域では田畑とともに山林の管理状況を審査したため原山勝負ともいった。

　この奨励法は19世紀に始まり、原勝負という名称で農村の年中行事として定着し1960年代まで行われたが、現在は、その一部分が継承され産業共進會や野菜品評會という名称で行われている。

　原勝負については近代以降、日本から来た官吏や研究者らによって、沖縄独特の農事奨励法として紹介されている[2]。このほか、仲吉朝助は1893（明治25）年に島尻郡の各間切に原勝負に關する内法[3]や慣行等を報告させ『琉球産業制度資料[4]』に収録し、現在では原勝負を知る貴重な手がかりとなっている。河上肇は1911年（明治44）に地割制度調査のために沖縄を訪問し、沖縄縣廰や縣立圖書館で地割制度資料とともに原山勝負の資料も筆写している。出典は不明だが「琉球割

1　間切（まぎり）現在の市町村に相当する行政区画

2　西村助八「本縣原勝負沿革」『沖縄毎日新聞』1910年3月16日付、渡邊恆治「琉球紀行」『帝國農會報』第十九巻六号 帝國農會1924年、平木桂「琉球の原勝負」『歴史と生活』第四号 慶應義塾經濟史學會1938年、他。

3　内法とは、近世から明治期にかけて間切や村で住民の生活を律していた規範。

4　小野武夫編『近世地方經濟史料』九巻、吉川弘文館、1969年に収録。

地制度ニ關係アル原山勝負[5]」という題が付されており、河上が原山勝負を地割制度と關聯づけて着目していたことがわかる。

　しかし、原勝負に關する論考は少なく、元沖繩縣技師の島原重夫が1918（大正7）年に「琉球原勝負考[6]」という論文を發表しているが、沖繩戰で所藏していた沖繩縣立圖書館とともに燒失した。奧野彦六郎の『南島の原山勝負制の構成』は[7]、社會の成熟とともに勞働推進方（農事獎勵）法も変化し、その結果、原勝負が考案されたと、その淵源について検証している。原勝負を体系的にまとめた唯一の論文といえる。筆者は、奧野の研究以後、新たに公開された資料をもとに、それまで制度として、全間切で毎年行われたといわれてきた原勝負が、当初は疲弊した間切を立て直す手段として一時的に行われていたと指摘した[8]。

　これらは近世の原勝負に関する研究が中心で、近代以降についてはあまり取り上げられていない。それは、1879年（明治12）に琉球が廃止され沖繩縣が設置されてから約20年は舊慣を温存する政策がとられたために原勝負も近世のまま行われたと考えられたのであろう。

　本稿では、沖繩が日本に併合された後、どのような経緯で繼承され、實際に近代以降も近世と変わりなく行われてきたのか検討してみたい。

5　京都大學大學院經濟學研究科・經濟學部經濟資料センター藏　河上文庫「琉球割地制度ニ關係アル原山勝負」22枚　17-4-5　沖繩縣用箋に謄写。河上は来沖した際、地元の要請に応じて講演を行ったが、そこでの發言が非難され（河上肇講演事件）、十分な調査を行うことなく予定より早く離沖した。

6　國立國會圖書館支部上野圖書館編『琉球文献目録稿』（1952年）による。『月刊琉球』第八号（1938年）に島原の論文が引用されている。また、渡邊促治が『帝國農會報』第十九巻六号（前掲1参照）で原山勝負を紹介しているが、前記の『月刊琉球』の引用文と同じ箇所がみられることから、渡辺も島原の論文を引用したと思われる。

7　奧野彦六郎『南島の原山勝負制の構成－南島勞働推進史－』農林省農業総合研究所 1955年

8　儀間 淳一、「首里王府の農政と原勝負」『南島文化』第30号、沖繩國際大學南島文化研究所、2008年。

2. 原勝負の起源—田地奉行の春秋廻勤と原勝負—

原勝負は19世紀に考案されたといわれ、その前提になったのが田地奉行の廻勤という。田地奉行とは農地や耕作の管理・指導など農政全般を管轄した役職である。首里王府（以下王府と記す）は、1766（乾隆31）年に田地奉行を設置して、それまで高奉行が擔當していた下記の職務を管轄させた[9]。

　　　① 畑農作物の状況報告
　　　② 棕梠・黒つぐ・柴木・櫨・桐・唐竹等の植栽及び成績
　　　　報告
　　　③ 開墾地の測量及び侵墾等の処理
　　　④ 災害地の免租及び賦課更正
　　　⑤ 河川橋梁道路等の修理
　　　⑥ 牧場の管理
　　　⑦ 備荒貯蓄

王府は、島尻・中頭・國頭の３地方にそれぞれ田地奉行を配置して上記の職務を遂行させたが、このほか高奉行から引き継いだ職務として奉行による地方巡検があった。高奉行は毎年春と秋の二回、擔當地方の各間切を巡検して農村の指導・監督にあたっていたのである。史料にはこの巡検のことを「廻勤」あるいは「春秋両度之御 廻勤 」などと記されてており（以下、廻勤と記す）、『田地奉行規模帳[10]』に次のように記されている。

9　眞境名安興『眞境名安興全集』第一巻 琉球新報社 1993年 350頁
10 田地方が設置された1765年から1809年までに布達された農政關係の記録を集めた文書

一耕作跡見之儀、前廉夫々之仕口首尾書差出させ、出立之日柄相究候はゞ、御構之御物奉行御取次御案内申上、廻勤相仕舞罷登候節、下知方之次第一帳に相綴、首尾申上候事。

附、跡々は春秋罷通候処、乾隆四十一丙申年一度之見分は一節検者請込被仰付候、

右に付田地方通勤之時節吟味被仰渡、段々試之上秋通勤ニ相片付申上、同四十四己亥年より春之下知方は、首尾書迄ヲ差出させ、差引承届候事。

一農事下知方之儀、雍正拾弐甲寅年被仰渡置候農務帳表、其外万端気ヲ付、地面見届致下知余幷に替り手入仕付方宜者は、直面に褒美申聞、何れその手本に可申渡候、抜群抽相働候者は吟味之上申出次第御褒美被仰付候事。

一田畠荒置其外諸法儀相背候者は、則々軽重吟味の上科鞭申付候事。

この内容は、田地奉行の廻勤の際は、前もって百姓等に仕事の報告書を差し出させ、出発の日時が決まったら、その日時を上官の御物奉行（おものぶぎょう）に伝達し、廻勤から帰任したら農村で指示した内容を書類にまとめ、報告すること。

また、この春秋の廻勤は高所設置以来毎年行われてきた。奉行が廻勤する時には間切の捌理[11]が随行していたが、1776（乾隆41）年から年に一度は検者[12]が引き受け、1779（乾隆44）年からは春の廻勤の際は報告書を提出するだけでよいということになった。

---

11 捌理（さばくり）沖縄島および離島の間切番所での幹部役人（首里大屋子・大掟・南風掟・西掟）の総称。

12 検者（けんじゃ）各間切に役人の指導・監督や農村の経済振興のために首里王府から派遣された役人。疲弊した農村の再建にもあたった。後に下知役の補佐役となった。

田地奉行は所轄の各間切を廻り、1734年（雍正12）に布達された『農務帳』に書かれている通り、万事気をつけ、土地の状態を見届け、作物の植え付けや手入れがよい者は直々に褒美を与え、特に優れた者は吟味のうえ褒賞すること。一方、田畑の手入れが行き届いていない者やその他違反者には科鞭[13]を申し付けた。また、この条文の「附」には、赤八巻[14]以上の者には科鞭の代わりに科銭を申し付けることや、これを監督する検者、下知役[15]も処罰することが記されている[16]。

　村々を見廻り、優秀な者を褒賞し、農業を怠った者を処罰するという要素が原勝負に共通することから、この田地奉行の廻勤が原勝負考案の前提になったといわれている。

---

13 科鞭（とがむち・トガブチ）かべんとも読む。近世に行われた処罰の一つで、鞭打ちの刑に相当する。

14 赤八巻（あかはちまき）冠のこと。位階により冠の色が定められ、ここでは赤い冠を被ることができた位階の間切役人のこと。

15 下知役（げちやく）疲弊した間切の再建のために首里王府から派遣された役人。補佐役に検者がいた。

16 前掲6『南島の原山勝負制の構成－南島労働推進史－』54ページ

京都大學所藏の「琉球資料156諸書附集[17]」には、豊見城間切[18]の地頭代[19]を務めた座安親雲上[20]が親に孝養を尽くし、困窮した者をたすけ、地頭代在職中は職務を全うし間切に利益をもたらしたとして王府から褒賞された際の褒状が収録されている。

　これによれば、座安親雲上が六歳の時、父は根差部掟[21]在職中に私

17 那覇市企画部文化振興課編『那覇市史』資料篇第1巻11 琉球資料（下）那覇市役所 1991年
　582~583ページ。褒状の本文は以下のとおりである。
　　　　　覚
　一掛床字壱枚　　但篤行可嘉之四字
　一綿子三把　　　一上布三疋
　　　　　　　　　　　　　　　　　前地頭代豊見城間切高安村　　座安親雲上
　右者六歳之時、父事根差部掟相勤居候処、内端物一件 ニ付不届之儀有之、流（刑カ）形被
　仰付候付、座安ニ而本宗之従伯父須介抱、漸々々比罷成養父之高恩致感心、何篇下知ニ随ひ
　孝養を尽、且實父事勤役内右次第之事故、何卒座安ニ者根差部掟正道相勤、父之非分を取戻
　シ申度念願ニ而、多年心懸願通根差部掟被仰付諸事正道相勤、且實父事配所ニ而蘇鉄之製法
　相教其功相立候付、流形御（（刑カ））赦免被仰付帰帆仕候へ共、六拾歳ニ罷成此侭無冠ニ
　而為相続候儀至極残念ニ存、父江申勧ミ小横目役相勤させ、自分之本職懸而父之勤をも致助
　成首尾能相勤させ候付、父事筑登之座敷致頂戴、乍其上猶立身為仕度念願ニ而折角申勧め、
　仮御奉公無懈怠相勤させ、漸々勲功相求め候付、自分之功勞取添父江地頭代役御見合被下
　度願出候得共、願通ニ者不相叶大田夫地頭被仰付、左候而實父母養父母共一家ニ致孝養朝夕
　之食物望之侭相進、且公私ニ付外向罷出候節ハ其段申達、罷帰候へハ早速致謁見、何分急用
　之節も右行儀不相乱、死後ニ相成候而ハ霊前之尊敬存在相慎、親類縁者之取合も睦敷有之、
　平良村大城・高安村かまと宜保与申者、家内及困窮□も不相達候付、座安加憐愛を家宅并□
　（田カ）畠相与へ、其外不便之者共ニも常々憐愛ヲ以模合銭等相企先達而相渡、極貧者江ハ
　折々米銭見次、且百姓共葬礼向財力次第過美来致候処、気を付下知いたし御定通相таК、貧苦
　之者共葬方差（支カ）丈候　節致合力、不有合師者他借ニ而も致助成、又且御奉公方無懈怠
　相勤、地頭代再度間切中下知方宜有之、就中農業方別而入念、時々下知人念人ッ々付置、毎
　年四月八月田畠耕方村分ケニ而為致勝負候故、我増勸立作物致實格別ニ相増、且蘇鉄種子蒔
　之手段気を付、田地奉行江得差図初而致種子蒔、大根大粧為筋相見得、且先年両度冠船之
　時、取納奉行江相付那覇詰ニ而首尾能相勤、座敷位被成下褒美状等有之、且間切役々作得米
　多少有之候処、両惣地頭得差図無親疎統分召成申候、右通勤方宜有之、家中ニ而之行も前文
　之通孝心深ク、間切中老若男女共至極感心仕居候段、村・掟頭・さはくり書付ニ検者両惣地
　頭田地奉行次書ヲ以申出趣有之、誠以神妙之勤御座候間、為御褒美右通被成下度奉存候事、
　以上
　　嘉慶十九年戌十月四日
18 豊見城間切（とみぐすくまぎり）現在の沖縄島南部の豊見城市。
19 地頭代（じとうだい・ジトゥデー）現代の市町村長に相当する役職
20 親雲上（ペーチン）首里王府の称号の一つ。
21 掟（ウッチ）村の行政責任者。

的な債務のことで罪に問われ、流刑に処せられた。そのため従伯父（父の従兄弟）に養育され成人した。養父の恩に感謝し、すべて養父の言いつけに従い孝養を尽くした。一方で實父の汚名を雪がんと諸事正道に勵み、父と同じ根差部掟を勤めることになった。そこへ流刑を赦された父が戻ってきた。父の名誉を回復し、父を地頭代職に就けるため父子ともども努力した。その願いは聞き入れられなかったが夫地頭職[22]に任じられた。

　その後、實父母と養父母ともに暮らし、毎日の夕食は双方の親の望む物を調え、外出や帰宅の際には必ず親に挨拶を行った。それは急用の時でも欠かすことはなかった。親の死後も位牌を安置して祀り、生前と変わりなく尊び敬った。

　親戚縁者との付き合いも睦まじく、困窮者には住家と耕地を与えたり、米や銭を施した。また、葬礼に金をかけ過ぎないよう指導し、貧しくて葬式もできない者には座安自ら費用を出したり、自分が出すことができない場合は他家から借りてこれに充てた。

　また、公務も怠ることなく、地頭代を二度も務めた。その在職中に初めて蘇鉄の種子を蒔いたこと、冠船渡来の時は那覇に詰めて滞りなく業務を遂行したことなどの功績により「篤行可嘉」（とっこうよみすべし[23]）の掛床と綿子三把、上布三疋を賜ったという。

　その功績のうち「就中農業方別而入念、時々下知人壱人ツヽ付置、毎年四月八月田畠耕方村分ケニ而為致勝負候故、我増勱立作物取實格別ニ相増」（とりわけ農業については入念で、各村に臨時の役人を配置して督勧させ、毎年4月と8月には耕作を村対抗で競わせたので、先を競って働き、作物の収穫量も格別に増えた）というのが原勝負といわれている。

22　夫地頭（ぶじとう）　間切の上級役人。

23　島尻郡教育部會員編『島尻郡誌』島尻郡教育部會1937年の551頁には「球陽には題字を篤行可喜とせるも、同家掛額には善行可嘉と記せる由、今屋号新垣小といふ」と注記されている。

3. 原勝負の實施・普及

　座安によって考案された原勝負は、直ちに琉球全域で行われたわけではなかったようである。

　18世紀末期になると琉球の農村は慢性的な疲弊に陥りつつあった。王府はこのような農村を再建するために検者や下知役という役人を派遣した。彼等は農村の再建に成功すると王府から褒賞され、彼等の家譜[24]にそのことが褒状とともに記載した。その功績のなかに原勝負によって、農村の再建に一定の成果をあげたことが記されている。

　その記録の大半は19世紀後半で、「諸作毛耕方勝負させ」「農業仕付方之儀、村々弐手差分日限立を以勝負為致」という表現が多く、原勝負という名称もまだ定着していなかった。原勝負は疲弊した農村を建て直す手段として實施され、まだ琉球全域には普及していなかったと思われる。

　琉球王國時代の原勝負について、詳細な内容を記した資料はないが、明治期に沖縄縣廳が行った舊慣調査の報告書『沖縄島恩納間切取調書[25]』に当時の原勝負のことが詳細に記されている。その内容を要約するとつぎの通りである。

　　　農事の勤惰を点検することは惣耕作当[26]の重要な職務であるから、絶えず指示してきたが、行き届かない者がおれば、擔當の役人らが協議して取り締まった。春秋五月と十

---

24 家譜　近世、首里王府の士族層の家系に關する記録。家系図の他、各人の戸籍や履歴などが記された。

25 東京大學史料編纂所藏「沖縄島恩納間切取調書　舊慣問答第三冊」『沖縄島國頭地方舊慣問答書』明治17（1884）年

26 惣耕作当（そうこうさくあたい）　間切の農事全般を指揮・監督し、各村の耕作当を指揮した地方役人。

月の年に二回の田畑勝負に夫地頭・掟・耕作当[27]らが、手分けして間切の東・西を巡廻して、荒地や放置された土地、または農作物の出来具合、除草が不十分な所は夫地頭・掟が速やかに書き留め、科定（とがさだめ）に従って違反した者一人ひとりに科銭（とがぜに）[28]を申し付けた。また、その村の夫地頭・掟にも指示が行き届いていないとして科銭を申し付けた。その結果は、春秋の「御廻勤」の時に田地奉行に報告した。原勝負の日に徴集した科銭で酒を買い、擔當の役人・夫地頭・掟・耕作当らへ分配した。

そして、田地方[29]の春秋の廻勤の時には、各村の地組頭[30]・耕作当・掟・夫地頭を呼び出し、「耕作行届キタル村」いわゆる「勝方」の者を上席に座らせ、「不行届ノ村」（負方）の者を下席に座らせ、上席の者に向って拝伏させた。その時、役人が「今年ハ其時怠惰ニ依リテ下席ノ恥ヲ受ケタルナレバ、来年ヨリ勉強シテ他村ニ負勿（なか）レト戒メ」た後、解散させた。なお、勝った村に褒美等はなかった。

また、秋の収穫期には作物の出来不出来を競わせた。作物が熟する頃に地頭代をはじめ、惣耕作当・各村の夫地頭・掟・耕作当が各村の田畑を見廻った。その結果は田地奉

---

27 耕作当（こうさくあたい）農事を監督・指導するため各村に配置された役人。

28 科銭（とがぜに）罰金刑のこと。「かせん」とも読んだ。

29 田地方（でんちほう）首里王府の役所の一つで農政を擔當した。國頭・中頭・島尻の３地域に田地奉行を置いて擔當地域の農事を指揮・監督させた。

30 地組頭（じぐみがしら）地割制度のもと、土地の割換え、農事・年貢上納などの単位となった組織を地組（地与とも表記する）という。この地組の代表者のこと。

行に報告した[31]。田畑巡廻の後は、屋敷勝負といい屋敷の
回見りを行い、もし掃除が行き届いていない者がおれば
勝負の負方となった。

　ここでは記されていないが、一般的に審査結果の報告は「ンマイー
（馬場）」と呼ばれる広場で各村の住民たちが見守るなか行われた。こ
れを差分式（さしわけしき）と呼んでいた。この差分式について興味深い資料が残って
いる。

　渡口里之子親雲上眞全は、1872年から75年にかけて美里間切[32]に
検者として派遣された。農事を奨励して間切を建て直し、1875（光緒
元）年に褒賞されている。その褒状には

　　　　原勝劣仕分ケ之儀、前々者劣之方巾抜勝之方江致一礼候
　　　迄ニ而左程恥辱ニ存候体不相見得候付、劣之方者巾抜勝之
　　　方江一礼させ候上仕不足多相立候村頭并耕作当共科策取
　　　行、勝之方者褒美与（と）して焼酎相与引進候付一統勘立諸仕付
　　　向以前ニ替格別宜相成[33]

とある。前記の恩納間切と同じく原勝負に負けると、勝った方へ一
礼させ反省を促した。しかし、それだけでは効果がみられなかった

31　那覇市歴史博物館藏「尚家文書」557の「光緒四年戊寅春より田地廻勤首尾」は田地奉行が廻勤後
　　に提出した1878年（光緒4）の報告書である。これには、
　　一、間切々々原致勝負賞罰取行候段申出候付随分勝負之涯を立引勘候様頭役役々江申渡置申
　　候。「光緒四年戊寅春より田地廻勤首尾」（尚家文書）
　　とあり、各間切から原勝負を行いそれぞれ賞罰を与えたと報告があったので、この時期には
　　沖縄本島すべての間切で行われていた。
32　美里間切（みさとまぎり）現在の沖縄島中部にある沖縄市の一部。
33　那覇市企画部市史編集室編『那覇市史』資料篇第一巻七 家譜資料（三）首里系 674ページ。

ので、負けた方に一礼させたうえ、成績の悪い村の頭や耕作当を科策（鞭打ち）に処した。一方、勝った方には褒美として酒を与えたので、みな精を出して働き以前に比べ格段に良くなったという。

　文中の「原勝劣」とは原勝負のことで、「巾」とは手ぬぐいのことであろう。近代の新聞や聞き取りによれば、戦前まで原勝負の表彰式には字の役員が頭に手ぬぐいを巻いて出席し、負けた方はこれを取って勝った方に一礼したという。

　「劣之方巾抜勝之方江致一礼」させるだけでは反省を促すことができなかったというのは、この時期、美里間切では原勝負が定期的に行われ、形骸化していたのであろう。

4.　近代の原勝負

1)　琉球王國の廃止と沖縄縣の設置

　1872年（明治5）、明治政府は一方的に琉球王國を琉球藩とし、國王尚泰を藩王に任命した。さらに1879年（明治12）には琉球藩を廃して沖縄縣を設置した。これにより琉球は大日本帝國の版圖に組み込まれた。この一聯の過程を明治政府は「琉球処分」と称している。

　明治政府は琉球の統治機構であった首里王府を解体して、あらたに沖縄縣廳を發足したが、この年の3月に

　　　　今般琉球藩ヲ廃シ更ニ沖縄縣ヲ被置候ニ付テハ則チ舊藩
　　　　中申付有之処ノ官吏モ一般廃止之儀ニ候処首里泊久米那覇
　　　　其他諸間切之役人並ニ諸町村ノ役人ニ於テハ従前ノ通リ相

　　　　勤可申此旨相達候事[34]

　という布達を出し、地方の統治機構は舊組織を存続させる方針をとった。さらに6月には、

　　　諸法度ノ義更ニ改正ノ布令ニ及ハサル分ハ総テ従前ノ通
　　　相心得可申此旨布達候事[35]

　改正の命令がある以外は琉球の古い制度や慣習を踏襲する、という布達を出したのである。これらは琉球の舊支配者層を懐柔し、安定的に統治するためにとられた政策で舊慣温存政策などと呼ばれている[36]。この布達により、原勝負は沖繩縣設置以降も繼続して行われた[37]。ただし、王府の役職であった田地奉行は廃止されたため、田地奉行への報告義務はなくなった。また、状況に応じて改正された舊慣もあった。
　その一つが甘蔗作付制限の撤廃である。黒糖の原料である甘蔗（サトウキビ）は近世以来、琉球の重要な作物であった。しかし、生産過剰による市場価格の下落防止や食糧を自給するために作付地域を限定したうえ、これらの地域での作付面積を制限していた。このため田地奉行廻勤の際は、甘蔗が制限以上に栽培されていないか確認したという。
　この制限は前記の舊慣温存政策のため明治以降も引き繼がれたが、

34　松田道之「琉球処分」『明治文化資料叢書』第四巻外交篇 風間書房 1962年 227ページ。

35　縣甲第3號（明治12年6月25日）『明治三十九年度沖繩縣令達類纂』

36　金城正篤・上原兼善・秋山勝・仲地哲夫・大城将保『沖繩縣の百年 縣民百年史47』山川出版社 2005年69ページ。

37　1910年3月16日付『沖繩毎日新聞』。

日本國内では砂糖が不足し、外國から多額の砂糖を輸入していた。これを緩和するため、1888年（明治21）に甘蔗の作付制限が撤廃された[38]。これにより稲作から甘蔗作への転換が進み、甘蔗生産（糖業）は沖縄の主要産業となった。これにともない新たに甘蔗栽培を競う「甘蔗勝負」が行われるようになったのである。眞和志間切では、以下のような内容で行われた[39]。

　　　　明治廿五年
　　　　甘蔗勝負点書及約定書
　　　　　　　　　　　　　　　　　　眞和志番所
　　　　　　一甘蔗肥用方并萌立景況之事。
　　　　　　　　但仕不足の方は、一坪に夫五分。
　　　　　　一同鎌草仕合候事。
　　　　　　　　但仕不足の方は、一坪に夫二分。
　　　　　　一同鍬草仕合候事。
　　　　　　　　但仕不足の方は、一坪に夫二分。
　　　　　　右之通り施行約定候也。
　　　　　　　　　　　　　　　　　　吏員中
　　　　　　　　　　　　　　　　　　各村耕作当中

　甘蔗の品質や収量ではなく、施肥や除草、生育状況など甘蔗栽培全般を審査の対象としている。そして、手入れが行き届いていない箇所（仕不足）は、その面積に応じて加点した。「一坪に夫五分」というのは、一坪の作業に半人分の勞力（人夫）を要するという意味である。

---

38 金城功『近代沖縄の糖業』ひるぎ社 1992年 31〜32ページ。

39 前掲4『近世地方經濟史料』第九巻 130ページ。

よって、この人夫数が多いほど甘蔗の手入れが行き届いていない箇所が多く、勝負に負けたことになる。

　また、農作物、とくに甘蔗に有害なネズミを駆除する「鼠勝負」も近代に行われるようになった。眞和志間切の場合、1戸に付き年間4匹を捕獲するノルマを課し、その尻尾を春秋の原勝負の際に提出させた。この時、ノルマを達成できなかった世帯は過怠金を課せられた。

　このように舊慣温存政策下とはいえ、日本の影響を受け原勝負を援用した新たな奨勵法があらわれるなど、緩やかな変化が見られるようになった。

2）舊慣温存方針の転換と原勝負

　大きな転機となったのが日清戦争における日本の勝利であった。1894年（明治27）に日清戦争で日本が勝利するとこれまでの舊慣温存方針を転換し、舊慣制度の改革に踏み切った。琉球処分以来、清國に琉球國復活の望みを託し、縣廳に抵抗していた舊支配者層が影響力を失い、懐柔する必要性がなくなったためである。一方、地方農村では地方役人の不正行為に対する抗議行動や宮古島民が人頭税廃止などの舊慣廃止を求め請願書を明治政府や帝國議會に提出するなど舊慣改革運動が高まりつつあった。

　1895年（明治28）には、内務大臣野村靖が「沖繩縣地方制度改正ノ件」を閣議に提出し、地方制度改革が進められた。まず、1897年（明治30）には「沖繩縣間切吏員規程」が、翌年には「沖繩縣間切島規程」が公布された。また、1899年（明治32）からは土地・租税制度の抜本的改革を目的とした土地整理事業が始まり、舊慣改革が漸次的に進められた。

　様々な制度が改革されていくなか、「山林ニ關スル取締法」や「各自ノ農業ニ対スル督勵法」（原勝負のことであろう）などは、「頗ル観ルヘキ

モノアリ是等ノ良習慣ハ舊弊ノ芟除ヲ圖ルト同時ニ務メテ之力保存ノ途ヲ講セサルヘカラス是本縣制度改正上ニ於テ特ニ留意スヘキ一大要点ナリトス[40]」と、「舊慣制度ノ弊害多端」といわれるなか、原勝負は農事督勵に効果的であるとして、制度改正後も繼續するよう指示している。

この政府の方針によるものか定かでないが、縣廳は1899年（明治32）に「原勝負山勝負賞与規程」を設け、成績優秀な村（字）には縣から賞金を授与し、原勝負を推奨している[41]。以後、間切や郡で審査規定を明文化するなど公的な行事として取り組まれるようになった。

ここで1902年8月5日付『琉球新報[42]』で報じられた久志間切の原勝負差分式の記事をみてみよう。

久志間切原山勝負の景況
國頭郡久志間切の春季原山勝負は、各月十一日間切役場の庭前に於て執行せり。其の模様を聞くに、当日は午前十一時役場吏員、各村々頭、耕作当、山当、山方筆者、各小學校教員、郡長代理一同兼て設けの席に着き、間切長宮城盛元氏開會の趣意を逑べ、次に兼て踏査したる田畑耕作の良否、作物手入の行不行届、家畜管理の状況及び施肥の模様其他□樹植付の有無並に農具の種類等を検分し、次ぎに杣山取締の模様及び雑木伐採の状況、其他公租貢費（貢租公費ヵ）の納不納、學齡児童就學者の歩合、生徒出席数、學事奨勵法の模様等を報告し、次に一等より三等までの優等者へは縣廳

40 『沖繩縣史』第13巻 琉球政府 1966年 603ページ。

41 縣令第20号（明治32年3月30日）『明治三十九年度沖繩縣令達類纂』

42 1902年8月5日付『琉球新報』

より下附せられたる賞金を授与し、式終て、第七回間切品
評會出品者へ賞金を授与し、席上郡長代理東郷郡書記及久
志小學校訓導の談話ありたる後、数番の角力ありて、一同
退散せしは午后七時半にして、見物人無慮四五百人の多き
に達したり。

　表彰式には間切や村の農林擔當役人のほかに小學校教員や國頭郡の
役人（本土出身者）が臨席し、舊慣期の差分式とは趣が異なる。また、
審査項目もこれまでの田畑、農作物、家畜、杣山の管理などに加え、
貢租公費の納付状況、學齡児童就學者の歩合、生徒の出席日数などが
新たに加えられている。
　この時期は土地整理事業が完了していないため、貢租公費は舊慣制
度により賦課されたものと思われるが、当時はどの地域でも滞納が多
額に及んでいた[43]。これを解消するために原勝負に取り入れられたの
であろうか。
　また、農事と關わりのない學事に關する項目が加えられている。
　日清戰争終結後、舊慣制度の改革とともに進められたのが同化（皇
民化）教育であった。沖繩人も日本の統治を受け入れはじめ、就學児
童も増えつつあったが、それでも全國平均を大きく下回っていた。
教育關係者は、この機に乗じて就學・出席督勵に取り組んだ。その督
勵法として原勝負が利用された。沖繩島北部の久志間切のほかに大
宜味間切でも就學児童の欠席点数を原勝負の点数に加算して出席を
促した。
　このようにして、原勝負は農事奨勵を基本に、その時代の変遷にと

---

43 沖繩市企画部平和文化振興課編『沖繩市史』第7巻下　近代統計にみる歴史　沖繩市役所1997年
　　165ページ

もない審査項目が加除されながら、農村の行事として第二次世界大戦後まで行われた。

3）海を渡った原勝負~南洋群島の原勝負~

　松江春次著『南洋開拓拾年誌[44]』には、沖縄からはるか数千km離れた舊南洋群島でも原勝負が行われていたことが記されている。同書によれば、南洋群島の主要作物である甘蔗について、適切な栽培法を指示しても小作人たちはなかなか受け入れなかった。そこで原勝負を導入したところ、甘蔗の管理が全体的に向上するとともに栽培に關する知識の普及に一役買ったという。それについて、次のように記されている。

　　此の原勝負は先づ全農場の小作人を幾つかの團体に分ち、其の各團体内に於ける蔗作の手入れは其の團体に属する小作人全部の共同責任と定め、或小作人が特別に管理が悪ければ其の團体に属する小作人全部が加勢して否応なしに手入れをして終うのであるから、全体的に蔗作管理が非常に向上するのである。さうして最後に審査員を設けて各團体に蔗園の手入の良否を審査して優劣を決定し、優勝團体には優勝旗を授与し、奨勵金を交付し、又各團体内に於ては精農は個人として表彰されることになるのである[45]。

　甘蔗の管理に關する競争なので原勝負本来の意味とは若干異なるが、沖縄縣人が多いので原勝負という名称を踏襲したという。当時、

44　松江春次『南洋開拓拾年誌』南洋興發株式會社 1933年
45　前掲44『南洋開拓拾年誌』141~142ページ

南洋群島在住の日本人のうち約5割強が沖縄縣人であった。

　沖縄における海外への移民・出稼ぎは19世紀末から始まった。当初はハワイや南米などが中心であったが、第一次世界大戦後、南洋群島が日本の委任統治領になると、同地への移民、出稼ぎが増加し、1939年（昭和14）には、77,257人の日本人のうち45,701人（59.2%）が沖縄縣人で占めるようになった[46]。

　南洋群島への移民を募集した南洋興發株式會社は、南洋群島の主要産業である製糖業には、甘蔗栽培になれた沖縄縣人が適していると判断したのである。当初は甘蔗栽培や漁業に従事していたが、やがて他の職業にも進出し、沖縄人コミュニティを形成するようになった[47]。

　同じ頃、奥野彦六郎は南洋廳に赴任しており、そこで見聞したことを『南島の原山勝負制の構成』で次のように紹介している。

　　　ポナペ島で昭和十二、三年頃現認したことであるが、日
　　本の町同様の単位で生産・清潔等の優劣をきめ、いわゆる
　　酋長の手に優勝が授けられ、その後で村間の運動會が行わ
　　れたのは、前示原山勝負とも相通ずる[48]。

　近代日本が競争社會へと移行し、それが海外の支配地域や民族にも影響を及ぼした事例としてあげ、「原山勝負とも相通ずる」といっているが、實は原勝負そのものであったのではなかろうか。實際に甘蔗生産の場では「原勝負」が行われていたし、南洋群島の各地に沖縄人コミ

46　石川朋子「沖縄南洋移民に關する一考察」『地域文化論叢』第3号　沖縄國際大學大學院地域文化
　　研究科 2000年 105ページ
47　安里進・高良倉吉・田名眞之・豊見山和行・西里喜行・眞栄平房昭『沖縄縣の歴史』山川出版
　　2004年283ページ
48　前掲6『南島の原山勝負制の構成－南島勞働推進史－』81ページ

ュニティが形成され、「さながら沖縄の延長のような雰囲気を醸しだし」[49]ていたということからも、原勝負が行われていても不思議ではない。今回は指摘だけにとどめ、今後は各自治体が刊行した移民体験記録を渉猟し、奥野が見聞したと思われる原勝負を明らかにしたい。

5 . むすび

　原勝負が行われるようになったのは19世紀初頭のことで、座安親雲上のような地方役人、検者や下知役といった王府の役人等によって疲弊した間切再建の手段として實施された。また、美里間切の事例から近代以降の資料にみられるような原勝負が行われるようになったのは早くても1860年代のことであろう。以降、各間切で毎年行われ、年中行事として定着していった。

　それは、近代に移行し沖縄縣が設置された後、舊慣温存期はもちろんのこと、舊慣改革後も多くの舊慣制度が改廃されていくなか、原勝負は明治政府や沖縄縣によって推奨され繼続するに至った。そして、従来の農事全般のほかに特定の作物や商品、鼠駆除などを対象とするようになったのは、近代の原勝負の特徴である。

　これは、舊慣制度の撤廃により換金作物の栽培が自由になったこと、そして資本主義経濟（市場競争）に取り込まれ、生産性の向上を圖る必要があったためであろう。

　また、新たな制度の下では、納税や教育など農事以外の審査項目が加えられるようになった。これらの項目をみると、政府や縣の方針や間切や村が抱えている課題が垣間見えてくる。

---

49 前掲36『沖縄縣の百年』158ページ

最後に植民地で原勝負が行われたことも近代における大きな特徴の一つである。沖縄縣人は移住先で独自のコミュニティを形成したが、日本本土やハワイ、ブラジルで原勝負が行われたとは、今のところ確認できない。南洋群島は在留邦人の大半が沖縄人であったことが導入した理由であろう。近代ではないが、第二次世界大戦後に南米のボリビアへ多くの沖縄縣人が移住し「コロニアオキナワ」とよばれるコミュニティを形成している。このような社會で原勝負のような沖縄の慣行がどの程度行われたのか、今後の課題としたい。

| 参考・引用文献

安里進・高良倉吉・田名眞之・豊見山和行・西里喜行・眞栄平房昭『沖縄縣の歴史』
　　山川出版社 2004年

石川朋子「沖縄南洋移民に關する一考察」『地域文化論叢』第3号 沖縄國際大學大學院
　　地域文化研究科 2000年

沖縄市企画部平和文化振興課編『沖縄市史』第7巻下 近代統計にみる歴史 沖縄市役所
　　1997年

沖縄大百科事典刊行事務局編『沖縄大百科事典』上・中・下巻 沖縄タイムス社 1983年

奥野彦六郎『南島の原山勝負制の構成－南島勞働推進史－』農林省農業総合研究所
　　1955年

小野武夫編『近世地方經濟史料』九巻 吉川弘文館 1969年

金城功『近代沖縄の糖業』ひるぎ社 1992年

金城正篤・上原兼善・秋山勝・仲地哲夫・大城将保『沖縄縣の百年』山川出版社 2005年

財團法人沖縄縣文化振興會史料編集室編『沖縄縣史』各論編 第五巻 近代 沖縄縣教育
　　委員會 2011年

島尻郡教育部會員編『島尻郡誌』島尻郡教育部會 1937年

平良勝保『近代日本最初の「植民地」沖縄と舊慣調査』藤原書店 2011年

西村助八「本縣原勝負沿革」『沖縄毎日新聞』1910年3月16日付

平木桂「琉球の原勝負」『歴史と生活』第四号 慶應義塾經濟史學會 1938年

眞境名安興『眞境名安興全集』第一巻 琉球新報社 1993年

琉球政府編『沖縄縣史』第13巻 琉球政府 1966年

渡邊偟治「琉球紀行」『帝國農會報』第十九巻六号 帝國農會 1924年

仲地哲夫他『日本農書全集』34農山漁村文化協会 1983年

세시풍속의 지속과 변용

1판 1쇄 펴낸날 2014년 11월 20일

편저자 단국대학교 동양학연구원

펴낸이 서채윤
펴낸곳 채륜
책만듦이 김승민
책꾸밈이 이현진

등록 2007년 6월 25일(제25100-2007-000025호)
주소 서울 광진구 능동로23길 26
대표전화 02-465-4650 I **팩스** 02-6080-0707
E-mail book@chaeryun.com
Homepage www.chaeryun.com

ⓒ 단국대학교 동양학연구원, 2014
ⓒ 채륜, 2014, published in Korea

책값은 뒤표지에 있습니다.
ISBN 979-11-86096-04-8 93380

이 도서의 국립중앙도서관 출판예정도서목록(CIP)은 서지정보유통지원시스템 홈페이지(http://seoji.nl.go.kr)와 국가자료공동목록시스템(http://www.nl.go.kr/kolisnet)에서 이용하실 수 있습니다. (CIP제어번호: CIP2014032849)

─────

이 저서는 2011년 정부(교육과학기술부)의 재원으로 한국연구재단의 지원을 받아 수행한 연구임. (NRF-2011-413-A00003)